# 民国笔记小说粹编编委会

民国笔记小说粹编

# 杶庐所闻录

# 杶庐笔谈

瞿兑之 著

山西出版传媒集团 三晋出版社

图书在版编目(CIP)数据

纯庐所闻录　纯庐笔谈 / 瞿兑之著. —太原：三晋出版社，2022.1

(民国笔记小说粹编)

ISBN 978-7-5457-2389-2

Ⅰ. ①纯… Ⅱ. ①瞿… Ⅲ. ①笔记—中国—现代 Ⅳ. ① K260.066

中国版本图书馆 CIP 数据核字(2022)第 023155 号

纯庐所闻录　纯庐笔谈

著　　者：瞿兑之
责任编辑：任俊芳
责任印制：李佳音
封面设计：段宇杰

出 版 者：山西出版传媒集团·三晋出版社
地　　址：太原市建设南路 21 号
电　　话：0351-4956036(总编室)
　　　　　0351-4922203(印制部)
网　　址：http://www.sjcbs.cn

经 销 者：新华书店
承 印 者：山西人民印刷有限责任公司

开　　本：850mm×1168mm　1/32
印　　张：10.25
字　　数：205 千字
版　　次：2022 年 1 月　第 1 版
印　　次：2022 年 9 月　第 1 次印刷
书　　号：ISBN 978-7-5457-2389-2
定　　价：48.00 元

如有印装质量问题，请与本社发行部联系　电话：0351-4922268

# 总序

## 黄霖

承蒙三晋出版社的错爱，我遵嘱为他们在《民国笔记小说大观》的基础上再做的选粹本作了这个序。说实话，当时我一听这个书名就感到有点头疼，因为自从1912年王文濡推出《笔记小说大观》以来，究竟如何认识“笔记小说”这个名目可以说是众说纷纭，非三言两语能够说清，再加上手头的事情实在太多，不想去算这笔糊涂账了。但后来一想，近年来我正从研究近代文论的圈子里跨出来，在关注现代的“旧体”文学与文论，“笔记小说”这个名目作为一种文类或文体亮相并引发了争议，也正是从近现代开始的，因此也不妨乘此机会来梳理一下吧。

显然，要辨说“笔记小说”，首先要将“笔记”与“小说”这两个概念简要地说一说。好在古代对这两个概念，大家的认识本来就大致相近。

假如从《庄子·外物》《论语·子张》《荀子·正名》分别所说的“小说”“小道”“小家珍说”算起，“小说”之名是出现得比较早的。到汉代桓谭《新论》所提的“小说”就与20世纪前一般学者所认识的“小说”比较一致了。它指出其特点是“丛残小语，近取譬论，以作短书”。尽管“小说”于“治身理家，有可观之辞”，但据《论衡·谢短篇》等篇的解释，这类“短书”，写的都是“小道”，“非儒者之贵也”。到《汉书·艺文志》就明确在史志目录中将“小说”归为一类，并列出了具体的书名，从中可见，“小说”中既有“史官记事”之作，也有“迂诞依托”之书，另有阐发哲理的议论、风俗逸闻的记载，等等，内容庞杂，范围广泛。以此可见，“小说”这个概念的出现，先是从内容着眼，强调它写的是有别于经传“大道”之外的杂七杂八的“小道”，与此相适应的是在形式上都是“丛残小语”。简言之，所谓“小说”，就是并非正面、集中阐述“大道”的杂、碎文字。

至于“笔记”之名，当后起于文笔相分的六朝。刘勰《文心雕龙·总术》云：“今之常言，有文有笔，以为无韵者笔也，有韵者文也。”笔记，当属用无韵之笔随记而成的、有别于经年累月、深思熟虑写就的杂、碎文字。当时之所以起用“笔记”之名，主要是从写作的方式与形式的角度上来考虑的。一时使用这个概念者也较多，如刘勰在《文心雕龙·才略》中明确地提出了有“笔记”之作：“路粹、杨修，颇怀笔记之工”，“温太真之笔记，循理而清通，亦笔端之良工也”。差不多同时的萧子显在《南齐书》卷五十二《文学·丘巨源传》中也提到了“笔记”之名。到宋代就有了以“笔记”为名的书籍，如宋祁的《宋景文公笔记》、苏轼的《仇池笔记》等等，久盛不衰。假如也用一语而言之，则所谓“笔记”，就是随笔而记的无韵杂、碎文字。

于此可见，“小说”与“笔记”之别，主要是在起用这两个概念时的着眼点、出发点不同，一是从内容出发，一是从写作的方式出发，在20世纪以前的文献学意义上，它们的实际内涵与外延应该是大致相同的，所谓“笔记”或“小说”，都是指经（正）史之外的，包括各类内容与多种形式的零简短章。它们一般都用的是文言，所以到现代，有人在“小说”之前加了“笔记”，用来与“白话小说”相区别；它们一般成集，但也有单篇或零星几章的，特别是在报刊兴起之后，单篇之作也很多。正因为“小说”与“笔记”两个名目，有异有同，古人又似未见对此有所辨析，只是在各自的著作中自做不同的分类或赋予不同的名目，于是就分分合合，弄得缠夹不清了。

不过，据我粗略的检视，在20世纪以前的漫长历史中，文人墨客或用“小说”之名，或称“笔记”之作，绝大多数并没有将这两个名称合在一起，没有把“笔记小说”或“小说笔记”作为一个文体或文类的名称来使用的。偶尔有之，也是为了文气的连贯而将两者作为相近文体或文类而并列在一起而已。假如当时有标点符号的话，应该是写成“笔记、小说”更为确切，只是当时没有标点符号，就将两者并写在一起了，如宋代史绳祖在《学斋占毕》卷二“蔆蔆二物”条中说：“前辈笔记小说固有字误，或刊本之误，因而后生末学不稽考本出处，承袭谬误甚多。”[①]再如清代王杰所编的《钦定重刻淳化阁帖释文》中有一文写道，“各有专书以纠其失，其他见于古今诗、文及说部、笔记者指摘不胜枚举”。[②] 这里的诗与文、说部与笔记之间都是应该加顿号的，它们都是并称的。再如江藩在说钱大昕治元史时说：“搜罗元人诗文集、小说笔记、金石碑版，重修元史，后恐有违功令，改为《元诗纪事》。”[③]其“小说笔记”也只能看作是性质相近的两类文字并写在一起，也并没有将“小说笔记”四字合在一起看作是一个文体或文类。

时代跨进了 20 世纪，在新的文学思潮影响下，1902 年梁启超在正式发行中国第一本小说杂志《新小说》之前两个月，在《新民丛报》第十四号上发了一篇《中国惟一之文学报〈新小说〉》，对将要发行的《新小说》的宗旨、形式、内容、发行等问题做了介绍，特别详细地对将要发表的各类小说做了分类说明，指出有历史小说、政治小说、哲理科学小说、军事小说、冒险小说、探侦小说、写情小说、语怪小说等不同，这些显然都是从内容上分类的。接下来就从形式上、或者说从文体上指出还有“札记体小说”与“传奇体小说”。在这里，“札记”与“笔记”义同。他特别在“札记”与“小说”之间加了一个“体”字，意义非

---

① 史绳祖《学斋占毕》卷二，文渊阁四库全书本。

② 王杰等辑《钦定石渠宝笈续编》卷二十三，清乾隆末年内府朱丝栏抄嘉庆增补本。

③ 江藩《国朝汉学师承记》卷三，清嘉庆十七年刻本。

凡。这表明在新潮的西方文学观念影响下，他所认识的“小说”已不再是传统的不论在内容上还是形式上都是包罗万象、混沌模糊的一个概念，而是开始将“小说”看作“文学”中的一种自具特色的文体，而“笔记”也只是一种特殊的表现形式与手段。正是在转变了小说观念之后，他在“笔记”与“小说”之间加了一个“体”字，以示这类小说是“笔记”类文体或形式的小说。后在《新小说》正式发行时，他又将“札记体小说”略称为“札记小说”。这种“札记小说”的代表作就是“随意杂录”的“《聊斋》《阅微草堂》之类”。这也就是说，“札记小说”乃是一种用随意笔记的形式写就的如《聊斋志异》《阅微草堂笔记》一类的有故事、有人物，乃至有虚构的文字，也就是“札记体小说”。现在看来，梁启超在新潮的纯文学观念影响下，他心中的“小说”已不同于桓谭、班固到刘知几、胡应麟及四库馆臣笔下的“小说”了。他已将“小说”作为“文学”中的一种独立的文体，不再与“笔记”混同一体，而认为古代作品中“笔记”与“小说”这两者的关系，只能是“笔记体小说”或“小说体笔记”，因而在他主编的《新小说》中发表诸如《啸天庐拾异》《反聊斋》《知新室新译丛》等作品时所标的“札记小说”四个字的含义，实际上已经与古人所用的“笔记小说”之义大相径庭，赋予了“笔记体(类)小说”的新意。这是一次历史性的跨越。自此之后，“札记小说”或“笔记小说”四字的含义，就不再只是“笔记与小说”或者是“笔记加小说”一解，而是另有了一种新义了。而且在这里也清楚地告诉了人们，“笔记”与“小说”两者是不能相混的：在“笔记”中有一类是“小说”，还有许多并不是小说；在小说中有一类是“笔记体”，还有很多是非笔记体的；所谓“札记体小说”或“札记小说”，就是用笔记的手法写成的小说，或者说是归于“笔记”类中的“小说”。

梁启超的看法立即产生了影响。继《新小说》之后，不久发行的一些小说杂志，如《竞立社小说月报》《月月小说》，乃至如以学术为主的《东方杂志》之类也都在这样理解“札记小说”四字的基础上安排了这一专栏，发表了一系列的“笔记体（类）小说”。同时，商务印书馆出版的规模宏大的“说部丛书”，也据梁氏的分类标准，在每一部的封面上大都醒目地标明了是属于某类小说，如政治小说、军事小说等等，其中也有《海外拾遗》《罗刹因果录》等标明是“笔记小说”。此二书，都是分八则，写了各色人等的故事。这里的“笔记”与“小说”之间虽无一个“体”字，但实际就是“笔记体（类）小说”的意思，都是用随笔的形式写成的有故事、有人物、有虚构的作品。乃至在1929年4月2日的《新闻报》的广告栏中刊载大华书店发售的小说，也标明了不同的分类，除了从内容上区别“武侠小说类”“香艳小说类”及新与旧的不同外，另就形式而言也有“笔记小说类”。显然，这个“笔记小说类”也就是“笔记中的小说”或“小说类的笔记”，与梁启超的认识是一脉相承的。

但到民国年间出现了新问题，好编丛书的王文濡，接连编印了《古今说部丛书》《笔记小说大观》《说库》等将传统笔记与小说混在一起的丛书。其用"说部丛书""说库"之名当无问题，而其于1912年用进步书局之名出版的《笔记小说大观》一书，共分八辑，收220余种作品，体量极大，尽管其书的《凡例》称"所选趋重小说"，但同时又说，"然关于讨论经史异义，阐发诗文要旨"等"古人笔记中往往有之"之作品也不忍"割爱"。且开宗明义第一条就说："本编纂辑历代笔记，起六朝，迄民国，巨人伟作，收罗殆遍。"其书在报纸上刊载的"预约广告"也说："《笔记小说大观》，系集汉魏以来笔记二百余种之汇刊，都五百余册。"[①]都是将"笔记"覆盖了"小说"。可见王文濡心目中还是将"小说"与"笔记"混在一起的。这样一来，同样"笔记小说"四字，自古至今出现了三种理解：一种是古代个别学者将"笔记"与"小说"并称而合在一起；另一种是如梁启超们将"笔记"中可称"小说"的一类称之为"札记体小说"或略称为"札记小说"；再者就是王文濡将"笔记"与"小说"混为一类的"笔记小说"。

由于当时的小说界普遍接受了新潮的小说观，而对古人曾经有过的零星将"笔记"与"小说"并称的情况没有注意，所以一见王文濡将"笔记"与"小说"混为一类就多有不满，如在当时文坛上比较活跃的姚赓夔就撰文说：

① 《新闻报》《民国日报》1928年6月19日同载。

> "笔记小说"四字,最不可解。笔记自笔记,小说自小说,岂可相混?笔记而名之以小说,是何异画蛇而添足乎?①

署名玉衡者也发文说:

> 笔记与短篇小说,体裁既异,结构亦不自同。而今之作者,往往互相混淆,是无异于孙周之兄不能辨菽麦。②

《海上繁华梦》作者漱石生也说:

> 笔记有笔记体裁,小说有小说绳墨,二者绝不相混也。③

与此同时,小说界开始注意辨析"笔记"与"小说"的异同。如《申报》1921年3月20日载《笔记与小说之区别》,列举了九条,如云:"笔记须有记载之价值,次之趣味;小说须有百读不厌之精神,次之勿使阅者意懈,目不终篇。""笔记重实叙,故曰记;小说可虚绘,故曰说。""笔

---

① 《小说杂谈》,《星期》1922年第29期。

② 《小说管窥》,《星期》1923年7月29日。

③ 《余之古今小说观》,《新月》1925年11月1日。

记叙人物、地址皆有名，示翔实焉；小说多以‘某’代之，或并某字而无之，如‘生’‘女’皆成名称，不妨虚衬也。”为了避免将“笔记”与“小说”混淆，一些学者重拾梁启超的旧话，用“笔记体的小说”[1]“笔记式的小说”[2]或“笔记的小说”[3]等提法来取代容易混淆的“笔记小说”。应该说，假如大家都遵循这样的提法的话，后世就不会产生歧义了。

但问题比较麻烦的是，实际上从梁启超始，既创用“札记体小说”之名，又将之略称为“札记小说”，自乱了阵脚。现经《笔记小说大观》热炒畅销之后，特别经过一些“笔记+小说”类的“笔记小说”选本与丛书的不断亮相（选本与丛书中也有一些是只收“小说”的或只称“笔记”的），还是有相当一部分人将“笔记小说”看成是“笔记+小说”的。“笔记小说”一个名目、两种理解状况就始终存在着。

更使人缠夹不清的是，尽管自20世纪二三十年代后，大多数小说史家与文学史家笔下的“笔记小说”的实际含义已是“笔记类小说”，但他们还是乐此不疲地沿用“笔记小说”来论文与著史。最典型的如郑振铎先生，他在1930年写的专论小说分类的《中国小说的分类及其演化的趋

① 叶楚伧《中国小说谈》，《民国日报》1923年7月24日。

② 赵芝岩《小说闲话》，《半月》第3卷第14号。

③ 周群玉《白话文学史大纲》，上海群学社1928年版，第123页。

势》长文中，一方面指责《笔记小说大观》收之太滥，强调“笔记小说”丛书应当编成“故事集”，另一方面还是沿用“笔记小说”之名。他说：

> 第一类是所谓“笔记小说”。这个笔记小说的名称，系指《搜神记》（干宝）、《续齐谐记》（吴均）、《博异志》（谷神子）以至《阅微草堂笔记》（纪昀）一类比较具有多量的琐杂的或神异的“故事”总集而言；范围固不能过于狭小，内容的审查，固不能过于严格，然也不能如前之滥，将一切“杂事”“异闻”“琐语”都包括了进去，有如近日出版的通俗本的“笔记小说大观”。我们应该将他们限于“故事集”的一个标准之下，或至少须是具有大多数的故事的。所谓“琐语”之类的东西，像《计然万物录》（编者注：托名计然著，东汉时成书，原书佚，清茆泮林辑）、《博物记》（汉唐蒙）、《博物志》（晋张华）、《清异录》（宋陶谷）、《杂纂》（唐李商隐）、《幽梦影》（清张潮）、《板桥杂记》（清余怀）；所谓“异闻”之类中的《山海经》《海内十洲记》《神异经》；所谓“杂事”之类中的《摭言》（唐王定保）、《云溪友议》（唐范摅）、《北梦琐言》（宋孙光宪）、《归田录》（宋欧阳修）、《侯鲭录》（宋赵德麟）等

等，都是不能算作“笔记小说”的。[①]

在民国时期另作专论“笔记小说”的是王季思先生。他写的《中国的笔记小说》《中国笔记小说略述》两文内容大致相同。其基本意思也同郑振铎。他说：“就笔记说，凡是纯属学术的讨论与考订的，如《困学纪闻》《日知录》《廿二史札记》《十驾斋养新录》，虽是笔记，却非小说。”除此之外，笔记的“轶事、怪异、诙谐”三类中，不论所写“幻想幻觉”还是“所见所闻”，凡有故事，有人物，“最可见作者及所记人物个性”的，就是“笔记小说”。[②]

民国时期两篇有关“笔记小说”的专论，都是认同用四个字来表达笔记中的小说是一种独立的文体。这样的认知与表达实际上也反映了民国以来绝大多数的文学史、小说史作者的看法。不但如此，以后的文学史、小说史作者大都也是如此，一直到20世纪90年代所出的几本具有代表意义的“笔记小说史”，乃至目前最流行的袁行霈先生主编的《中国文学史》与袁世硕先生主编的《中国文学史》，都是将“笔记小说”理解为“笔记体小说”而不是“笔记与小说”的。苗壮先生的《笔记小说史》定义“笔记小说”时说：“以笔记形式所写的小说，它以简洁的文言、短

---

① 郑振铎《中国小说的分类及其演化的趋势》，《学生杂志》1930年第17卷第1期。

② 王季思《中国的笔记小说》，《战时中学生》1939年第9期；《中国笔记小说略述》，《新学生》1947年第4卷第2期。

小的篇幅记叙人物的故事。”[①]而袁行霈先生主编的《中国文学史》说“笔记小说”是“采用文言，篇幅短小，记叙社会上流传的奇异故事、人物的逸闻轶事或其片言只语”。[②]显然，他们都将“小说”之外的“笔记”排斥在“笔记小说”之外。但是，时至今日，人们在沿用这个歧义的“笔记小说”的名目时，已经很少有人再想起历史上曾经用过的“笔记体小说”“笔记式小说”“笔记类小说”这类比较确切的提法了。

从梁启超到郑振铎、王季思，到当代的文学史、小说史作者们，为什么明明心里想要表达的是“札记体小说”，要将“笔记”与“小说”区别开来，认为混入了不少笔记的《笔记小说大观》收得过滥，而最后还是没有鲜明地表示“笔记自笔记，小说自小说”，还是用了一个容易混淆视听的“笔记小说”呢？我想可能主要是汉字构词的特点所造成的。我们的汉字富有弹性，构词时常常留下了活络的空间。“笔记小说”四字，的确可以包容“笔记与小说”“笔记体小说”“笔记小说这一类小说”这三种不同的理解。谁都可以用这四个字来表达，谁都不能算错。再加上传统写诗作文，用四字构词比较上口，特别如梁启超，在为未出的《新小说》做广告时拈出了“札记体小说”，而当《新

① 苗壮《笔记小说史》，浙江古籍出版社 1998 年版，第 4 页。

② 袁行霈主编《中国文学史》第三版，第二卷，高等教育出版社 2014 年版，第 153 页。

小说》正式付印时，考虑与“历史小说”“政治小说”“科学小说”等并称，就略称为“札记小说”。当时在他心目中，肯定觉得这“札记小说”就等于“札记体小说”，殊不知“札记小说”也可理解成不是“札记体小说”的呢！

再看，从《笔记小说大观》问世以来，陆陆续续用“笔记小说”之名出版的一些选本或丛书，其总体数量虽不能与一些史著与研究著作相比，但其混乱的程度却非常突出。当然，其中也有一些选本或丛书用“笔记小说”或“小说笔记”之名来编选作品时，基本上都是选录了一些有小说意味的作品，如1934年江畬经编选的规模不小的《历代小说笔记选》就是一例。1949年后，如2004年天津古籍出版社出版的《唐宋笔记小说释译》就明确说，“所选篇目以故事性、趣味性的轶事为主”。对于“笔记小说”概念的辨析最为清楚的，要数严杰先生在他编选几种“笔记选”时所写的前言中说的：“笔记小说只是笔记中的一大类”；“笔记大致可以分为三类”，“第一类以记载短小故事为主”，“第二类以历史琐闻为主”，“第三类以考据辨证为主”；“把笔记划分为三大类，并确定笔记小说的范围，需要注意的是，其间界限并不是非常清楚的，只能划出大略的轮廓而已。在确认第一类笔记为笔记小说的同时，也应该承认第二、第三类中也存在着相当数量的小说。笔记小说毕竟不能算是有意识创作的产物，其中的文学成分不是很纯净的”；“我们就不便再把唐传奇当作笔记小说看待了，尽管它同笔记小说有着渊源关系”。[①] 但是，毋庸讳言，还有编选者对于“笔记小说”的概念是缠夹不清的。比如，自《笔记小说大观》之后，1978—1987 年台北新兴书局出版的《笔记小说大观丛刊》，1990 年、1994 年先后由周光培编辑出版的《历代笔记小说汇编》（辽沈书社）、《历代笔记小说集成》（河北教育出版社），1999—2007 年上海古籍出版社出版的《历代笔记小说大观》，规模都很庞大，然其所收的没有小说意味的笔记触处可见，显然它们都是受王文濡的影响，将笔记与小说混为一类的。还有的，甚至将传奇、通俗长篇小说都纳入“笔记小说”之内，如有《清代笔记小说类编》一书，其《总序》说：“全书以传奇体小说为入选重点，从清人所作的约一百五十部笔记中选取二百余位作家创作的约一千九百篇作品，按类分编成十卷。”[②]我真不知道他选的究竟是传奇还是笔记。还有的竟然将《岭南逸史》《儒林外史》这样的长篇通俗小说也归入“笔记小说类”。[③] 此外，还有不少人将“笔记小说”与从语言上分类的“文言小说”混为一谈。如江西人民出版社 1984 年出版的《历代笔记小说选》称：“我国古代短篇小说，可分为两种：一是笔记小说，一是话本小说。前

---

① 严杰《唐五代笔记小说选译前言》，《唐五代笔记小说选译》，巴蜀书社 1990 年版，第 1—6 页。

② 陆林《〈清代笔记小说类编〉总序》，《清代笔记小说类编》，黄山书社 1994 年版，第 3 页。

③ 《新闻报》1929 年 4 月 2 日载大华书局广告。

者是用文言写的，后者是用白话写的。”诸如此类，可见对于“笔记小说”的理解真是五花八门，难怪程毅中、陶敏等先生站在不同的角度上大呼“笔记小说”的提法“于古于今都缺乏科学依据”，[①]“造成了许多混乱”。[②] 的确，这种混乱的局面再也不能继续下去了。

如今，我们要厘清“笔记小说”这个概念，就应该既要尊重历史演变的实际，又要解开一个结。这个结，就是要在正确认识传统的“大文学观”与目录学的基础上，去顺应近现代中西文学交流下的文学观念的通变，接受新的“小说”观，从而重新审视传统的“笔记”与“小说”。我们不能简单地认为接受新的小说观就是“以西律中”，抛弃传统。事实上，中国传统的包括叙事文学观在内的文学观本身也是在不断地发展变化，对于“文学”不同于学术乃至其他所有“文字著于竹帛”者而自具特性的认识也在不断发展与深化。就“小说”而言，对于这一文体的叙事、写人、虚构等特质的认知也是在一步一步地从混沌走向明晰，所以当西方的小说观传入后就能一拍即合，相互融合，形成了一种新的“小说”文体观。20 世纪以来逐步形成的所谓“小说”，乃至“笔记小说”“传奇小说”“话本小说”“章回小说”等名目，都是在立足本土、借镜西方、反复

---

① 程毅中《略谈笔记小说的含义及范围》，《古籍整理研究学刊》1991 年第 2 期。

② 陶敏、刘再华《“笔记小说”与笔记研究》，《文学遗产》2003 年第 2 期。

讨论的过程中形成的具有中国特色的新概念。这种新的小说文体观的确立与分类的细化，正标志着中华民族文化的进步，也显示了我们民族具有包容与消化世界先进文化的胸怀与能力。实际上，我们对于古代与西方的文化，都应该以一种辩证的、发展的、现实的眼光来看待，站在当代的、中国的、科学的立场上来接受与扬弃。承传中华民族文化的优秀精神，不是要倒退，而是要向前。假如今天不接受百年来形成的新的小说观，再将古今两种小说观搅在一起的话，“笔记”与“小说”的糊涂账将是永远算不清楚的了。

当我们辨明“笔记小说”四字的前世今生，再面对现实的发展态势，我相信将来的发展可能不用学者们过多辩说，事实上会“约定俗成”地形成这样的情况：“笔记小说”四字即表达了“笔记体小说”或“笔记类小说”“笔记式小说”的意思。这已为自梁启超以来的百余年历史所证明，绝大多数小说家及文学史、小说史专家，以及多数“笔记小说”的选本、丛书等出版物，都是将“笔记小说”理解为用笔记体写成的、大致符合现代文体分类中具有“小说”意味的作品。它是“笔记”的，也就是不同于有完整故事的传奇，更不是通俗长篇之作，而是一些随意编录的零简短章；它是含有现代所理解的“小说”意味的，其核心是记事的，或实或虚，或真或幻均可，而不同于传统习用的内容没有边界、相互纠缠不清的“小说”“笔记”“说部”“杂说”等名目了。

至于将“笔记”与“小说”混成一体的、甚至再羼杂“笔记”“小说”之外作品的“笔记小说”观，虽然在一些选本与丛书中偶然还看到，但实际数量是并不多的。而且我们还应该注意到，不少选本与丛书的选家，为了避免混淆“笔记”与“小说”，就干脆只用“笔记”之名而摒弃了因古今理解不同而容易引起歧义的“小说”两字，在《笔记小说大观》之后，就出现了为数不少的唯名“笔记”的选本，如姜亮夫编的《笔记选》（北新书局 1934 年版）、陈幼璞编的《古今名人笔记选》（商务印书馆 1938 年版）、叶楚伧主编的《历代名家笔记类选》（正中书局 1943 年版）、吕叔湘编的《笔记文选读》（文光书店 1946 年版）、刘耀林编的《明清笔记故事选译》（中华书局 1962 年版）、《历代史料笔记丛刊》（中华书局于 1979 年起编刊）、周续赓等编的《历代笔记选注》（北京出版社 1983 年版）、福建师范大学历史系华侨史资料选辑组编的《晚清海外笔记选》（海洋出版社 1983 年版）、卉子编的《中国古代笔记文选读》（四川少年儿童出版社 1986 年版）、偬仕编的《魏晋笔记选》（中国文学出版社 1999 年版）、黄飙编的《历代笔记选析》（海峡文艺出版社 2015 版）、倪进编的《唐宋笔记选注》（上海教育出版社 2016 年版）和《元明笔记选注》（上海教育出版社 2018 年版）等等，其中有的甚至主要或全部收的是“笔记体小说”，也宁可用“笔记”之名而不带“小说”两字了。这与 1983 年江苏广陵古籍刻印社重刊《笔记小说大观》的序言提到的一种看法完全相同：“笔记就是笔记，联带上‘小说’有点不伦不类，不如叫《笔记大观》为好。”①这的确既遵循了传统，又避开了混乱，可谓是明智之举。以后欲将“笔记”与“小说”混为一类的选家，不妨都照此办理，只用“笔记”或“说部”之类中国传统的概念来标名，恐怕不失为一条坚守传统的老路吧！

至于有时要将“笔记”与“小说”放在一起并称的，那就比较简单，只要中间加个顿号就解决了。

这样，用三种方法来表示三类本来纠缠不清的“笔记小说”，就不会相混了。我相信，历史的发展必然会继续沿着百余年来已被多数学者所认同和走过的这条道路继续前进。

行文至此，话归正传。我们打开山西古籍出版社1995年始出版的《民国笔记小说大观》，共有四辑52种，其中除《曾胡治兵语录》一编外，大致都有现代意义上的“小说”味。如今又出《民国笔记小说萃编》凡24种，已无《曾胡治兵语录》一类的笔记了，但其中有三部书也可能会产生一些不同的看法。第一部是刘成禺的《洪宪纪事诗本事簿注》。假如从传统文献分类来看，它的基本性质是一部诗注。但它是用“笔记小说”类的文字来注的，其注98篇文字编撰了丰富而生动的故事，说它是笔记体小说也应该是可以的。第二部是《寒云日记》。“日记”本身

① 高斯《重刊〈笔记小说大观〉序》，《笔记小说大观》，江苏广陵古籍刻印社1983年版，第2页。

就是一体。这本日记又夹杂了不少有关诗词的著录、名物的考辨等，然“日记”作为按日所记之笔记，作者又以自己作为中心，用其简约、隽永的文字，逐日记事写情，还是具有一点“小说”因素的。第三部就是缪荃孙之《云自在龛随笔》。从此书的主要成分看，实是一部学术随笔，所记多为金石书画、版本目录之学，但中间亦可见多篇记事写人、饶有文趣之作。所以这三部书，虽然显得各有一点另类的味道，但就其实，用比较宽松的眼光来看，不妨也可列于“笔记小说”之中吧。

至于其他著作，几乎都是记述一些社会生活中的大小事件、人物轶事之类，作者当时往往将它们视为“掌故”“杂史”“稗史”之类的史著，未必认同这也是“小说”。本来，在古代笔记中有小说味的作品主要是两类，一类是记鬼怪，另一类是记人事。记人事的也有虚、实之别，当然是写实的居多。凡所谓稗史、掌故、野史、琐记、轶闻等等，名目繁多，都是以记人叙事为主。在晚清民国时期，倡导科学，因而多视记鬼怪者为迷信，不少作者有意回避。与之相应，此时做笔记者大都自命其作是为了补翼正史。作者又多生于高官世家，或本身就是名流学者，熟稔朝廷内外及学界文场的种种故实，所记多自亲睹亲闻，有的还到图书馆里翻阅书刊查证。笔下虽有一些是梳理了历史上的陈迹，但最可宝贵的是触及了晚清民国时期诸如宫廷斗争、外交风波、官场倾轧、吏治腐败、名臣功过、史事曲折、遗老姿态、名士趣闻等方方面面，且多标榜信实，自诩为良史。固然，这些笔记，从作者的写作意图来看，他们主要是想写“史”，而不是要创作小说。后来的历史研究者们，引用这些民国笔记中的片段时，也往往将它们作为故实来证史。它们“史”的本质毋庸讳言。

强调信实的历史著作，与可以虚构的文学创作，从现代学科分类来看，当然是两个门道。但是，它们最重要的一个内核，即记事，是相同的。古代朝中史官之记事，当然是一件十分严肃的事情，所谓“圣人之记事也，虑之以大，爱之以敬，行之以礼，修之以孝养，纪之以义，终之以仁”(《礼记·文王世子第八》)。但后来到民间记事，就未必如此郑重其事了，所记未必都是国家大事，也有的来自道听途说，再有的加些油盐酱醋，甚至有的还故意幻设了一些故事，于是就出现了所谓“稗史”“野史”“外史”，乃至“谐史”“趣史”之类，虽也称之为“史”，但此史已不同于彼史了。更何况，就是一些纪传体、纪事本末体之类的所谓“正史”之作，所记之事，所写之人，也有的富有文学意味，人们也常将它们当作文学作品来欣赏。一部《史记》，不是在“中国文学史”著作中也有着崇高的地位吗？与此同理，民国间那些用笔记的形式，所记的大大小小的故事、形形色色的人物，不也可以当作文学中的一类“小说”来欣赏吗？

事实正是如此。我们就以颇有代表性的瞿兑之来说吧。他在民国期间大力提倡“掌故学”，其主要精神是为了在“正史”之外用“杂史”来保存与发掘真实而完整的史料。有人称他是继王国维、梁启超之后，可与陈寅恪相颉颃的“史学大师”。①他认为，自宋以后，在“正史”中已找不着“政治社会制度之实际情况”了，这是因为“自来成功者之纪载必流于文饰，而失败者之纪载又每至于湮没无传。凡一种势力之失败，其文献必为胜利者所摧毁压抑”。所以治史者“为救济史裁之拘束，以帮助读史者对于史事之了解”，必须“对于许多重复参错之琐屑”加以综合审核之后，“存真去伪，由伪得真”，所以“杂史之不可废”。更何况到了清末，“文字之禁骤然失效，从前闷着不敢说的一切历史上疑案”，人们都敢说敢写了，再加上私家印书方便，报章杂志风行，笔记杂事轶闻之作就纷然而起，以求在“史学上”做出贡献。同时，从文字表达的角度来看，他认为先前的《史记》《汉书》，“叙述一个重要人物每从一二节上描写，使其人之性情好尚，甚至于声音笑貌跃然纸上，即一代兴亡大事，亦往往从一件事故的发生前后经过著意叙述，使当时参加者之心理，与夫事态之变化都能曲折传出，而其所产生之果自然使读者领会于心。”但“后来史家每办不到而渐趋于官样文章之形式。所以然者，秉笔之人多少有一点公务的史职在身，而后代的文网较为苛密，加之私家的传说太多，不是公认的话不敢说，不是官式的史料不敢依据，因此虽然极好的史裁也受

① 周劭《瞿兑之与陈寅恪》，《闲话皇帝》，上海书店 1994 年版，第 113 页。

了限制，不能像《史记》那样活泼泼地了。”[①]所以现在他要从“杂史”中找回“正史”中早就不存在的那种“活泼泼”的文字，这也就使他们的“笔记”“掌故”等杂史之作带有了文学味、小说味。他们写的既是史著，但又可视之为“小说”了。且看其《杶庐所闻录》中有一则记张之洞曰：

> 张文襄虽主新政，而思想陈旧，亦出人意表。其在鄂督任时，公文不用新语，必苦思所以代之者。及入管学部，一日稿中偶有新名词。公批曰：“新名词不可用。”部员某年少好事，戏夹签于内曰：“新名词亦新名词，亦不可用。”次日更定上之，而忘去此签。公见而惭怒，竟日不语，遍翻古书，欲有以折之，卒不可得，乃霁颜谢焉。[②]

此短短数语，将虽主新政、思想仍旧的张之洞，围绕着“新名词”一词，对于属下批评后的神情变化，表现得惟妙惟肖。另见其《辛丑和约余闻》一则，就李鸿章签订和约事，写张之洞与李鸿章因两人所处的地位、经历不同而各持己见，各有意气，只用了一二语，即神情毕现：

---

① 瞿兑之《〈一士类稿〉序》，《一士类稿》，《民国笔记小说大观》第二辑，山西古籍出版社1996年版，第17—27页。

② 瞿兑之《杶庐所闻录》，《民国笔记小说大观》第一辑，山西古籍出版社1995年版，第27页。

辛丑议和之役，李鸿章一手主持，不免有徇外人之意太过者。当时急于求成，亦无人起而抗争。惟与俄国单独订密约一事，众议哗然，中外皆不以为然，卒未画押。张之洞、刘坤一争之尤力。相传刘、张联衔电李争持，实出张之手。李愤甚，电致军机处，谓："不意张督任封疆二十年，仍是书生意见。"张闻之亦惭怒，谓人曰："李相办和议事二三次，便为交涉老手耶？"①

与瞿兑之同道的有徐一士，写的笔记小说也多，他们两人一吹一唱，所持的观点完全一致。徐一士也认为笔记首先当写得"不违乎事实，而有益于知闻"，同时要有文采，"或为工丽之章，或具闲逸之致"。但在"专制之朝，王者为防反侧"，迭兴文狱，"故以当时之人而为私家之著作，处境綦难，有时饰为颂扬，良非得已。至清之既亡，则野史如林，群言庞杂，秽闻秘记，累牍连篇，又过于诞肆，楚则失矣，齐亦未为得也。"至于民初设清史馆，所编《清史稿》之类，"取材循官书文件之旧，评赞多夷犹肤饰之词"，根本无当于"史笔"。因此，他要将"有清一代，专三百年中华之政，结五千年专制之局，为世界交通新陈代谢之窍键"中的"是非得失"，"爬梳搜辑"，通过"随笔之体"

① 瞿兑之《杶庐所闻录》，《民国笔记小说大观》第一辑，山西古籍出版社 1995 年版，第 194 页。

来“贡一得之愚”。[①] 他自幼就好读《三国演义》《水浒传》《西游记》《封神演义》《聊斋志异》《儒林外史》《隋唐演义》《儿女英雄传》《三侠五义》等“闲书”，以听故事为乐，这种熏陶，就使他的笔记更有小说味了。其他收入此编的诸作，虽然文风有异，繁简有别，但大都如这样的一些文史兼备之作，读来皆有兴味。所以此编名之为《民国笔记小说粹编》，也可谓是名副其实，不知读者以为然否？

2022 年 1 月 2 日

---

① 徐凌霄、徐一士《〈凌霄一士随笔〉自序》，《凌霄一士随笔》，《民国笔记小说大观》第三辑，山西古籍出版社，1997 年版，第 8、9 页。

# 编纂凡例

《民国笔记小说粹编》，选编民国时期笔记小说名家名作，呈现民国笔记小说主要面目，以利阅读和研究。

一、命名。笔记小说是对文史掌故笔记著作的传统称谓。《四库全书总目提要》将掌故著作归于杂家及小说家等类，20世纪20年代有集古代掌故笔记著作之大型丛书《笔记小说大观》出版。至90年代，本社出版《民国笔记小说大观》凡四辑52种49册。本次整理选其精要，亦收新品，精编精校，名之曰“民国笔记小说粹编”。

二、收录范围。本丛书主要收录民国时期（1912—1949）撰写或出版过的文史掌故著作。兼收个别清末出版的重要掌故笔记，因这些清末著作实质上是民国笔记的先声，对民国笔记的繁荣发展起过巨大的推动作用；但只限于其作者为入民国后仍从事创作活动并有相当影响者。丛书所收民国笔记均在万字以上，个别有特殊价值的不受字数限制。

三、排版、文字。简体横排。

四、点校、加注。凡有多种版本的，择一善本为底本，他本作参校，需要时出校记；手稿或单一版本的采取自校。整理时原则上保持底本文字原貌，异体字一般统一为规范字（涉及古地名、人名、译名等的字不在此限），凡明显错讹缺衍之字、词，均做改正并加以标示，符号为：原稿残缺或无法辨识的字用“□”标示；错别字后跟改正字外加“（）”标示（以下情形不做标示：人名前后不一致的，径改为正确人名；词形不一致，原文即混用的，直接统一改为现代汉语规范字，如“看作”“看做”统一改为“看作”）；缺脱字直接补充字外加“〔〕”，衍文外加“〈〉”。丛书正文不加注释，需特殊说明之处，做脚注，或于导言中予以说明。

原书未分段、标点者，均分段并以新式标点标点。如有整段引文或整首诗词等，亦分段。

特别说明：书稿中用语、用字、用法具有时代特征，与现行规范不合的，保留原貌，如“的、地、得”的使用；“右述”“如左”等原有格式标指文字，保留原貌；特殊的公文（如法律条文等），原文未标点，保留原貌；音译外国人名、地名等，保留原貌。

五、撰写导言，拟小标题。本丛书每部书前均由编者撰以导言，对作者生平、版本流变及内容特点等予以简介。对未予随事标题之笔记，凡有条件者，均酌情拟小标题（此种情况须在导言中说明），以便索引及阅读。

六、原书中有“胡清”“发逆”“拳匪”“蛮”“夷”等歧视性称谓，以及某些不当观点，为保存原著全貌，保存原著作者观点,均未予删节或更改,特此申明。

由于时隔久远、资料不足,加之其他种种原因,本丛书虽纠正了原著诸多误载,但绝难尽善尽美,敬希读者予以指正。

民国笔记小说粹编编委会

2022 年 2 月

# 目 录

## 杶庐笔谈

附录:《故都见闻录》选辑

# 导　言

瞿兑之（1894—1973），湖南长沙人，笔名宣颖，字兑之，别名益锴，别号蜕园，又别署楚金、向平、纯庐、渠弥、铢庵，毕业于复旦大学（一说毕业于上海圣约翰大学）。早年任北洋军政府内阁总理顾维钧的秘书长、国史编纂处处长、印铸局局长、河北省政府秘书长，后任南开大学、北京师范大学、燕京大学、辅仁大学教授。新中国成立后，长期居沪，著书为生，曾任中华数据上海编译所特约编辑，上海市政协委员。

瞿兑之出身于名门望族，其父为清末军机大臣瞿鸿禨，其岳父为上海大官僚、大商人聂仲芳，其岳母为曾国藩之"满女"崇德老人曾纪芳。瞿兑之幼小聪颖，学有素养，于宫廷、官场内情耳濡目染，多所了解。成年后从政，当张作霖外窜东北，顾维钧代摄元首职时，他俨然代行总理职权，世有"黑头宰相"之誉。因此，他对清代及民国掌故之熟悉几乎无人可及。其重要的掌故笔记著作有《杶庐所闻录》《人物风俗制度丛谈》等，均为民国年间影响巨大的著作。

瞿兑之更是民国年间颇有名望的大学问家，尤善历史、骈文及方志研究。现代掌故学专家周劭先生称："论本世纪（20）二十年代到七十年代的半个世纪中，中国学术界自王海宁、梁新会之后，够称得上'大师'的，陈（寅恪）、瞿（兑之）两先生可谓当之无愧。但陈先生'史学大师'的称号久已著称，瞿先生则尚未有人这样称呼过，其实两位是一时瑜亮、铢两悉称的。"（见周劭《闲话皇帝》）其代表著作有：《汪辉祖传述》《汉代风俗制度考》《中国骈文概论》《李白集校注》《刘禹锡集笺注》《人物风俗制度丛谈》等。

瞿兑之精熟清代及民国掌故，善于以史家眼光观人论事，凡述史事不专于搜奇掠异，而更善见微知著，故其掌故属有述有作的那一种，档次更高。他认为："通掌故之学者是能透彻历史上各时期之政治内容、与夫政治社会各种制度之原委因果，以及其实际运用情状。要达到这种目的，则必须对于各时期之活动人物熟知其世系渊源、师友亲族的各种关系与其活动之事实经过，而又有最重要之先决条件，就是对于许多重复参错之屑琐资料具有综核之能力，存真去伪。由伪得真。"（见瞿兑之为《一士类稿·一士谭荟》所作序言）可知瞿兑之不仅善撰掌故，于掌故学亦见解深微。

《杶庐所闻录》发表于民国二十一年（1932）到二十四年（1935）之《申报月刊》（第3卷第1号—第4卷第12号）

及其后《申报每周增刊》(第1卷第1期—第2卷第32期)，署名铢庵，165则。民国二十四年五月《申报月刊》连载未竟，即整理出单行本，共98则。其中合并了“今世桃源”及“信笺”“名刺”等6则相近的内容，并据《思益堂日札》对“明人怪事”“乾隆名士写真”等则加以增补。而且将《申报月刊》连载之《故都闻见录》12则内容收入，重新安排了目次。

《杶庐所闻录》记事较杂，以清代宫廷、官场及文坛遗事为主，兼述各种民俗风情、趣闻轶事。其单刊本自序曰:“及乎越世之后，而政事、典章、民生、风俗胥得于此考见焉。古人不居著作之名，而后人得其沾溉之益。杂记之功，于斯为大。”可见作者用心及自信。正如“俞颂华序”所言:“事实则目见耳闻，议论亦和平中正，不讦阴私、不徇好恶，凡有征引，必举原书。即其行文，亦饶有自然不经意之趣。不独为笔记中之上品，抑可作史料观。”此乃本书特点。

瞿兑之出身乔木世家,其父久居军机，深得西太后信任，常得参与密商。故本书有“军机处”一则，述此清代最高权力机关之遗事，备悉其中纵横捭阖之内幕，堪称绝佳资料。此则与“光宣朝政”“光宣朝士风尚”“长沙民变”“礼制”等，皆脉络清晰、评析精当，足见瞿兑之大史家学风。又明清两代，士林毒雾弥漫，或行迹可笑，或负气倾轧,“名士嗜好”“明人怪事”“杭堇浦轶事”等即述此类遗事，今人读来也颇令人深思。

本次整理出版，在《杶庐所闻录》之后，列入了《杶庐笔谈》。该书署名铢庵，载于《申报周刊》卷一第十五期至第二十六期，共41则。体例内容一如《所闻录》，广博庞杂，足开眼界。其中尤于平凡中见出真谛，如“滥用公物”“舞弊”“报仇”等，综而观之，颇有深意，故不可以一则一事对待。这两种著作堪称姊妹篇，对于较为全面呈现瞿兑之之学识、见解、文学素养等有所助益，故作为合集呈现。

本次整理以1967年台湾文海出版社印行的《近代中国史料丛刊第十二辑》所收录的版本为底本，此底本较之连载本、1924年单行本在文字方面做了校正，是目前较为完备之版本。此次出版的内容共分为三部分：以《近代史料丛刊第十二辑》所收《杶庐所闻录》98则内容，以及《申报月刊》连载之未收入于册之内容，以“《申报月刊》连载补遗”的名义，收入67则，作为第一部分；以《申报周刊》连载的《杶庐笔谈》共计41则，作为第二部分；第三部分为附录，收入了《申报周刊》刊载的《故都闻见录》，剔除与《杶庐所闻录》重复的多则故事，现存22则。此次出版在尽量还原原始文本样貌的同时，纠正了明显的文字错讹、标点问题以及缺文现象。为方便读者阅读，民国二十四年单刊本的“俞颂华序”及“自序”仍置于书前。

**张继红　任俊芳**

# 杶庐所闻录

瞿兑之　著

# 俞　序

吾友铢庵以乔木世家，多闻故实，精谙史学，著述甚宏。涉笔所至，亦不落寻常窠臼。吾尝索取其笔记，以实《申报月刊》，积两年许，得数万言。读者每患不得窥其全豹，今汇印一册，凡曾哜一脔者至此可大嚼矣。

《申报》之最初期，曾刊笔记若干种，颇为三四十年前人所称道。故《申报月刊》近亦常登笔记，以饷读者。曩时坊间刊行之笔记，作者往往逞海市蜃楼之笔墨，作豆棚瓜架之谈资，事既多涉鬼狐，文亦易堕魔障，未必皆合现时读者之需求。今之此作，则有不然。事实则目见耳闻，议论亦和平中正，不讦阴私，不徇好恶，凡有征引，必举原书，即其行文，亦饶有自然不经意之趣。不独为笔记中之上品，抑可作史料观。世有赏音，必知非阿其所好也。

铢庵撰述甚勤，续有所作，仍登《申报月刊》。更假数月，行当又出乙集，并举以谂读者。

民国二十四年五月十日

俞颂华

# 自　序

《四库总目》于子部杂家中复分六类：议论而兼叙述者谓之杂说、旁究物理胪陈纤琐者谓之杂品、类辑旧文涂兼众轨者谓之杂纂。此三者，宋以后之著述尤多兼而有之。盖学者有事于博闻强识，则意之所及、目之所涉，随笔甄录，初非有意于传世。及乎越世之后，而政事、典章、民生、风俗胥得于此考见焉。古人不居著作之名，而后人得其沾溉之益，杂记之功，于斯为大。

余为此录，事起偶然。本不敢望古人，但取茶余酒后之谈助而已。积至百则，合而观之，亦颇有似于沈氏《梦溪笔谈》、王氏《池北偶谈》诸作。未知他日视之，亦有当于征文考献否。或能如《容斋随笔》之后更以二笔、三笔出而问世也。

民国二十有四年之春

铢庵居士自序

## 一　佛学中之侦探术

《法苑珠林》引《杂譬喻经》有云："昔有二人从师学道，俱到他国，路见象迹。一人言：'此是母象怀雌子，象一目盲，象上有一妇人怀女儿。'一人言：'汝何以知之?'答曰：'以意思知，汝若不信，前到见之。'二人俱及象，悉如所言。一人自念我与汝俱从师学，我独不见而汝独知。复还白师，师为重开。乃呼一人问曰：'何因知此?'答曰：'是师常所教导者。我见象小便地，知是雌象，见其右足践地深，知怀雌也。见道边右面草不动，知右目盲。见象所止有小便，知是女人。见右足踏地深，知怀女。我以纤密意思惟之耳。'"夫以路旁小便痕而辨为女子及雌象所遗，以右边草不动而知象目盲。其推理稹密曲折，可谓是近世侦探小说所由脱胎，不意于《佛典》中得之。

## 二　裸女

曾见一英文小本书曰《摩吞小传》（Memoirs of Dolly Morton），述一八六六年一北美女子亲见解奴之战者，据其亲历目睹，南美人虐待黑奴妇女，有在常人意境以外者。其监奴之豪横奢淫，殆小国君主所不逮。此女身被监奴所宠，尝开盛会，令女奴裸露行酒炙，宴毕令宾客各携所悦入房帏。又述监奴之私罚，以革鞭鞭妇女臀，或裸傅(缚) 篱尖，使之痛不可忍。

按：《汉书·江都易王传》，宫人姬八子有过者，辄令裸立击鼓，或置树上，久者三十日乃得衣；或髡钳以铅杵舂，不中程辄掠；或纵狼令啮杀之，建观而大笑。正此类也。变态之性心理，事固有之。

## 三　元代燕京风俗

元欧阳元（玄）《圭斋集》有〔渔家傲〕南词十二首。其序略云：

余读欧公、李太尉席上作十二月〔渔家傲〕鼓子词，王荆公亟称赏之。近年窃官于朝，久客辇下，每欲仿此以道京师两城人物之富、四时节令之华。至顺壬申二月，属春雪连日，无事出门，晚寒附火，私念及此，夜漏数刻，腹稿具成，枕上不寐，明日笔之于简。至于国家之典故、乘舆之兴居，与夫盛代之服食器用、神京之风俗方言，以及四方宾客宦游之况味，山林之士未尝至京师者欲有所考焉，此亦可见其大略。

其词仅有四月一首见于诸书所引，余颇罕见。兹录之于左，读之如亲见六百年前景物也。

正月都城寒料峭，除非上苑春光到。元日班行相见了，朝回早，阙前褫帕欢相抱。　汉女姝娥金搭腦，国人姬侍金貂帽，绣毂雕鞍来往闹。闲驰骤，拜年直过烧灯后。

按：此言都城气候至正月仍寒冽也。褫帕未详。相抱为蒙古相见礼。“金搭腦（脑）”二句见汉蒙妇女妆饰之异。都中妇女元旦后五日不出门，故灯节后数日尚拜年，今厂肆庙会尚至十六日闭会，可见其来旧矣。骤、后韵与峭、到不合，盖欧阳氏以其乡音入词。

二月都城春动野，引龙灰向银床画，士女城西争买架。看驰马，官家迎佛喧兰若。　水暖天鹅纷欲下，鹰房奏猎催车驾，却道海青逢燕怕。才过社，柳林飞放相将罢。

“银床”“画灰”未详。元代以南苑为飞放泊，育凫雁，为射猎之所。海青，鹰名也。社后罢猎，所以顺天时育生物也。

三月都城游赏竞，宫墙官柳青相映，十一门头车马并。清明近，豪家寒具金盘饤。　播祭流连芳草径，归来风送梨花信，向晚轻寒添酒病。春烟暝，深深院落秋千径。

十一门者，每面三门，北面独二门，与今制相同。惟齐化、平则二门，居人尚用旧称。

四月都城冰碗冻，含桃初荐瑛盘贡，南寺新开罗汉洞。伊蒲供，杨花满院莺声哢。　　岁幸上京车驾动，近臣准备銮舆从，建德门前飞玉鞚。争持送，蒲桃马乳归银瓮。

四月始卖冰，以碗相击作声，至今如此。建（健）德门即今德胜门。

五月都城犹衣夹，端阳蒲酒新开腊，月傍西山青一掏，荷花夹，西湖近岁过苕霅。　　血色金罗轻汗浃，宫中画扇传油法，雪腕彩丝红玉甲。添香鸭，凉糕时候秋生榻。

五月衣夹，正是北都气候，凉糕亦肆中应时食品也。

六月都城偏昼永，辘轳声动浮瓜井，海上红楼欹扇影，河朔饮，碧莲花肺槐芽沈。　　绿鬓亲王初守省，乘舆去后严巡警，太液池心波万顷。闲芳景，埽官人户捞渔艇。

元制：都城有警巡院。至饮食之俗，今已不可得考矣。

七月都城争乞巧，荷花旖旎新棚笊，笼袖娇民儿女狡。偏相搅，穿针月下浓妆佼。　碧玉莲房和柄拗，晡时饮酒醒时卯，淋罢麻秸秋雨饱。新凉稍，夜灯叫卖鸡头炒。

笊为竹器，其用未详。“娇民”亦未详。淋麻秸为制灰也。炒鸡头今犹有卖者，但不多。

八月都城新过雁，西风偏解惊游官，十载辞家衣线绽。清宵半，家家捣练砧声乱。　等待中秋明月阮，客中只作家中看，秋草墙头萤火烂。疏钟断，中心台畔流河汉。

中心台即鼓楼，在元时当都城之中心也。

九月都城秋日亢，马头白露迎朝爽，曾向西山观苍莽。川原广，千林红叶同春赏。　一本黄花金十镪，富家菊谱签银榜，龙虎台前鼍鼓响。擎仙掌，千官瓜果迎銮仗。

龙虎台在德胜门外，迎銮处也。西山观红叶至今为胜事。

十月都人家百蓄，霜菘雪韭冰芦菔，暖炕煤炉香豆熟。燔獐鹿，高昌家赛羊头福。　　貂袖豹袪银鼠褥，美人来往毡车续，花户油窗通晓旭。回寒燠，梅花一夜开金屋。

“菘韭”“炕炉”均冬日景物。“高昌家赛羊头福”未详。纸窗加油以取明，今小户犹然。都城梅花甚珍贵，置暖屋中可促其开。

十一月都人居暖阁，吴中雪纸明如垩，锦帐豪家深夜酌。金鸡喔，东家撒雪西家噱。　　纤指柔长宫线弱，阳回九九官冰凿，尽道今冬冰不薄。都人乐，官年喜受新年朔。

暖阁者，于室中别以木匡为小屋，居之以避寒也。宫中多有之。

十二月都人供暖箑，宫中障面霜风猎，甲第藏钩环侍妾。红袖挟，笑歌声送金蕉叶。　　倦客玉堂寒正怯，晓洮金井冰生鬣，冻合灶觚饧一楪。吴霜镊，换年懒写宜春帖。

“暖篚”未详。灶糖之风则无处不然也。

## 四　唐代之胡商势力

昔邱仲深据杜诗“云帆转辽海，粳稻来东吴”以证唐代之行海运，顾亭林据“蜀麻吴盐自古通”及“风烟渺吴蜀，舟楫通盐麻”以证唐代之无行盐地界。余亦尝举“商胡何日下扬州，忆上西陵旧驿楼；为问淮南米贵贱，老夫乘兴欲东游”，以证唐时胡商在中国握有经济威权。汉人亦尝以马伏波比胡贾。然则上可以厕身于名将，下可以通问于诗人，其地位讵不重哉？吾国自汉以来即取门户开放主义，受经济侵略之胁迫者已二千年于兹。此等重要史实，散在诗文中者，前人多未措意耳。

## 五　湘绮楼佚事

王壬秋闿运以经学文章名坛坫者，历咸、同、光、宣，至于民国。享名之久，又值变局，盖古今所稀逢。先生本孤寒，道光之末，年甫弱冠，与邓弥之等结社长沙，作汉、魏、六朝诗，手钞（抄）《玉台新咏》，当时人皆异之；至今遂成湖南诗派。先生于咸丰中客游无所遇，独见赏于肃顺，肃败不复出，隐居衡山十二年，其经学乃克成就。光绪中叶讲学成都，倡《公羊》，因此与康有为颇有关也。

先生随口诙谐皆成趣。民国元年，年八十，门人亲故合觞称寿。先生以前一年重逢乡举，被赐翰林院侍讲衔，是日仍服貂褂，冠蓝顶。客面争之。先生乃指客所服西服曰："你穿的不是外国衣服么？我穿的也是外国衣服。"客亦解颐而罢。盖清室优待条件有以外国君主礼相待之语也。

先生著述皆刊于生前，殁后仅由长子代功撰年谱二卷冠之于首，以成《湘绮楼全集》。其实先生诗文随手散佚流传，不具稿者甚多。未能收辑为可惜。集中诗文多摹古之作，刻意求似，殊乖不示人以璞之意。晚年下笔不经意，乃朴雅深至独具风格也。

《湘绮楼集》中《哀江南赋》与《圆明园词》大有关近代史实，而其词隐奥，年深无人更识其意。余尝见先生自写《圆明园词》一册，有自注，又别本有叙一篇，乃托名徐树铭所撰，绝似陈鸿《长恨传》，亦诠释词中本事。大抵咸丰宠汉女，及中国奸人自纵火烧圆明园，皆实事不诬也。《哀江南赋》亦有自注本，而无人为之传刻。

先生所选八代诗及唐诗均有自批之本。批唐诗多作谐语。余记其批李德裕《内官传诏问戎机》一首云："军机大臣自命不凡。"

先生诗集中无七律、七绝，而有《湘绮楼七言近体诗》别本。又有《夜雪集》，则皆七言绝句也。先生有七夕诗，历叙六十年所逢七夕，极饶风致。

# 六　包慎伯佚事

包慎伯世臣为嘉、道间名幕，客游权贵，声气赫然；其在政治上之主张，多当时流俗所不克窥见者，而为书名所掩。桐城姚柬之有记其佚事一则，即刊于《安吴四种》后，事颇有趣。

> 嘉庆庚午，柬之入都，附舟至东梁山阻风。同舟人有言，吾乙丑夏初在扬州搭湖划船，至芜湖，炕舱官舱客已满，惟余房舱之半尚待客。少顷，有人负襆被至船旁，指搭半房舱。舟子约以昏定开行。及昏客齐，而搭房舱客其友饯之于河滨酒楼；舟子促上船，即抽跳挂帆，水溜风利，船驶如箭。客入房舱，布襆被于前半舱毕，坐舱门与炕舱官舱客通问讯：乃包姓，上江秀才也。年约三十。二鼓，众客各开单，而先搭后半房舱人从艄入，乃二十许少妇。包君无可更易地，少妇手关房舱门而睡，前舱客倾耳静听。一无声息。次日即抵东梁山，阻风，同泊之船数十艘，客皆登岸就江市啜茗小酌。包君独上山寺眺望。少顷，少妇亦下船在市买香楮赴山寺。纤跗丰发，肌肤鲜皎，岸上人莫不注视，有追险（随）上山寺者。下午，包君返舟，则坐舱门与众客话行业起落，皆得窾要。又纵谈其五六年前就川楚戎幕事，惊愕可听。然未尝与少妇一通款语。古人坐怀不乱，不过一宿。包

君与少妇异被耳，前后十二昼夜，生平所见奇事，无过此者。

观此一段百二十年前江湖行旅景物习惯，如在目前，而包君之为人熟于世故、严于律己，皆可见一般（斑）。

## 七 “中”为象形字

近年章士钊创《五常新解》，以仁义礼智信皆从性交关系而出。郭沫若释“祖”“妣”二字为两性器官。浅人诧为大胆。（余按：昔人早有此种议论。）《越缦堂日记》有云：“仁和人曹籀著《籀书》二卷，有释‘中’字者一首，以中为男子之私，象形字，人以为怪。余谓此实有据，惟籀不能援引，其所言多妄耳。《逸周书·武顺解》云：‘人有中曰参，无中曰两，两争曰弱，参和为强；男生而成三，女生而成两；五以成室；室成以生民；民生以度。’孔晁注云：‘有中必有两，故曰参；阳奇阴耦，五谓相配成室。’近儒谢氏墉申之云：‘有中无中即谓男女，皆以形体言之。男成三，女成两，皆下体形象。合三两而成五，交构成室以生民。’按：两争曰弱者，谓两为阴数。阴性柔，柔相比则争而益弱。参和曰强者，谓参为阳数。阳性刚，以阳之三参阴之两则阴阳和而化生，阳益以强，此易之参天两地而倚数，故曰有中必有两。盖人道者五行之精，万物之本，圣人不以为讳。乾道成男，坤道成女，天地絪缊，男女构精，皆中和之理也。《左传》曰：‘民受天地之中以生，所谓命也。’《中庸》曰：‘中者天下之大本也。’《汉书·律历志》曰：‘夫五六者，天地之中合而民所受以生也。’凡此皆‘中’字最初之诂。《说文》：‘中字从口，从丨。’其义本难通。近儒改从口为从囗（音围）说自较胜。而以说参之，亦犹水本从巜，象众水并流从乁，象中有微阳之气。而《春秋·元命苞》以为巜从二人一男一女，乁者水，二人合而生水，亦以交构化生之理言之。《管子·水地篇》云：‘人水也，男女精气合而水流形。’皆三代相传制字之精义，不可为拘儒道者也。”以“中”字为象形者，较之取“厶”字为象形者，浅深迥判矣。

## 八　新名词

张文襄虽主新政，而思想陈旧，亦出人意表。其在鄂督任时，公文不用新语，必苦思所以代之者。及入管学部，一日稿中偶有新名词。公批曰：“新名词不可用。”部员某年少好事，戏夹签于内曰：“新名词亦新名词，亦不可用。”次日更定上之，而忘去此签。公见而惭怒，竟日不语，遍翻古书，欲有以折之，卒不可得，乃霁颜谢焉。然当时新政皆自日本稗贩，而译者未谙西文原义，又不通古训，一概直袭，若文襄者，固未可厚非也。

# 九　龚定庵佚事

近代所谓名士派最足者，以龚定庵为第一，其风气亦自定庵倡之。盖嘉、道朝士婞媚取容，乡愿自好，不羁之士疾之过甚，不觉矫枉过正也。定庵与钱唐陈宪曾为儿女亲，陈之后人传其轶事于嘉兴张祖廉，祖廉遂摭所闻为《定庵年谱外纪》，云："定庵性不喜修饰，故衣残履，十年不更。尝访宪曾之子元禄于京师七井胡同。时九月也，秋气肃然，侍者觳觫立，而定庵着纱衣，丝理寸断，脱帽露顶，发中生气蓬蓬然。又谈次兴酣，每喜自击其腕。尝乘驴车独游丰台，于芍药深处藉地坐，拉一短衣人共饮，抗声高歌，花片皆落。益阳汤海秋过之，亦拉与共饮，问同坐何人，不答。汤疑为仙人，又疑为侠，终不知其人也。"

叶德辉云："定庵状貌奇古，首顶若丘圩，两颧横高，短身急步，每过酒垆，四坐寂然，惟闻先生声震邻屋。在扬州客魏默深处，默深长身，先生服其衣衫，曳地如拖练，或天雨外出，下衫泥湿，归则掷于帷席间，不知为人服为己服也。终日常着靴，有时游倦归，急不待脱，以足踢之。一日晨起失其一，遍索不得，迨先生去，仆人乃于帷顶得之。德辉闻于善化熊鹤村老人云。"

魏默深、汤海秋与定庵同调，皆深疾承平乡愿者，海秋尝痛诋张文端《聪训斋语》，谓此书误尽天下苍生，于今思之信然。

何子贞亦与诸人往还甚密，其年辈稍后，经世才似不及，亦俗人所诋为名士习气者也。

## 一〇　洪氏故宫

归安吴绍箕撰《游梦倦谈》有“纪南京洪氏王宫”一则，略云：

> 伪宫已毁，存者十不及一，顾黄墙一带犹兀然高峙，墙外东西两亭盖琉璃瓦，四柱盘五色龙，由亭折而北为正门，门已毁，历甬道数十步，中树木牌坊，上大书曰“忠义门”，朱地金字，旁雕云龙狮象之属，彩色辉煌。坊之上下皆贫民，攀附而踞，用刀刮金屑，每人一日可得数百钱云。过坊又走数十步为伪殿，殿又毁，四壁画禽鸟花草，设色极工，柱础且朱漆绘龙。后殿左右两池，池中俱置石船。逾池而西有旁屋十余间，每间置大缸十余只，缸与缸接，无一线之隙，不知何用。旁屋以东皆焦土，颓垣上犹悬一木牌云：“此系奏机密之地，不得擅入，违者立决。”盖贼之枢密房也。由此又踏瓦砾数重为伪花园，有台有亭，有桥有池，皆散漫无结构。过桥为假山，山中结小屋，横铺木板六七层，进者须蛇行，不能坐立，莫解其故。

## 一一 谢折

张文襄诗文主清切，幕中文字有一字未妥，必推敲至当。其开府时，每上一谢折，辄传诵一时。六十赐寿，谢折有云："青琐萦沧江之梦，微物亦荷天慈，黄州咏玉宇之词，受知不在人后。观者咸诧为殊常之遇，此生何以酬高厚之恩。臣惟有履冰以励官方，炳烛而勤老学。抚汉上重来之柳，生意顿增；倾园中向日之葵，愚诚无改。"俨然宋四六之遗音。其尤佳者，庚、辛乱后"谢加太子少保衔折"云："伏念北畿俶扰，南纪震惊，致两宫之播迁，经一年而始定。臣障川力薄，瞻极神飞，既未能提桴鼓以收京，又不获执羁靮而捍圉，外惭内疚，有罪无功。今者钟虡依然，威仪重睹，既举居行之赏，兼甄薪突之劳。恭逢国是之昭明，岂意宫僚之滥附，元祐手书，多难而不忘黎庶；兴元赦诏，责躬而曲奖臣僚。敢贪天以为功，实临谷而滋惧，臣惟有经营筚路，休养穷檐，治兵求效于补牢，兴学图功于补烛。范文受赏，曾何力于伐齐；管仲纳规，愿无忘于在莒。"此种文字，尤有拳拳国家气象，近数百年不恒睹矣。

## 一二 粤人重贞节

粤人重视妇女贞节，似尤甚于他处。蓝鼎元《鹿洲公案》中载一事甚有意义，撮述于下：

鹿洲以普安知县兼署潮阳，一日，途中闻牧童数人偶语，一童曰："横逆哉！剥妇人至赤身，可杀也。"又一童曰："新婚遇此惨矣，以舆夫敝袴为新妇娇装，当日如何下车？如何入室？"蓝闻而大骇，停车询之，诸童皆笑而走。命牵一童来，乃言与惠邑交界之区，恶贼数十辈，横行无惮。一日要行嫁者于途，拉新人自舆中出，摩顶放踵，皆剥夺以去，乞留一下衣蔽体亦不从，且环而睇审其下体。及贼去，舆夫惭之，解敝袴与以遮身。蓝曰："行嫁则迎亲多人，岂能袖手旁观？多人则衣衫可让，何至用舆夫敝袴？且其夫又默不告官，无是理也。"牧童曰："贫家无多人亲迎，告官不能致之死，非徒无益，且得祸焉。"问娶妻者姓名，曰不知。问诸贼各何姓名，曰尤不知也。越数日，有以白昼抢劫来告者，缉获一人，讯出同党郑阿载、阿惜等。复购线缉获之，见二人貌尤奇凶，问："平素劫夺几何？"云："远事已忘，止记近数日内事，则双山行嫁一妇人与焉。"问："所劫何赃？"阿载言："贫人无他长物，止银簪、耳环、戒指、衣裙，寥寥数件而已。"问："同劫几人，是谁下手？"曰："同劫仍此八人，下手加功则我与阿惜耳。"问："行嫁则必有迎亲多人，汝等敢突出横劫，非百十人不可，言八人者妄也。"命夹之。则大呼曰："再醮之妇耳，焉有许多人迎者？今日诸事皆直言不讳，独何为以此相欺？"余拍案数之曰：

“汝等不为善良，甘心作贼，白日行劫，得财伤人，罪当死一也。男女授受不亲，奈何横加剥辱？且不顾新婚，使人夫妇一生抱痛，罪当死二也。汝剥夺新妇一丝不留，且分持其体而聚观，辱人如此，乃天地鬼神所共愤之事，罪不容于死三也。”阿载、阿惜皆曰：“我等作贼，为贫所驱，劫害多人，死亦无怨。至于剥辱乃再醮之妇，何新婚之足云，彼自家不存羞耻，则其体亦尽人可观，未必衣服去留之遂为关系也。”

又粤俗娶妻得处女者，则以烧猪表之。王闿运《湘绮楼上集》中有到广州与妇书云：“宾筵以多杀为豪，婚礼烧猪辄列数百。俗无羞耻，取妇以得女为奇。床笫之私，守宫之验，明告六亲，夸以为荣。知礼之家，亦复随俗。亦既觏止，我心则降，此尤可笑叹者也。”重视贞节至此，诚所罕闻。

## 一三　家族兴衰之传说

明清两朝士夙受科举制度之钤束牢笼，其害不可胜言。然白丁得一第，顿可昂首青云，社会阶级亦缘此划除不少，以视六朝之以门地埋没人才，终觉此胜于彼矣。特在科举制度盛行之日，家族盛衰之故，亦往往有耐人寻味者，一姓之兴，或勃焉而不知其所由，兴矣，或再三传而泽斩，或十数传而始替，或乍替而旋兴，或忽起而忽灭，此亦近世社会史中一公案，深待学者之研索者也。大抵以地域言，则大江南北最为世家大族所萃，而河北、山东、广东次之，西南各省最少，因由文化较后，亦以明末之乱元气戕贼较甚也。若吾湘则相传无传至三世者，世俗遂诿之于风水云。

清代诸名家之兴，皆有一种传说，其兴也愈骤则传说愈离奇，今以诸书所载汇次数端如左，虽诞鄙可笑，亦可以觇世风也。

一曰桐城张氏。张英父子，历相雍、乾，握政柄，其子姓入翰林历乡贰者，及于数世，至今为皖中大族。有清世家当推为巨擘。传说云，明季有张翁者年三十余，偶于后圃锄地得一坛，白镪满中，得二十余万，翁起视之曰："某穷儒也，乱世骤得多金，恐转速祸，愿留此为阖境赈饥之用。"力掩之。入清后，以训蒙终其身。临卒，呼二子至榻前曰："我有遗志未偿，后圃埋银若干，留以赈济饥荒者，乃桐城数十年风雨和甘，竟无歉岁。我死当守我志，如敢妄动毫厘，非我子也。"二子遵父命，又坚守二十余年，桐城大荒，兄弟赴县击鼓，白先人意。县令亲至发兑之，得十四万余两，令即属教官赵公经理其事。赵故常熟巨族，性方刚，自查灾以至散赈发银，皆亲手自兑，无一丝苟且，桐人感颂焉。一夜，赵梦有人推手车数辆，车上悉载红蓝水晶、车渠（砗磲）等珠，如核桃大者以数千计，问何往，曰："送张氏。"后另有一车珠，曰送于赵者。梦醒，不解所谓。至雍正十年，定顶珠之制，赵始悟所送者为顶珠。其后张氏遂鼎贵。

一曰连平颜氏。颜希深初为山东平度州知州，因案留省，太夫人迎养在署。忽大雨七昼夜，山水骤涨，居民争登城避水，哭声殷天。太夫人命速发仓谷赈饥，署内外皆坚持不可，曰："此须详明奏准，否则擅动仓谷，处分甚重。"太夫人曰："此何时，犹拘泥文法乎？平度距省远，俟其详奏，数十万灾黎尽成饿殍。君等无恐，速发以救倒悬，吾子功名不必计较。即查封备抵，罄吾家所有尚足以偿。"于是尽出簪珥易钱运米城上发给。其有缘树登屋不能为炊者，联筏载磨饼施之，州民赖以全活。东抚以擅发仓谷奏参，康熙帝曰："有如此贤母好官，实心实力，不加保荐，乃转列之弹章，何以示激劝？"立擢知府，不数年巡抚贵州。子孙多仕至督抚，粤东仕官之盛以连平颜氏为最，亦至今未衰。

一曰大庾戴氏，其事尤奇。戴氏本安徽休宁人，其先幕游江西，鹾贾聘之馆于大庾。是邑在豫章之边境，地瘠民贫，邑中人从无登甲乙榜者，或咎学宫风水不佳，佥谋迁造。乃得吉地，鸠资兴工，分派于邑之有力者，众以盐贾资本甚富，派出五百金，某答以有东人在，不得自专。众强之，某谓众曰："此银系某垫出，现已函商，倘东人不准开销，仍须归款。"众诺之，携银而去。未几盐贾覆函至，果以兴修学宫与贸易人无涉，不允捐赀。某持书示众，并告以寒士每年薪俸无多，不能因此受累。众答以此银因工程紧迫，业已用罄，现在多方募捐，尚不敷鸠工充

（厖）材之数，实难归垫，我等已将芳名刻入碑板矣。某曰："果尔则我有二弟，拟在此就近应试，诸君许之否？"众皆曰可。于是戴君子弟先后入大庾学，其弟即篑圃侍御（第元）、可亭相国（均元）相继入翰林。可亭之子莲士相国（衢亨）继登大魁。

## 一四　名刺

民国以前制度，名刺用红纸印姓名，字之大小约方一寸，居纸之中而略占于右上。京官所用字稍大，外省则尤小焉。率请时下名手，写而刻之。

翰林官用大字名柬，其大几编（遍）纸全幅。据《涌幢小品》，则明嘉靖以前尚只用蝇头小楷，后乃渐大。于是有为诗以嘲之者曰："诸葛大名垂宇宙，如今名大欲如何？"又曰："诸葛大名非用墨，清高二字肃千秋。如今一纸糊涂账，满面松烟不识羞。"

清季，外国使领及传教师慕翰林虚荣，亦用大字名刺。

清制：翰林名帖不用红纸而用白纸，人反视为高华，若不可及，世多不解其故。其实古人名刺本来皆用白纸，翰林犹存古制耳。明皇甫庸《近峰闻略》（《茶香室续钞》引）云："逆瑾用事时，百官门状启礼悉用红纸，故京师纸贵顿十数倍。"又郎瑛《七修类稿》云："予少年见公卿刺纸不过今之白录纸二寸，间有一二苏笺，可谓异矣。

今之刺纸非表白录罗纹笺，则大红销金纸，长有五尺，阔过五寸，更用一绵纸封袋递送，上下通行，否则谓之不敬。一拜帖五字而用纸当三厘之价，可谓暴殄天物，奢亦极矣。”

## 一五　董其昌家被民抄

明代江南乡宦势力最为横桀，而士子结纳干预，肆行无惮亦最甚。顺、康间哭庙案发，大受惩创，其锋渐敛。近年昆山赵氏《又满楼丛书》有传钞之《民抄董宦事实》一卷，内述董其昌家事如右：

> 董侄祖常于万历四十三年，率家人二百余抢一陆秀才声远家中使女绿英，抢劫未遂，将陆家捣毁而去。是时，恰有一苏州人业说书者钱二摭编其事，于市中演唱，另一秀才名范庭芝者，适在旁听唱。不意董仆闻之，密报其主，即将钱二锁至家中，硬栽庭芝以主使之罪，百般凌辱。庭芝不胜愤，到家而死。庭芝与董氏本有戚谊，故庭芝死后，其母冯氏、其妻龚氏率三四仆妇赴董家说理。其来意固已不善，祖常与冯氏、龚氏言语冲突，将其逐出门外，并将所带仆妇，剥去下衣，分缚两足于椅上，恣意侮辱。此事传出，顿动公愤，皆欲甘心于董氏。三月十五日在府县行香之际，群众聚集董氏门前，先将其豪奴陈明家捣

毁，更将董宅雕梁画栋二百余间一齐烧却，甚至上海、崇明、金山等处之人亦有远来与其事者。

此纪事一卷详述原委，其中董祖常侮辱范氏仆妇一节尤可为发指，不意优游林下以书画鉴赏负盛名之董文敏家教如此，声名如此！然明代秀才之难惹及其无聊亦可窥见大概矣。语云："秀才造反，三年不成。"此语在明代殊不然，明代秀才真能造反，但不能造大反耳。

## 一六　今世桃源

昔闻河北涿县境内有老人村者，其中居民每年一出完纳钱粮。有人曾见所持粮券是明永乐年中物。衣裳古朴亦异于今。村处深山之中，所需咸备，惟缺食盐；非市盐及完税不出山一步，人亦无有至其处者。余尝问河北人，多云实有此说；惟或云在满城，而满、涿二县政府皆不承有此事。今河北各县已全办自治，无论如何僻壤，要必画入自治区中；果其人民淳朴，自有山川，不应县府毫无闻见。盖河北各大县辖境多过于寥廓，县府经费又经折减，而近年任县长者又多东北武人厮奴，不知民政为何事，询以此等事，宜其瞠目矣。

天下之大，无所不有。观于英属之沙克岛（Sark）而益信。是岛处英、法海峡中，距两国道里略均，其居民皆操二国方言，然其地为古诺门德公国之一部，英王既兼诺门德公，故此岛亦为英领，盖中世纪封建采邑之最后遗留于二十世纪者也。

旧邑主之得是岛当一五六五伊利沙伯在位时，今邑主之大父得继其位，亦近八十年矣。今邑主为一妇人，其夫为一归化之英国人，原籍美国。全邑居民不及七百，皆以农渔为生，无一机械工业。议会、政府、法庭、监狱、警察皆具体而微。邑主食租衣税，政简刑清，有春台熙熙气象。在政治上为英属之最小自治邦，而一切法律皆得自订，其中大半沿自中古。例如最初移殖之四十家庄地不得零售，邑民除租税外每年有二日之徭役，从事于公路之修筑等等。尤足惊异者，现行法律禁止汽车入境，此为逆抗新潮保持旧俗之惟一方法。其女君之意，欲于二十世纪科学世界中尽力存此一片土、为中古生活留一全影，故终女君之身不欲有所变易也。

异哉，距伦敦、巴黎不过数小时之行程，于汽管参天、煤烟幕地之外，犹有此清净土。武陵山中不知魏晋，古今中外无处不可遇之耶？此事见去年七月《地理杂志》女君自记篇中。

前清河北老人村事，以为今世桃源，顷又见《湘绮楼日记》言湖南湘潭亦有此等地方，其言曰："隐山九洞坤人不入城市，同治三年有往卜居者，彼中人犹称道光四十四年，乃不知县城曾失守。"

果如其说，则二十八年不入城市，竟不知道光之后尚有咸丰、同治，所谓"不知有汉，无论魏晋"矣。然彼既不奉官颁历日，又何得知晦朔，更何从知为四十四年耶，恐仍出附会。

## 一七　明末清初服制

上海胡祖德云翘曾辑《胡氏杂抄》，其中一种曰《姚氏纪事编》者，上海世家子姚廷遴字纯如所撰。姚氏世居上海城内馆驿街，所记自崇祯元年至康熙三十六年，兼日记、年谱体裁。其中述明、清之交风俗变迁至为有味。摘录如下：

明季服色俱有等级，乡绅、举贡、秀才俱戴巾，百姓俱戴帽，寒天绒巾绒帽，夏天鬃巾、鬃帽。又有一等士大夫子弟戴飘飘巾，即前后披一片者；纯阳巾，前后披盘云者。庶民极富，不许戴巾。今概用貂鼠、骚鼠、狐皮缨帽，不分等级，佣工贱役与现任官员一体乱戴。

明季现任官府用云缎为圆领，士大夫在家亦有穿云缎袍者，公子生员辈止穿绫绸纱罗。今凡有钱者任其华美，云缎外套遍地穿矣，此又衣服之一变也。

明季请客，两人合卓（桌），椀楪不甚大，虽至廿品而肴馔有限。至顺治七八年，忽有冰盘宋椀，每椀可容鱼肉二斤，丰盛华美，故以四人合一卓（桌）。康熙年间，又翻出宫椀洋盘，仍旧四人合卓（桌）。

较冰盘宋椀为省。后又有五簋椀，其式比宋椀略大而加深广，纳肴甚多，此又食用之一变也。

明季所无而今忽有且多者，如烟筒、烟袋、火刀、火石之类。余幼时取火惟用擦黄纸，今用粗膏纸。红缨向用于马鞍辔上及梅条枪头，今人人用以饰帽矣。海獭、骚鼠、海螺皮之类，人人用以制冠矣。凉帽初用藤席制成，以后或用细篾，或用踏马芦皮，江宁等处用绒编造，其制尤巧。更有织成盘龙锦片、袍领、袍袖及三镶袜、月华裙、月华膝，备极精巧，皆二十年前所未见也。

明季兵勇身穿大袖布衣，外披黄布背心，名曰号衣，头戴五色布扎巾，手执狼筅长枪等物，今清兵盔甲用彩缎绣龙，整齐严肃，此兵式之又一变也。

## 一八　荷花奇案

明隆庆六年九月十一日北京有一奇案，如左：

皇亲周世臣者家无妻子，止用一使女曰荷花，一仆曰王奎。奎与其妻别居，距周所居少远。是夕有盗至，欲行劫，世臣惊觉与相抗，为盗所杀。荷花在耳房闻声入视，抚其身死矣。两手带血，染于门杠，亦未及点灯照视也。其盗去时因未得财，但称“有冤保（报）冤，你家还有荷花、王奎俱要杀死”等语。荷花度盗已去，乃走至王奎家报之，且述盗言。奎曰："汝且先去，我待天明来吧！"荷花归，路逢巡更人执之曰："汝一女子，黑夜独行何为？"荷花答以周皇亲被劫杀及已往唤王奎等情。巡更人不信，共执荷花，返至王奎门讯之。天仍未明，王奎听得多人在门，且惧盗报冤之言，以为盗复至矣，匿不应。诸巡人抉门而入，奎愈惧，潜入床下；执出，面如土色，口不能出一言。及回至周皇亲家，举火照之，门杠手指血印，正荷花手上血也。且邻右皆云未闻得有贼人声，俱至兵马司。适兵马司坐事住俸，乃执其仆王奎，诬以因奸谋杀世臣。至刑部，又率然定谳，竟坐两人凌迟。万历四年十月处决。后年余，获大盗朱国臣等，自言："杀世臣者，我也。我行劫久，杀人多，死亦瞑目，但因我而误杀王奎、荷花二命，心实不忍。"且云："二人处决时，我在法场看，欲出认之，恨为同伙所阻云。"

此事见于明人小说《近事丛残》及《万历野获编》，《野获编》所载略有出入，张江陵当国之初，乃有此事，殊可异。意者此正江陵所以不能不整饬纲纪欤。

## 一九　北都妖妄

民国以来，北都妖妄之事殊未减于清季，不独传于里巷，且恒为士大夫谈资。其最盛传者，云有王某能飞行绝迹，某日方与客谈，暂出复还，则已赴西山，与某某相晤，他日询某某，较其时日情事，果不爽。又有某能望人头上气以决其吉凶贵贱，云紫气最佳，黑气最恶。此皆民国七八年以后至十六七年盛传之说。

又民国七年战后，天津盛传《鸾坛诗》二首云：

异地梨涡不解颦，风尘输与锦车人。
莫嫌此地无颜色，犹有燕支一段春。

洛水惊鸿见亦难，春兰秋菊总无端。
可怜绝代陈王笔，留作香闺粉本看。

第一首指黎元洪见阨于冯玉祥及段祺瑞起为执政之事；次首指吴佩孚、徐世昌、曹锟。向来北方《鸾坛诗》无此雅调，自是好事者所弄狡狯，然亦十三年以前脍炙人口之作也。

## 二〇 名士嗜好

昔何子贞绍基嗜酒，尤好以金华火腿佐绍酒。其嗜好与张船山问陶略同，船山官知府时，尝奉大府檄讯巨案，但索金华精脯一盘、绍酒一坛，酒未半而案结。事见某说部。何子贞事则湘人皆能道之。子贞之父文安公凌汉官京朝数十年，每食必具湖南腌菜，皆文安夫人率子妇辈为之，其精美可口，传称于时。事见《东洲草堂集》。

梁山舟同书嗜食枇杷，其孙女嫁上元王氏，山舟每过金陵，必假馆其家。求书者踵接，其孙女遂买枇杷数百枚，以大盘盛之献诸坐右，先将笔墨及求书各纸陈其侧，山舟见之大喜，遂命其孙女侍侧磨墨，且啖且书，枇杷啖毕而书亦竟矣。此事见江宁甘熙《白下琐言》。山舟无子，盖其嗣子所出孙女耳。

《白下琐言》又记怪事数则云："粤东冯晋渔刺史蓁侨居明瓦廊，性嗜鸭，凡赴友燕饮，必先问有鸭几何品；尝谓金陵所产鸭甲于海内，如烧鸭、酱鸭、白拌鸭、咸水鸭、咸板鸭、水浸鸭之类，正四时各擅其胜，美不胜收。予所以侨寓斯邦者，正为此耳。又尝畜大蛇二尾，去其舌齿，以竹筒藏之，夕则放于衾内，与之共寝，率以为常，尤为怪事。梅伯言嗜栗子，赴都时，道上日蒸以当饭，计自王家营至都门食栗三十余斤。栗性滞腻，多食令人气闷，而彼独安然无恙，岂脏腑别异，出于性生耶?"

又湘乡曾重伯广钧，文正公之长孙也，幼时嗜食杂物，饼饵不能经宿。最奇者，好手捕苍蝇而食之，不独无病，且聪明强健，寿至六十余。昔人说部中谓有以食虫豸为乐者，以此证之，殆不诬。

甘泉焦里堂循襄阮文达山东学幕时，闻偃师武虚谷亿名，且闻其每食麦一斗，高粱酒十斤。一日有客自外至，身长八尺，破毛羊裘，白须萧萧然，与道姓名，即虚谷也。谈次极洽，因问以食量，虚谷掀髯笑曰，天下岂有此人，其半则庶几可得耳。虚谷能饮啖，其本传不载，乃借里堂以传之。又里堂初好食蒜而恶韭，筵有韭则远其坐。三十五岁时授徒村中，见畦中韭肥秀可爱，试食之而善，自此遂每食必具。皆见《雕菰楼文集》中。

## 二一　乾嘉风俗

汪辉祖《病榻梦痕录》为其自记一生事实之书，诚合乎所谓自传体裁者也。其中叙乾、嘉中服饰及钱币之变迁最有价值。辉祖生于雍正八年（一七三〇），卒于嘉庆十二年(一八〇七)，所历几一世纪，又起于寒素，周历官、幕两途，故所见广而且确，真良史料也。

其述服饰云：

> 年二十二客游，携一竹笥，冬夏兼储。是冬严寒，外舅以裘衣余，谢却之。后入胡公幕，止服高丽布袍褂。（高丽布丝为经，木棉为纬，簇簇有皱纹，如蠡壳然，今久不见矣。）时幕风朴素，重裘尚少，即衣表亦未尝有红青色也。己卯、庚辰间，或衣反裘马褂，群耳目之。己卯，胡公赠余灰鼠褂；辛巳，孙师赠余羊皮袍，余始得重裘。然皆盛服，非敢常服也。戊子叨乡荐，制山羊皮袍褂为公车之饰，其余绵夹衣无红青褂，都门以元青为素色，见大人、先生则

假红青褂于沈青斋。青斋亦无他制，良友易衣而出，至今感同袍雅谊。所见孝廉反裘者十不得一二。迨乙未则无不反裘者。宦途服饰之华亦始于戊子、己丑，至是益丽。吾乡素号简质，二十年来亦俱绚烂。今则宾朋燕集，冬皆反裘，夏皆纱罗，以嵌皮山羊皮为不足齿数。葛不经见，甚至妇人、女子十有六七亦衣裘衣、羽毛缎矣。

其述钱币云：

读《邸钞》，京师每小钱五文直制钱一文，盖于行使之间，寓禁止之权。浙省尚未通行，官非不禁而民间小钱愈炽。每番银一圆直制钱一千七八九十文，市肆交易竟有作一千一百三四十至七八十者，杭州尤甚。银价因之日减。盖钱肆易钱，价无一定。自鹅眼以至制钱凡数等，杂小钱者曰时钱，其稍净者曰乡货钱，纯制钱者曰典钱，以银易钱，相钱议价，钱既参错，用者不便，乃计所易之钱折受番银，故番银之价昂于库银。余年四十几以前，尚无番银之名，有商人自闽、粤携回者，号称洋钱，市中不甚行也。唯聘婚者取其饰观。酌用无多，价略与市银相等。今钱法不能尽一，而使番银之用广于库银，小钱之利数倍制钱，不知其流安极。番银又称洋钱，名亦不一，曰双柱，曰倭婆，曰三工，曰四工，曰小洁，曰小花，曰大戳，曰烂版，曰苏版。价亦大有低昂，作伪滋起，甚至物所罕见辄以洋名。陶之铜胎者为洋瓷，髹之填金者为洋漆，松之针小本矮者为洋松，菊之瓣大色黑者为洋菊，以及洋罽、洋锦、洋绮、洋布、洋铜、洋米之类不可偻指，其价皆视直省土产较昂，毋亦郑声乱雅之弊欤。

末段述洋钱之来历甚可珍贵。辉祖四十岁当乾隆三十四年（一七六九）也。辉祖居浙东，盖见洋钱较内地略早。

## 二二　衙署异闻

孙樗《余墨偶淡》续集卷三云：

衙署中事虽极纤细而积习牢不可破。曾见数端，录之以博轩渠。家君宰曲沃时，供役手民有任规者，有任矩者，绝不相杂。一日修枷，矩者已備（备），惟圆口未开，固强之不可。又裱糊匠亦分有二，糊者单纸，裱者双纸，一日唤糊者泥窗，使其溜缝。糊者曰：“此裱匠事也。”亦坚不任。又灵川山中有杨梅石，俗名仙人米，时有友人索寄，采取必归斗级。最可笑者，在凤台时，一日家人自乡拾雉卵数枚归，属寻伏雏家带伏，皆不应。就中一人曰：“此系归捕班事。”因山右伏雏曰哺雏，音相同也。捕班遂携去，绝无推诿。

又余闻贵州某县署中裱糊房屋必唤道士，追究其故，则云昔曾有裱匠携其所亲道士入署为己助，自是遂相沿以道士充役。大抵类此之事尚甚多云。

## 二三　明清物价

因《病榻梦痕录》而连类记明、清风俗物价数则如左：

《益都县志》有明知县赵行志《崇俭约规》一篇云：

今约凡大小会皆二位一卓（桌）；每卓（桌）前冬春饼子四盒，夏秋果四椀，菜碟四个，案碟四个，大会肉菜九椀，面饭二道，米饭二道；小会肉菜五椀，面饭二道，米饭一道；每桌攒盒一个，每格止用一品。此外小饭、小椀与夫燕窝、天花、羊肚、猴头、鹅、鸭俱不用。家中即有余蓄，亦不许多加一椀，以防渐增。家人一汤一饭，但饱而止，或每家人折钱十文亦可。惟官席远客方设独卓（桌）果肴各加五品，其看席五牲之类俱不必用。若闲常偶会，每卓（桌）四人，四面攒坐，即八人攒坐亦可，小菜四碟，每人米面饭各一器。

龚炜《巢林笔谈》：

清河与太原联姻，两家皆贵，而瞻其记顺治三年嫁费，会亲席十六色，付庖银五钱七分，盖其时兑钱一千，只须银四钱一分耳。而猪、羊、鸡、鸭甚贱，准以今之钱价，斤不过一二分有奇，他物称是，席之所以易办也。

光绪《吴川编（县）志》引陈舜系《乱离见闻录》曰：

予生万历四十六年，时丁升平，四方乐利，又家海内鱼米之乡，斗米钱二十文，鱼钱一二，槟榔十颗钱二文，柴十束钱一文，斤肉、只鸭钱六七文，斗盐钱三百文。

长沙周寿昌于咸丰初年撰《思益堂日札》云：

长沙风俗醇朴，故储粟较丰，十年以来，户口日贫，食用日侈。嘉庆二十四五年及道光初年，童子尚无衣裘帛者，间有之皆引以为戒，弱冠后即制裘亦甚朴，又必素封家乃如此；否则以织绒代之。今则十岁后皆着羊裘，此后灰鼠、丰狐、海龙、天马，视力所能致者皆致之，无论年与分也。更有以湖绸、江绸为小儿绣褓者，尤暴殄。嘉庆时，民间宴客用四冰盘两椀称极腆，惟婚典则用一椀蛏干席。道光四五年间，改用海参席。八九年间，加四小椀，果菜十二盘，如古所谓饾饤者，虽宴常客亦用之。后更改用鱼翅席，小椀者八，盘者十六，无所谓冰盘者矣。近年更有用燕窝席，三汤四割，较官馔尤精腆者。春酌设彩觞宴客，席更丰，一日糜费，率二十万钱，诸旧家知事体者尚不然，长沙视善化亦稍朴，以巨商游宦多寓南城也。

## 二四　宜檬

岭以南有黄色而酢质之果，俗呼柠檬，近年制为汽水，或切以瀹茗，人皆视为西洋食品，未有知为中国所固有者。按：元吴莱《渊颖集》有《岭南柠檬子解渴水歌》，正即今之柠檬水。而杭世骏《道古堂集》有《梨朦诗》云："粤人呼宜母，亦或讹宜濛。粤稽《桂海志》，是物为黎朦。"是黎朦出《桂海虞衡志》，其名尤古，且近于正。

## 二五　辫发

今传南薰殿所藏历代帝王画像，元朝诸帝皆作两小辫，垂于两耳，是与满洲制不同。满洲乃金之苗裔，按

《大金国志》云："金俗好衣白，辫发垂肩，与契丹异。垂金环留颅后发，系以色丝"，是满洲制与金制不殊。惟《大金国志》又称逼宋臣刘邈剃头顶发，不从；又天会七年下令削发，不如式者死。既云剃头顶发，则似与满洲制微有区别。其后至海陵时诏河南衣冠许从其便，剃发之禁自此遂弛，海陵虽无道，此事固足称。

又金刘祁录大梁事，记崔立之变，令在京士庶皆割发为北朝民，是元初亦有剃发之令。

## 二六 广和居

广和居为旧京饶有历史之食肆，以其偏在宣武门外，近年生意日落，已歇业矣。己巳、庚午间，尝与曹纕蘅同过访，因招南城旧友小饮，纕蘅言肆中本有何子贞所欠账单，其上有"贞翁亲笔"数字，不知为何人谋去，询肆中最古之史料，仅出示"倒字"一纸（北方所谓出倒，即今南方所谓招盘也），其字云：

> 道光十一年十月初二日立倒字人盛连英，今在北半截胡同路东开设隆盛轩酒铺门面平房二间一处，因无力成作，情愿倒与申广泰开设广和居生理，言明出备倒价京平足银四十六两正……

又据肆中人云：庖人孙姓，自同治四年起入股一成四厘五，自此营业渐盛，盖亦其经营得法之一端。道光中叶，正文恬武嬉之时，京朝士夫盛以饮食征逐为事。张之洞《食陶菜诗》云：“都官留鲫为嘉宾，作脍传方洗洛尘，今日街南询柳嫂，只缘曾识旧京人。”注云：“陶凫香宗伯以西湖五柳居烹鱼之法授酒家，名曰陶菜，此即广和居之典故也。”其后又有所谓“总理”者，据《樊山续集》诗注云：“当译署初设时，宣南广和酒肆以杂菜豕肉脔切为羹，名曰‘总理’。”近又有江豆腐一品，则余忘其出典矣。

肆颇风雅，至近年犹遍悬诗人墨客名迹，无一俗笔。卒以住宅多移入内城，无法以振其业，开肆正及百年，而戛然止矣。悲夫！

## 二七　明人怪事

杨士聪《玉堂荟记》云：“崇祯时，上出甚早，而百官多未到者，德州乃上揭参班役及裁缝。参班役以其赴寓迟，参裁缝以其缀系不坚临朝脱落也。”又云：“郑方水馆师‘偶票’一疏内有‘何况’一（二）字，误以为人名，票云‘何况著抚按提问’，上驳改乃悟。”此宰相之笑谈也。

《明史》中有言官请于禁中设棘饲犬者，有上书“用再照人主奢俭系四方安危”等语，公牍体例且不谙，反为中官所讦者。此言官之笑谈也。

《野获编》云：“世宗晚年每写‘夷狄’必极小，凡诏旨及章疏皆然，盖欲尊中国卑夷狄也。”

《野获编》又云：“正统中，顺天大兴知县马通诏京城有号风流汉子者，专以嫖赌致钱充花酒费，宜令娼妓家不得有双陆、骨牌、纸牌、骰子。道上有醉卧者，令火夫举置铺内，俟其醒而枷之。章下法司议，赌博者运粮口外，但枷示醉人非旧典不可行。”

此皆明人行事之可笑者。

《思益堂日札》云：

> 雍正朝钱以煐由知县行取授部属，旋擢御史入台，一清（请）敕尼姑还俗；一奏民间养女至二十岁以外敕督抚谕令速行择配；一奏民间斗殴每起于数十文钱，请令有司查明有需数十文之穷民，给钱以济缓急息争斗。疏上，奉旨切责，着以主事原只（职）发回原籍。故事，台臣三月无疏，有辱台之罚。如此建言琐鄙，转不如仗马不鸣也。又雍正时，满御史某奏禁卖煤人毋许横骑驼背以防颠越，时称“驼煤御史”。嘉庆朝有御史奏请开牛禁，准回民宰卖。上谕责以“该御史非回教中人，信口乱道”。按：《责（贡）父诗话》：“庆历中有卫士震惊宫辟，捕得杀之。御史宋禧言蜀中罗江狗宜畜之以警夜，时谓之‘宋罗江御史’。席平鞫（鞫）狱毕，上殿，仁宗问其事，奏曰：‘从车边近矣。’时号‘车斤御史’，言斩也。”《建炎

进退志》："绍兴乙卯以旱祷雨，谏官赵霈言请禁宰鹅鸭，时谓'鹅鸭谏议'。又嘉定中，御史罗湘上言赵州多虎，乞饬多方捕杀。张次贤奏八盘岭乃禁中来龙，乞禁人行，时有'罗擒虎''张寻龙'之对。"《宋史》："丁大全、陈大方、胡大昌同除谏官，人目之为'三不吠犬'。"《明史》："给事中胡以宁请禁食虾蟆，时号'虾蟆给事'。"此皆可与前事相比附者也。

因记明人可笑诸事，牵连录之。

## 二八　高丽美人

朱彝尊《静志居诗话》云："元制岁责高丽贡美女，故张光弼《辇下曲》云：'宫衣新尚高丽样，方领过腰半臂裁。连夜内家争借看，为曾著过御前来。'"

明权衡《庚申外史》："徽政院使者宦者高丽人秃满满夕儿首荐高丽女子祁氏于宫，立为次宫皇后。祁后蓄高丽美女，大臣有权者辄以此女送之。京师达官贵人娶得高丽女，婉媚善事人，至则立见夺宠。自至正以来，宫中给事使令大半为高丽女，以故四方衣冠靴帽大抵皆依高丽矣。"

此元代高丽女子在中国之势力也。《野获编》云："成祖妃权氏及其他四人示（亦）为高丽人。后正德间，□□人於永上言'高丽女白皙而美，大胜中国'，因并取色目候(侯)伯及达官女入内。中亦多外国人也。朝鲜且有进女之制，宣德十年，帝命中官遣回金黑寺五十三人。”则此制至明不废。

## 二九　张献忠遗事

明季张、李遗事今皆得之传闻，以视洪、杨史料，尤为希少。张、李残暴，宜无人为之纪载，然仅凭官书一面之词，终未能视为信史。合肥余瑞紫曾著《张献忠陷庐州纪》，向来著录家皆未涉及。民国十八年忽由合肥徐曦印行，玩其语气颇持平，似非依托之作，瑞紫身陷贼中述其闻见，不假文饰，尤可珍也。录其见献忠一段如左：

> ……大虎叫走，予即随行，走至花园中，即八大王张献忠驻处，但见八贼头戴水色小抓毡帽，眉心有箭疤，左颊有刀痕，身穿酱色潞绸箭衣，脚下穿金黄色缎靴，坐虎皮椅上。大虎到旁叫跪，予即跪；叫磕头，予即叩首。张问：“你要去家么？那我就叫人送你去家。”答曰：“小的没家，情愿服伺老爷。”又问：“你是那样人?”答曰：“读书人。”问：“可会作文章么?”答曰：“会。”八贼问：“我考你考。”叫取纸笔放在他面前，随有人持全（金）束毫笔、端砚、金墨俱放在方桌上，予禀出题。张云：“‘王好战’一句。”予先写破承呈看，初以贼必通文，岂知

字亦不识，见送上手本，假作看介，说："好，谁带你来，在谁家养活你。"大虎叫走，予即走。

此下，述庐州道蔡汝衡死难事。合两事观之，则献忠虽凶恶，而出言亦非全不近情理者也。

走出大门内，又叫大虎，虎说站此候，予立俟，只见张亦出门外，黄伞公案，左右剑戟如林，叫带过蔡道来。蔡道扎包头，身衣蓝绸褶，绫袜朱履，不跪，直两头走，以手摩腹，曰："可问百姓。"八大王责曰："我不管你，只是你做个兵备道，全不用心守城，城被我破了，你就该穿着大红朝衣，端坐堂上，怎么引个妓妾避在井中？"蔡道无言可答，其妾王月手牵蔡道衣襟不放，张叫："砍了罢。"数贼执蔡道于田中杀之，王月大骂张献忠，遂于沟边一枪刺死，尸立不仆，移时方倒。献忠有时词色亦极谦和。

……汪公子亲家姓倪者，驮几箱绸缎至营，汪公子见之喜极，可望回家。八贼亦喜，款待甚丰。次日看货，即又不喜曰："我要的是织金缎子，这是绣金的，不大好，既买来罢了，只是烦你再买一转。"倪人半晌不言，后缓缓说："不敢欺瞒老爷，我为这宗货多用许多银子，不必讲，还耽许多心，吃许多惊吓，南京机房都说我替流贼制货，城门上盘诘总是钱要使通，受千辛万苦方得到此。"八贼曰："这是有的，我不管你，银子多给些随你用，只要货好。”次日兑千余两，原驴驮去。汪公子没奈何，垂泪送之。八贼将缎子分散各营头目去，随即做出，齐穿来谢恩。

## 三〇　孙春阳

孙春阳为吾国店肆中之历史最悠长者，观其制度，益深得科学管理法者，《苏州府志》犹存其故实，盖即据《履园丛话》也。其略云：

> 苏城阊门有孙春阳南货铺，天下闻名，铺中之物，亦贡上用。按：春阳宁波人，明万历中年甫冠，应童子试不售，弃举子业来吴门，开一小铺，在今吴趋坊北口。其地为唐六如读书处，有梓树一株，其大合抱，仅存皮骨，尚旧物也。其铺如州县署有六房，曰南北货房、海货房、腌腊房、医货房、蜜饯房、蜡烛房。售者由柜上给钱，取一票自往各房发货。而总管者掌其纲：一日一小结，一年一大结，自明至今已二百三四年。子孙尚食其利，无他姓顶代者。吴中五方杂处，为东南一大都会，百货云集，何啻数十万家。惟孙春阳为前明旧业，其店规之严，选制之精，阖郡无有也。

# 三一　明代医生价值

冒襄《同人集》云："袁道士号汝和，南都第一名医也。难请之甚，须发一通家待教生帖，着人邀之。邀到看脉毕，一面备轿钱百文、药童钱七十文，送一礼多则五钱，少则三钱。"

俞樾《茶香室续钞》引明杨循吉《苏谈》云："金华戴原礼学于朱彦修，既尽其术，来吴为木客，吴人以病谒者，每制一方率银五两。"

余按：后者医价尤高，盖吴中风俗尤侈于南京乎？

# 三二　妆域

妆域者，一种室中游戏，盖盛行于明宫中。邓之诚《骨董琐记》云：

> 朱映潪（文藻）《妆域歌序》云：予见《樊榭山房》手稿曾有妆域联句诗，谓是明神宗宫人儿嬉之具。于后鲍氏《知不足斋》见有求售者。是雕漆所制。上刻神宗年号。今来沸上，黄司马小松署斋出示所藏。乃琢象齿为之。其体圆径二寸五分，面平而底稍隆起，正中有脐，六棱突起，脐中卓一椎，长三分寸之一，粗如灯心而不锐，可使几上旋转者，即此锥也。六棱周刻小楷字，自右而左，顺读曰："甲寅年

七月二十四日进，李得仁。”盖万历四十二年也。六棱之外，云气缭绕于仙山楼阁琪花瑶草之间，下有二鹿，牝牡相倚，文显而不深，其正面则楼馆、山树、人物，皆镂空飞动。洼处大小二艇，酒尊舟子相待，老人羽衣翩然，携琴童子继至。主人谓宜作诗纪之，遂为此歌，时癸丑中秋后十日。按癸丑为乾隆五十六（八）年。今小儿玩具俗名碾转者，以木为之，上覆如笠，下悬如针，即“妆域”遗制。

杭世骏《道古堂集·妆域联句序》云：

“妆域”者形圆，圜如璧。径四寸，以象牙为之，而平镂以树石人物，丹碧粲然，背微隆起，作坐龙蟠屈状，旁刻“妆域”二小字，楷法精谨，当背中央凸处置铁针，仅及寸，界以局，手旋之使针卓立，轮转如飞，复以袖拂则久久不能停，逾局者有罚，相传为前代宫人角胜之戏，如《武林旧事》所载千千，《日下旧闻》之放空钟之类。盖藉以销吹花永昼阏题叶闲思，所谓“妆域”者也。

## 三三 恶疾

明以前无道及花柳病者，似古无此患。但《北史》有一事颇可疑：

《北史》长孙嵩等传："末年石发，举体生疮，虽亲戚兄弟以为恶疾。子彦曰，恶疾难以自明，世无良医，吾其死矣。尝闻恶疾蝮蛇螫之不痛，试为求之，当令兄弟知我。乃于南山得蛇，以股触之，痛楚号叫，俄而肿死。"

## 三四　硕妃

明成祖为硕妃所生，史无明文，而明人有此传说，观成祖状貌，虬须高颧，诚有似于胡种也。

李清《三垣笔记》云：

予阅《南太常志》，载懿文皇太子及秦、晋二王均李妃生，成祖则硕妃生，讶之。时钱宗伯谦益有博物称，亦不能决。后以弘光元旦谒孝陵，予语谦益曰，此事与实录正牒左，何征？但本志所载东侧列妃嫔二十余而西侧止硕妃。然否？曷不启寝殿验之。及入视，果然，乃知李硕之言有以也。

张岱《陶庵梦忆》中有记太祖陵中元祭礼一段，亦及此事，录之如左：

……飨殿深穆，暖阁去殿三尺，黄龙幔幔之，列二交椅，褥以黄锦孔雀翎，织正面龙，甚华重，席地以毡，走其上必去舄轻趾。稍咳，内侍辄叱曰：“莫惊驾。”近阁下一座，稍前为硕妃，是成祖生母。成祖生，孝慈皇后衽为己子，事甚秘。再下，东西列四十六席，或坐或否，祭品极简陋，朱红木簋、木壶、木酒樽甚粗朴，簋中肉止三片，粉一铗，黍数粒，东(冬)瓜汤一瓯而已。暖阁上一几，陈铜炉一，小筯瓶二，栢棬二。下一大几，陈太牢一，少牢一而已。他祭或不同，岱所见如是。先祭一日，太常官属开牺牲所中门，导以鼓乐旗帜，牛羊自出，龙袱盖之。至宰割所，以四索缚牛蹄，太常官属至，牛正面立，太常官属朝牲揖，揖未起而牛头已入燖所，燖已舁至飨殿。次日五鼓，魏国至主祀，太常官属不随班，侍立飨殿上，祀毕牛羊已臭腐不堪闻矣。

《思益堂日札》云：

明成祖非马皇后子，其母瓮氏，蒙古人，以其为元顺帝之妃，故隐其事。宫中别有庙藏神主，世世祀之，不关宗伯。有司礼太监为彭躬庵言之。刘继庄《广阳杂记》所载如此。

周君不信此说，盖未睹明人记载耳。

## 三五　洋米

近方主洋米加税以救吾国之农贱，乃道光中反主张洋米免税以救米荒。《雷塘庵弟子记》记道光四年阮元为两广总督，奏云："查乾隆、嘉庆间有近粤港脚等国粗货夷船载运洋米来粤发卖之事。定例：夷船进口，应丈量船身大小报征船钞。粤海关向无米税，从前洋米来粤，并免丈输船钞，以示招徕，只于粜竣后放空回国，不准装载出口，以示区别。近年以来，洋米罕到，询之洋商，据称：外夷地广人稀，产米本多，亟思贩运。第运米远来，虽免纳船钞，而空船回国远涉重洋，并无压舱回货抵御风浪，是以罕愿载运。旋即奉旨，准原船装货出口矣。是年即有小西洋米船到，此后凡遇水旱，米价增昂，米船即鳞集，粤民永赖之，并广西米亦不致踊贵，粤民皆感，称此德政之最大者。"

《研经室续集》并有《西洋米船初到》诗，略云："西洋米颇贱，曷不运连轴？夷曰船税多，不赢利反缩。免税乞帝恩，米舶来颇速。"自注云："余奏免米船入口船及米之税，仍征其出口船货之税，蒙允行，以后如米船倍来则关税仍不短。"又云："以后凡米贵，洋米即大集，故水旱皆不饥。"

《小方壶斋舆地丛钞》载阙名《缅甸考》云："康熙六十一年诏：'暹罗国贡使言，其地米甚饶裕，银二三钱可买稻米一石，朕谕令分运米三十万石至闽、广、浙江，于地方甚有裨益，不必收税。'”乾隆八年九月奉旨：“暹罗国商人运米至闽，源源而来，嗣后外洋货船带米万石以上者免船货税银十之五，五千石以上者免税十之三，即载米不足五千之数，亦免其船货税银十分之二。”次年，福建巡抚陈大受奏言：“闽商前赴暹罗贩米，其国木料甚贱，应听造船运回给照查验，报可。”

## 三六　京师竹枝词

昔人诗中描写时世风俗之作，最为社会史料珍品，独惜散漫未经整理耳。有清一代诗人集中尤多此种作品，即以北京风俗而论，蒋士铨《忠雅堂集》中有《京师乐府》十八首，而杜濬《变雅堂集》中《竹枝词》十八首，写明季北京社会状态尤真实有味，惜于今已有不甚可解者，在当时固白话诗而且富于幽默者也。

其写纨绔子弟不识字者，云：

马上谁家白面郎，如何衣锦不还乡。
点金扇底乌纱帽，归去听人讲报章。

（原注，时传濑水一锦衣不识朝报，特延一西席讲解，此盖记实事。）

其写寡妇再醮者，云：

谁家少妇一身新，着锦穿红嫁比邻。
女伴不须相健羡，早间初是未亡人。

又云：

死却村郎就好婚，有缘嫁得四衙门。
高烧银蜡从君看，脂粉能遮假哭痕。

其写北妓之着皮袴并嗜大蒜，云：

茅檐灰壁挂琵琶，皮袴高盘炕上挝。
却说客来休见怪，竟无新蒜点香茶。

其写卖婢者，云：

扎花衣服着来多，打扮丫鬟付卖婆。
急向街头呼太太，快回锅上烙波波。
（波波，饼也。）

其嘲买帽者，云：

老店驰名刘鹤家，三钱买得好乌纱。
昨来误怪称呼别，乞丐相逢总唤爷。
（刘鹤家盖京中著名帽店，犹后来之内联升也。

戴上新帽则乞丐亦尊之为爷，嘲官派也。)

其嘲戏班，云：

青红五色旧衣裳，唱价声高老弋阳。
客子忍寒无不可，十分难忍这般腔。
(言其难听也。)

## 三七　书贾

琉璃厂之为骨董、书籍、字画、南纸各肆所萃，盖始于乾隆间。书肆中有卖《缙绅》及《同年录》者，则凡仕宦者无不趋之。纸店中有卖小楷笔、铜墨盒、墨汁者，则应试者无不趋之。朝士大夫退食余闲，欲怡情翰墨，则亦巾车野服，于此恣一日之游。至于积学之士，欲读异书而力不能购，则坐书肆中亦得恣眼福焉。故肆主多工应对，通书史，以便与名人往还。其在光绪中，有刘振卿者，山西太平人，佣于德宝斋古玩铺，昼则应酬交易，夜则手一编，专攻金石之学，尝著《化度寺碑图考》，洋洋数千言，几使翁北平无从置喙。德宝主人李诚甫亦山西太平人，肆始于咸丰季年，资仅千金，后乃逾十万，诚甫能鉴别古彝器甚精，潘祖荫、王懿荣所蓄大半皆出其手。诚甫卒，其犹子德宣继其业。书肆则光绪初有宝森堂之李雨亭、善成堂之饶某。雨亭卒于光绪六年，《越缦堂日记》记之云：

“此人知书籍源流精恶，为厂中第一。”其后又有李兰甫、谈笃生诸人，言及各朝书板、书式、著者、刻者，历历如家珍。又有袁回子者，江宁人，亦精于鉴别，碑帖某拓本多字、某拓本少字，背诵如流。又有古泉刘者，父子皆以售古泉为业，其考据钱之种类有出乎诸家著录以外者，惜文理不通，不能著述。以上皆见于无锡某君之《清代野记》。

胡思敬《国闻备乘》亦云：“京师琉璃厂书贾凡三十余家，唯翰文斋韩氏席先世旧业，善结纳，赀本尚充，收藏较他商为富，其能辨古书贵贱者，推正文斋谭笃生（已见前）、会文斋何厚甫。厚甫之甥韩左泉亦颇识书，唯贪欲过重。予初至京，潘祖荫、盛昱、王懿荣皆好蓄书。其时钱塘许氏、寿阳祁氏之书已有鬻于市者。后数年，祖荫之书归翰文、懿荣之书归正文云。”

## 三八　阮孔婚礼

乾隆末年，阮文达任山东学政，毕秋帆任山东巡抚。时文达断弦，秋帆谓文达之父曰：“吾女可配衍圣公，公为媒；衍圣公之本生胞姊可配公之子，吾为媒。”遂缔婚姻。嘉庆元年，文达以阁学督浙学，以钱塘门外为公馆，行亲迎礼，卤簿鼓吹，填塞道路，杭城内外士民妇女观者以数万计。某君贺诗有“压奁只用十三经”之句。夫人名璐华，自号唐宋旧经楼，年五十六，道光十二〔年〕卒于云南督署。当时以为盛事，见《雷塘庵弟子记》及《履园丛话》。

## 三九　官场形态

有清一代，外官体制仪注较京官为卑劣，于是积习相沿，益形鄙俗，加以捐纳广开，笑柄弥多，余已录韩朝衡《嘲京官曲》于《北梦录》中，复录诸家《嘲外官曲》于此。

《妙香室丛话》载通州仲进士需次粤东，有羊城候补南词云：

〔曲水令〕省垣需次最无聊，况南荒蛮疆海峤，十年寒士苦，万里故乡遥。抖擞青袍，叹头衔七品县官小。此恨难消。乍出京来甜似枣，这才知道一身到此系如匏，三分西债利难饶，零星小账门前讨，心暗焦，常常把跎子虚空跳。

〔乔牌儿〕你因官热闹，俺为官烦恼。投闲置散无依靠，悔当初心太高。雁儿落，到如今长班留的少，公馆搬来小。知单怕与名，拜客愁抬轿。

〔得胜令〕三顿怎能熬，七件开门少，盒剩新朝帽，箱留旧蟒袍，萧条，冷清清昏和晓。煎熬，眼巴巴暮又朝。

〔庆东原〕上衙门蜂争闹，望委牌似蚁著盘熬。

坐客厅还故意商谈笑，有的说出洋捕盗（佐杂获盗以知县用），有的说雁塔名标（即用），有的说恭逢大挑，有的说学司马题桥（捐纳），有的说因公罣误，引见重来到。

〔乔木查〕正说时，首台来到了，忙向旁边靠。又一会六大三阳都已到，无限跟班，笑语喧嚣。

〔搅筝琶〕俺已向旁边靠，奈从者势偏骄。争路走双手交推，站地立更抛人在脑。俺只得背着脸扭着腰，暗里鏖糟。休恼，没威权敢自骄，是个闲曹。

〔沉醉东风〕停一会手版纷纷俱下了，值堂的肚挺声高，说现任官入内堂，候补官请回轿。看他形景心如捣，奈一个番钱不在腰，也只得强从容，少安毋躁。

〔滴滴金〕说朔望逢期，黎明行礼，要站班各庙，一见心慌了，蜡烛难赊，点心又欠，如何能早，待不去啊，又愁上台着恼。

〔折桂令〕听谯楼四鼓初交，黑地仓皇觅套寻袍。急唤茶汤，无人来舀。跟班还故意申（伸）腰，宁耐他哝哝絮叨。一个说米少难熬，一个说鞋破难跑。才气得满肚鏖糟，又气得满腹咆哮。

〔雁儿落带得胜令〕前回旧宪行，此日新官到。送迎两处忙，没个闲钱钞。花埭路非遥，小艇价偏高。促坐人三五，慌忙趁早潮，摇摇，巴得船相靠，湾（弯）腰，何曾站得牢。

〔落梅风〕穷愁积，豪气消，难说完百般懊恼。客中愁闷何时了，待归休，盘缠何靠。

〔沽美酒〕挈眷的尚只将柴米焦，那离家的更关心骨肉抛。但听得故里年荒便魂掉了，还有那双亲迈老，怕做蔡中郎哭沟壑爹娘饿殍。

〔太平令〕却幸的时清晏，外夷抚扰。恤寒酸，圣主恩高，纾拥挤，上司公道。协和衷，寅僚关照。我曹慢焦且熬，终有日雷封传报。锦上花问甚谁卑谁高，谁迟谁早。倒不如吊古长歌，满斟浊醪。啸一声万丈虹霓，舞一回双鬓萧骚。耐着牢骚，忍着粗豪，也只当来访韩、苏到惠、潮。

〔尾声〕穷通算来难预料，只有天知道。安命无烦恼，守分休轻躁，几曾见候补官儿闲到老。

《妙香室丛话》又载《省城需次吟》数首，其《晨谒衙》云：

鸡人叫百官，先夜呼戒旦。晨色影朦胧，挑灯忙盥面。
束带与牵衣，那能容细玩。僮仆促舆夫，出门行似箭。
手版逢吏人，细语云谒见。众人已先齐，后至心急狷。
此时得无迟，絮絮询同伴。坐守心亦忙，预计语问难。
默默自思量，幸勿临时办。多时复多时，尚不即呼唤。
便是王垣之，久待也长叹。神倦睡将来，腹鸣肠欲断。
正在惝恍间，疾声耳来畔。忽听一声传，蛇行而鼠窜。

先后论宪纲，如牟尼一串。持版前行者，一一认之遍。
然后导之入，那敢左右盼。万福问起居，两膝屈一半。
端拱捧茶杯，齐眉如举案。此吸彼又呼，汩汩声相间。
有扇不敢挥，人人背浃汗。虽非令狐公，且作一例看。
飞豹与青蝇，当面施锥钻。咀嘬饱啖之，无术相御捍。
冠重似兜鍪，几作羊头烂。讵许少抚摸，沾滴如断线。
觑他眼别瞬，偷将巾幅荐。虽未即清凉，聊且小方便。
喉痒咳欲来，强将津唾咽。鼻观殊不仁，酸同用物擗。
掩而揉擦之，不许涕暴溅。默祷三尸神，尔其行小善。
万勿调弄频，适逢彼怒谴。如此重叠苦，心何敢瞑眩。
聚精而会神，问答焉敢慢。一有不合宜，顿看颜色变。
和风忽迅雷，霹雳疾如电。那知及别人，温颜蒙注眷。
何彼独嘻嘻，而我逢灌灌。告退出官衙，纷纷鸟兽散。
得意人欣然，失意心犹战。同是一僚属，如何判冰炭。
用巧与用拙，原难同一贯。我服潘安仁，早为立本传。

尚有《伺接差》及《朔望贺》两首，同一穷形尽相。

又载裘慎甫《游官述怀》云：

〔北醉太平〕书卷才抛，官运初交。文凭执照仰铨曹，限程期赍缴。想当初只望龙门跃，到如今风尘下吏偏潦倒。吃紧的个中经纬费推敲，试听俺细道。

〔北黄钟·醉花阴〕但只见蟒袍补服般般俏，簇新鲜璎珞玻璃轿，分摆着伞扇旗锣红黑帽，又听得平上去入四声号（俗语红黑帽唱道四声平上去入）。休夸他意真豪，也须知清慎勤要占何条，更有那守猷为当书上考。

〔南画眉序〕书札纷纷到，幕友长随荐不了。要逢迎当道，怕得罪同僚。有那大来头任意捞刀，那带肚的作怪蹊跷。门印仓道歹嫌好，分股子争多竞少。

〔北喜迁莺〕百里的公文来调，插翼的内札相招。端只为案情中供看多潦草，没奈何打叠行装上省跑。茶号房嚎，小三行找（各衙门执事人夫为小三行）。只这禀到时吵得个昏头搭脑，禀见时吓得个魄散魂消。

〔南归早欢〕接传单过境流差到，夫马轿那件能饶。只指望办过去贪图讨好，怎知道臧获辈偏会发标。可怜力又耗气又淘，腿酸舌敝复唇焦，拼得个严参与降调，幸喜霹雳雷遭雨点小，不过是赔钱烦恼。

〔南绝世催〕公私扰扰，打抽丰干和湿不能少。写知单多和寡须送早，稍迟延差役家丁到署吵。正项银钱难缴，陋规银钱难要，并不是甘做那赖酕醄。

〔北水仙子〕铺店闹、账主嘈，马号中又要麸夫料草，真叫俺无计和调。管账的日日絮叨，管厨的时时哼叫。他说是铜钱银子没分毫，又说是油盐柴米无着落。

〔尾声〕思量事事真堪笑，是谁人叫你做这个无聊。谱一曲打油腔，好把真情细细描。

《履园丛话》云，郎苏门庶常留馆后，乞假归里，由粮船挈眷入京，有七律三首云：

其一

自中前年丁丑科，庶常馆里两年过。
半欧半赵书虽好，非宋非唐赋若何。
要做骆驼留种少，但求老虎压班多。①
三钱卷子三钱笔，四宝青云账乱拖。

①按：当时以骆驼喻翰林，谓其高视阔步也。老虎班者榜下即用知县也。

其二

几人雅雅复鱼鱼，能赋能诗又善书。
那怕朝珠无翡翠，只愁帽顶有车（砗）渠（磲）。
先生体统原来老，吉士头衔到底虚。
试问衙门各前辈，此中风味近何如。

其三

粮船一搭到长安，告示封条亦可观。
有屋三间开宅子，无事两脚走京官。
功名老大腾身易，煤米全家度日难。
怪底门工频报道，今朝又到几知单。

## 四〇 万历妈妈

近人笔记多云：清宫每日清晨自东华门进一猪，以祀万历妈妈，谓明神宗朝李太后尝主释清太祖，太祖于围燕京之役被俘，故祀以报之也。此说似太无稽，不可不细考。近金梁《清帝外纪》云："本纪古勒城主阿太为明总兵李成梁所攻，阿太王杲之子，景祖长子礼敦之女夫也。景祖挈子若孙往视，有尼堪、外兰者，诱阿太开城，明兵入歼之。景、显二祖皆及于难，太祖及舒尔哈齐没于兵间，成梁妻奇其貌，阴纵之归，始得脱。众称成梁妻曰'歪李妈妈'，误为'万历妈妈'。又以堂子岁祀佛立佛多鄂锡谟玛玛之神，遂讹传为祀万历妈妈矣。"然亦无旁证，终为疑案。

## 四一 义门

九江陈氏为自汉以来大家族之代表，历史最悠长，今不知若何矣。尝读乾隆《德安县志》引《义门记》云："江州义门陈氏，自唐至宋聚族三千九百余口，并未分异，朝廷屡次旌表。嘉祐七年以义门盛大，下矜存保全之诏，江南东路转运使谢景初、郡牧吕海、湖口镇巡检范彬，临门监护分析。"

又云："汉太邱陈实二十九世伯宣隐居庐山，今江州太平宫，后迁义门，因兵燹立铺于其上，故名义门铺，聚集益盛。后孙旺。唐开元十九年，因官置庄籍于德安县太平乡常乐里，自是家族益盛，义居三千七百余口，敕命旌表不次，仍蠲免沿征差役。明嘉靖三十二年奉敕建义门坊，曰义门陈氏遗址，门曰‘敦睦’。”

## 四二　携眷之官

宋制：川峡广南及沿边官吏不许挈家，敢有妄称妻为女奴携以之官者，除名。太宗时有荣州司理判官郑蛟冒禁携妻之任，会蜀有乱事，蛟以战功擢为推官，知梓州张雍奏其事，太宗竟斩蛟，事见《宋史·选举志》。

清制：驻台湾官吏非年四十以上无子者亦不得携眷，后始革其例。然据《陈书·徐陵传》所载，则自晋以来，尚书官僚皆携家属居省，省在台城内，下舍门中有阁道，东西跨路，通于朝堂。然则古之京官可携家以居官舍，何其苦乐相去如此之远耶。

## 四三　宋明娼寮之制

古时酒家多兼卖笑。古词“调笑酒家胡”“胡姬年十五，春日独当垆”之类，不可胜数。此岂欧西风俗传至中国者邪。宋代尚然，酒店有可买宿者，《都城记胜》云：“庵酒店谓有娼妓在内，可以就欢，而于酒阁内暗藏卧床也。门首红栀子灯上不以晴雨必用箬匾盖之，以为记认。

其他大酒店娼妓只伴坐而已，欲买欢则多往其居。”盖娼妓有公私之别，古今中外无不皆然，消魂，亦不于其公而于其私。

明谢肇淛《五杂组（俎）》云：“今时娼妓布满天下，两京教坊官收其税，谓之脂粉钱，隶郡县者则为乐户，听使令而已。唐、宋皆以官妓佐酒，国初犹然。宣德初始有禁，缙绅家居者不论也。故虽绝迹公庭，而常充牣里闬。又有不隶于官家居而卖奸者，谓之土妓，俗谓之私窠子。”

## 四四　明代戏剧

记明戏剧之详者，无若张岱《陶庵梦忆》。其记串戏者曰：

> 彭天锡串戏妙天下，然剧剧皆有传头，未尝一字杜撰，曾以一出戏延其人至家，费数十金者，家业十万，缘手而尽。三春多在西湖，曾五至绍兴，到余家串戏五六十场而穷其技不尽。天锡多扮丑净，千古之奸雄佞幸，经天锡之心肝而愈狠，借天锡之面目而愈刁，出天锡之口角而愈险。

其记神鬼戏及武戏者曰：

> 余蕴叔演武场，搭一大台，选徽州旌阳戏子，剽

轻精悍，能相扑跌打者三四十人，搬演《目莲》，凡三日三夜，四围女台百十座，戏子献技台上，如度索、舞絙、翻卓（桌）、翻梯、筋斗、蜻蜓蹬、坛蹬、臼跳、索跳、圈窜火、窜剑之类，大非情理。凡天神、地祇、牛头、马面、鬼母丧门，夜叉罗刹，锯磨鼎镬、刀山寒冰、剑树森罗、铁城血海，一似吴道子地狱变相，为之费纸札（扎）者万钱，人心惴惴，灯下面皆鬼色，戏中套数如“抬五方恶鬼”“刘氏逃棚”等戏，万余人齐声呐喊。

又曰：

女戏以妖冶恕……若刘珲吉则异是，刘珲吉奇情幻想，欲补从来梨园之缺陷，如《唐明皇游月宫》，叶法善作场上，一时黑魆魆地手起剑落，霹雳一声，黑幔忽收，露出一月，其圆如规，四下以羊角染五色云气，中坐常仪桂树，吴刚、白兔捣药。轻纱幔之内，燃赛月明数株，光焰青黎，色如初曙，撒布成梁，遂蹑月窟，境界神奇，忘其为戏也。其他如舞灯，数十人手携一灯，忽隐忽现，怪幻百出，匪夷所思。

其记女戏曰：

朱楚生女戏耳，调腔戏耳，其科白之妙，有本腔不能得十分之一者，盖四明姚盖城先生精音律，与楚生辈讲究关节，妙入情理，如《江天暮雪》《霄光剑》《画中人》等戏，虽昆山老教师细细摹拟，断不能加其毫末。

其记阮大铖所编之戏曰：

阮圆海家优讲关目，讲情理，讲筋节，与他班孟浪不同。然其所打院本又皆主人自制，笔笔勾勒，苦心尽出，与他班卤莽者又不同。故所搬演本本出色、脚脚出色，出出出色、句句出色、字字出色。余在其家看《十错认》《摩尼珠》《燕子笺》三剧，其串架斗笋、插科打诨、意色眼目，主人细细与之讲明，知其义味，知其指归，故咬嚼吞吐，寻吐不尽，至于《十错认》之龙灯之紫姑，《摩尼珠》之走解之猴戏，《燕子笺》之飞燕、之舞象、波斯进宝，纸札（扎）装束，无不尽情刻画，故其出色也愈甚。

其记说书曰：

南京柳麻子善说书，一日说书一回，定价一两，十日前先送书帕下定，常不得空。南京一时有两行情人，王月生、柳麻子是也。余听其说《景阳岗（冈）

武松打虎》白文，与本传大异。其描写刻画微入毫发，然又找截干净，并不唠叨，声如巨钟，说至筋节处，叱咤叫喊，汹汹崩屋。主人必屏息静坐，倾耳听之。彼方掉舌，稍见下人咕哔耳语，听者欠申（伸）有倦色，辄不言，故不得强。

## 四五　明代之秦淮河舫

杜于皇作《秦淮灯船歌》，脍炙一时，令人想见明季河舫之盛。因汇录遗闻于左：

张岱《陶庵梦忆》云：

秦淮河河房便寓，便交际，便淫冶，房值甚贵而寓之者无虚日。画船箫鼓，去去来来，周折其间。河房之外，家有露台，朱阑绮疏，竹帘纱幔。夏月浴罢，露台杂坐，两岸楼中，茉莉风起，动儿女香甚，女客团扇轻纨，缓鬓倾髻，软媚着人。年年端午，京城士女填溢之，看好事者集小篷船百十艇，篷上挂羊角灯如联珠，船首尾相衔，有连至十余艇者，船如烛龙火蜃，屈曲连蜷，蟠委旋折，水火激射。

戴名世《忧庵集》云：

秦淮五月之灯船最擅名，余往见词人之诗歌乐府，所以称美之者甚至。及侨寓秦淮数载，常得见之，然亦无奇者。其船或十余，少亦有四五，船之两旁各悬琉璃灯数十，灯或皆一色，船尾置一大鼓，船顶覆以白绢。船中凡一二十人，两旁列坐，各执丝竹奏之，鼓人击鼓节之。凉棚者，秦淮小舟之名也。是时凉棚无算，来游观者各集宾客数人，赁凉棚饮酒，随灯船上下。两岸河房皆张灯，帘栊纱窗之间，红妆隐跃，此沿故时承平之习，父老谓其衰减于曩日已不啻数倍矣。

曾文正于乱后力谋后（复）河舫之盛，尝自乘画船，缀灯八十余盏，商民灯多者亦与相若。见公自书日记。

## 四六　火药

西史以火药为吾国所发明，十三世纪中，蒙古兵渐以之输入欧洲。顾吾国史册未尝确载其所自始。

爆竹当与火药有关，《荆楚岁时记》已有爆竹，但据范成大《爆竹行》所谓："食残豆粥埽罢尘，截筒五尺煨以薪。节间汗流火力透，健仆取将仍疾走。儿童却立避其锋，当阶击地雷霆吼。"则南宋之爆竹，尚不过以竹煨火而击之，《荆楚岁时记》所称当亦如是，究非精制之火药可比也。

《茶香室三钞》亦云：

宋孟元老《东京梦华录》叙宝津楼诸军百戏，云："蛮牌令数内两人出阵对舞，凡五七对，忽作一声如霹雳，谓之爆仗，则蛮牌者引退。"按此一篇内屡言爆仗，然皆不言如何作声，疑是以口作之而非如今之爆仗，以火药裹纸中燃而放之者也。然则宋时所谓爆仗与今异，但其名则起于此耳。又按宋吴自牧《梦粱录》于十二月云，各坊巷叫卖苍术、小枣不绝，又有市爆仗放架烟火之类，此则今之所谓爆仗也。

余按宋人记载中有火药者如下：

《齐东语野》云：

穆陵初年，尝于上元日清燕殿排当，恭请恭圣太后，既而烧烟火于庭，有所谓地老鼠者，径至大母圣座下，大母为之惊惶，拂衣径起，意颇疑怒，为之罢宴，穆陵恐甚。

《癸辛杂记》别集云：

京师有八卦殿（汴京），上欲有所往，与所幸美人自一门出，官人仙衣，壮士扶轮，一声水辟历则仙乐竞奏。

又云：

赵南仲丞相溧阳私第，常作圈豢四虎于火药库之侧。一日，焙药火作，众炮倪然发声，如震霆，地动产倾，四虎悉毙。至元庚辰岁，维扬炮库之变为尤酷，盖初焉制造皆为南人，囊槖为奸，遂尽易北人，而不谙药性，碾硫之际，光焰倏起，既而延燎，火枪奋起，迅如惊蛇。方玩以为笑，未几透入炮房，诸炮并发，大声如山崩海啸，倾城骇恐，以为急兵至矣。

《武林旧事》云：

淳熙十年……点放五色烟炮满江，及烟收炮息，则诸船尽藏。

而《宋史纪事本末》记元兵围金汴京，于火炮攻城之状，述之最详悉。略云：

蒙古兵并力进攻金龙德宫，造炮石取艮岳、太湖、灵壁（璧）假山结为之，大小各有斤重，其圆如灯球之状。蒙古兵用炮则不然，破大硙或碌碡为二三，皆用之攒竹炮，有至十三稍者，余炮称是，每城一角置炮百余枚，更迭上下，昼夜不息，数日石几与里城平，而城上楼橹皆故宫及芳华玉溪所拆大木为之，合抱之木，随击而碎，以为粪麦秸布其上，网索旃褥固护之，其悬风板之外皆以牛皮为障，蒙古兵以火炮击之，随即然（燃）爇，不可扑救。父老所传周世宗筑京城取虎牢土为之，坚密如铁，受炮所击惟凹而已。蒙古兵场外筑城围百五十里，城有乳口楼橹，濠深丈许，阔亦如之，得三四十步置一铺。时有火炮名震天雷者，用铁罐盛药，以火点之，爆响火发，其声如何，闻百里外，所范围半亩以上，火点着铁甲皆透，又有飞火枪注药，以火发之，辄前烧十余步，人亦不敢近。

又按《元史》一二八《阿尔哈雅传》："曾有西域人伊斯玛音献新炮法，因以其人来军中，十年正月为炮攻樊，破之。"又《世祖纪》："囊嘉特括两淮造□□炮，新附军匠六百，及蒙古、□□、汉人、新附人造炮者，俱至京师"，又"发大都所造□□炮及其匠张林等，付征东行省"。

《明史·陈友定传》言福州"军器局灾，城中炮声震地"，又见元末火药已极通行，外省皆置局贮火药。

明代火药制造事业之进化，尤粲然可考。《野获编》云：

本朝以火器御虏为古今第一战具，然其器之轻妙，实于文皇帝平交趾始得之。即用其伪相国越国大王黎澄为工部官，专司督造，尽得其传。今禁军内所称神机营者，其兵卒皆造火药之人也。当时以为古今神技，无可复加，然亦相传所称大将军蒺藜炮之类耳。宏（弘）治以后，始有佛郎机炮。其国即古三佛齐，为诸番博易都会。粤中因获诸番海艘没其货，如并炮收之，则转运神捷，又超旧制数倍。各边遵用已久，至今上初年，戚继光帅蓟门，又用火鸦、火鼠、地雷等物，虏胡畏之，不敢近塞，盖火器之能事毕矣。数年来因红毛夷入寇，又得其所施放者，更为神奇。

正德十五年，满剌加国为佛郎机所并，遣使请救，御史何鳌言佛郎机精利，恐为南方之祸，则其器入中国本不久。至嘉靖十二年，广东巡检何儒招降佛郎机国，又得其蜈蚣船铳等法，论功升上元县主簿，令于操江衙门督造以固江防。三年造成，再升宛平县丞。中国之佛郎机盛传于此始，而儒老于选调，不闻破格用之，可叹也。

## 四七　光宣朝政

新昌胡思敬著《国闻备乘》，专记光、宣两朝政事，证以琐闻谐语，于达官要路乃至负一时重望者，历诋不少假借。其书晚出，又为木刻本，殊不多见。余自北平图书馆假阅一过，深有感焉。

光、宣两朝朝政，自光绪初年以至宣统之季，事势悬绝，相去几至二三百年。然而其间千变万化，可以两种势力之消长竞争概举之。两种谁何？曰清流，曰洋务，此两种皆非前此所有也。光绪初年，恭王与李鸿藻、翁同龢之徒辅政，颇思引用贤俊，广开言路。一时汉人有风节者，张佩纶、陈宝琛、邓承修、宝廷、张之洞之流，今日一章，明日一疏，专事弹劾，遇事风生，贪庸大僚，颇为侧目。朝廷欲博纳谏图治之名，亦优容之，于是遂有清流之号。及光绪十年以后，张佩纶、陈宝琛相继败，清流之名顿减。而外侮日亟，应变之才尤重，于是洋务之名又兴。洋务人才，始盛于出使及留学二途，不由科目进，与清流异趣。又习于骄奢结纳、急切近名，与数千年士大夫尚气节、重廉让之传统思想相违反。两派始渐相恶。其时李鸿章号为通时务，又喜功名，故洋务人才多展转附之而起。及甲午事起，鸿章大被卖国名，而清流亦知旧法不足图存，当变国是。于是有康有为结公车士人伏阙上书之举，而翁、李之隙成，新旧之党判，有为以部曹名过卿相，皆清流鼓吹以成之。其时朝士大夫慷慨有志节者，无不与相结纳，乃卒败于袁世凯。世凯则鸿章之党，而后来洋务人才所依附者也。故清流始旧而继新，洋务本新而反趋于旧，盖若辈于国家大计瞢无所知，徒有急切近名之一念耳。自光绪庚子以后，清流贬斥几尽。世凯与奕劻相结，狂引洋务人才，并分亲美、亲德、亲日各派，此辈内则迎合亲贵，树立新曹；外则援引官僚，分掌节钺。凡躁进喜事之人，虽不必留学出身，亦结为一党，相继得志。至于光绪初朝士，仅二三人，然或死，或得罪以去，惟一张之洞尚隐然为众望所归，与庆、袁相颉颃，而晚年颇退默，无复当时锋芒矣。惟岑春煊刚劲疾恶颇有光绪初年之风，思与庆、袁为敌，卒亦退绌。故庆、袁承袭鸿章衣钵而清政遂乱亡，其紊坏纲纪之罪不可掩也。

胡氏云：“光绪末年，小人阶之以取富贵者捷径有二：一曰商部，载振主之；一曰北洋，袁世凯主之。皆内因奕劻而藉二杨（士琦、士骧）为交通枢纽。当世凯初莅北洋，梁敦彦方任津海关道，凌福彭任天津府，朱家宝任天津县，杨士骧、赵秉钧均以道员候补。不数年，敦彦官至尚书，家宝、士骧均跻节镇，福彭升藩司，秉钧内召为侍郎。其非北洋官吏攀附以起者，严修在天津办学擢学部侍郎；冯汝骙与世凯同乡亲戚擢江西巡抚；吴重熹为世凯府试受知师擢河南巡抚；徐世昌、铁良皆尝从世凯戎幕，先后入枢府。”按：胡氏所称捷径有二，其实载振即奕劻，而袁世凯欲植党援，仍非结奕劻以厚币不可，奕劻父子亦但为世凯所玩弄而不觉耳。

光绪末年，岑春煊被召留京，授邮传部尚书，为庆、袁所不及料。甫到任，即劾罢侍郎朱宝奎，亦袁党也，袁党甚惧，乃购春煊与康有为照片合印之，以进慈禧，卒倾陷之以去。此岑之不敌袁也。张之洞虽以学术、名望重一时，而素为李鸿章所不满。鸿章主辛丑和议，一意委曲徇外人意旨，之洞争之。鸿章诋之曰：“香涛官督抚二十年，犹是书生之见。”此语见鸿章致行在军机处电，非谰语也。之洞见之大恚曰：“少荃主和议二三次，遂以前辈自居乎？”闻者以为天生妙对。故鸿章之卒也，之洞仅送一祭幛，大书一“奠”字，犹挟前嫌也。及世凯代鸿章镇北洋，承其衣钵，晚乃与之洞同入军机，意益轻之洞，尝语人曰：“张中堂是读书有学问人，仆是为国家办事人”，其蔑视之意，溢于言表。盖张、袁同入军机，乃慈禧顾虑清议，不欲径使庆、袁当国，故引张以示公。其实张入政府，反不若外任之权尊，所汲引止于司道丞参，不似袁党遍树节钺。张受顾命诛袁而葸畏不敢决，仅饰词罢其官，反以速祸，盖昏耄无复远虑矣。此张之不敌袁也。

奕劻父子骄淫败度，久为清议所不容。袁党段芝贵以女伶杨翠喜进载振，骤得黑龙江巡抚，御史赵启霖撰疏弹之，奕劻父子大惭怒，欲一网打尽清流。然启霖以此直声震海内，士论为之一快。其时赵炳麟、江春霖与启霖同在台谏，号“三菱公司”，皆以劾庆、袁获直声。朝士大夫相率置酒、赋诗相慰劳，益为佥壬所忌，因饰词倾陷清正大臣，牵连去位以恐胁言者，此盖光绪初元清流之尾声，宣统中遂益颓靡无嗣响矣。故光、宣朝政，可谓以清流始以清流终。

李鸿章镇北洋，专用皖人。甲午之役，偾师者皆其同乡，故安维峻劾鸿章疏以为言。庚子以后，世凯代镇，以淮军衣钵自任。所亲任者皖人杨士骧、士琦，而世凯内召，竟以士骧自代。昔同治中叶，曾国藩督师剿捻，主持重，朝廷以为无功，而代以鸿章。及捻平而淮军驻近畿。世凯承之，挟北洋兵以自重者十余年，为中国患者又十余年。然后知国藩之“体国公忠”，而鸿章任术之害一至于此。

张佩纶本为光绪初年清流领袖，作直喜大言，尝屡劾鸿章，而晚年反附鸿章为门婿，翁婿交相称誉。辛丑和议，且随鸿章为幕客。是清流与洋务二党有兼之者矣。盖清流多疏于才，而佩纶以经世才自负，故与鸿章合，又鸿章亦欲收人望也。

以上皆檃括胡氏所记而连类书之，益以所闻，自光绪改元至今正六十年，能知此六十年中事如指诸掌者，盖鲜矣。故挈其眉目以谂治国闻者。

## 四八　光宣朝士风尚

胡思敬《国闻备乘》记光、宣朝士风尚云：“光绪初年，潘祖荫好金石，翁同龢、汪鸣銮好牌（碑）板，洪钧、李文田好舆地，张之洞好目录，张之万好画，薛福成、王先谦好掌故。戊戌，袁昶好为诗歌刻书籍，王懿荣、盛昱精赏鉴。光绪末年，则昆冈好饮，裕德好洁，徐郙好优伶，奎俊好佛，徐淇、曾广銮好狎邪游，张百熙好搜罗浮薄名士，诸王贝勒若善耆、溥伦好弹唱，那桐、胡燏棻一意媚洋，好与西人交涉。其四品以下京官奔走求进者，终日闭置车中，好吊死问生、宴宾客，其鄙陋者好麻雀牌。”余按：光绪初年风气诚如胡氏言。及其季年，则端方好金石。端本纨袴无赖，尝为工部郎中，一日与盛昱、王懿荣，同在差次，旅舍无聊，纵谈碑板，端欲有言，懿荣呵之曰：“汝但知挟优饮酒耳，何足语此！”端拍案曰：“三年后再见！”及归，遂访厂肆之精于碑板者，得李云从，朝夕讨论，购宋、明拓本无数，购碑碣亦无数，恃其财力，巧取豪夺，果以鉴赏名一时。其时端之好金石亦与其他满人之好鼻烟壶、好搬指者无殊，以此示豪华耳，非有学问于此也。端方以外，嗜好之最有名者，有荣禄之好服饰，荣衣裳楚楚自熹（喜）。清廷定例：每岁自冬至至正月十五日皆衣貂。荣之貂褂日易一袭，乃至佩饰翎管无不然。尤好鼻烟壶，其佳者三百余具，每年逐日更迭用之。庚子之乱稍失去，及回銮则汲汲补购，未几反胜于乱前矣。满洲所谓世臣大抵如此，胸无点墨而服御必精，每一顾盼，光彩照人，使寒士见之夺气。又庚、辛以后，贪风甚炽，皆欲弥补乱中所失，慈禧不能正己，致臣下相习成风。朝政不纲，皆由此也。

乾、嘉中，汉人官京朝者皆以敝衣羸马为尚，其时少有花翎黄马褂带膆貂褂之赐，故趋朝之服较简。余记焦循《雕菰楼集》自述其会试入京谒朱文正，文正着一旧绯袍于中庭延坐，老辈风规俨然可想。咸、同以后，军功多滥，章服之赐亦繁，而侈风成矣。然光绪中京官尚多着搭连（裢）、布袍者。

满人虽讲求服饰而饮馔不知求精，宣统以前内城无南式菜馆，苏、闽、粤、川之菜皆朝贵所未尝。及外务、邮传、度支、商部先后设立，尚侍曹司多用南人，俸给优厚，日事征逐，始尚饮食。有用火腿一只煮汁以制鱼翅而弃其肉者；有醵百金专食鱼翅一味者；有日食双凫者。满人虽侈，亦望而却步。

清季虽渐精肴馔，而酒犹未精，昔年京师以良乡酒为贵，实不堪饮。南酒虽较佳，亦鲜有能品骘者。若满人及北人则多仅知饮白干耳。民国以后，始知觅陈绍而饮之。庚子前后藏酒，今一斤可值一元也。

胡氏言裕德好洁。此人数为会试总裁，一无所长，惟以乖僻著称于时。在内寝与夫人出入异路，在客座，客去则汲水洗地，仆偶触其衣，则必大怒，呵斥之后，即以衣赐之。凡此皆适以成为旗人而已。

## 四九　道光时洋灯

阮元《研经室续集》有《大西洋铜灯诗》，注云："余于道光初在广州，以银一斤买得大西洋铜灯用之。蓄油于上瓶而下注于横管。横管之末安为灯炷，螺旋之，其光可大可小。洋船颇售此灯，惜知而买用者少。"则道光初年已有保险灯矣。

## 五〇　西洋建筑

《雷塘庵弟子记》记阮元督粤时，省城布政司街酒馆用木板画夷馆式。元曰："此被发祭野也，立谕府县拆毁之。”殊不知乾隆帝已于圆明园中建西洋楼（近人考证此事者甚多，不具详），于酒馆何责焉。

## 五一　大纸

洪、杨之乱，于徽、浙间纸墨二业破坏最深。近人奭良《野棠轩杂记》云：“古人有一纸长四十丈者，事见于宋、明人说部。乾隆中尚有数丈者。尝见汪时斋尚书承霈所作花鸟画横幅，长及三丈，今求丈余之纸亦稀矣。又见昔人八言楹联，其纸花纹之细全以宋锦为蓝本，可当画观。闻吴剑华云，赭寇之乱，纸墨二业被扰最苦，墨贵陈胶，寇入见之，食之无味，搦之手粉，则泼弃之。纸工以陈箔为师，贼取为铺，不中用则摧烧之。老纸工云，欲为故纸不可得矣。工失其师，务为缩减，塾童习用之金糕纸、仿纸皆较缩削，竹纸尤贵，笺纸薄不托墨而更贵，下至裱纸、曹纸之属皆不经用。”大约“不经用”一语足以发思旧之深情矣。

## 五二　彭玉麟佚事

当光绪初年彭玉麟巡视长江水师，锄强抑暴，威声远播，闾巷妇孺传道数十年不衰，其事之最章章可考者，莫如杀谭祖纶一案。《湘绮楼日记》尝亲从玉麟询其详而书之如左：

自咸丰以来，节镇权重，以喜怒为曲直，以爱憎为生死，湖广居江河腰膂。官伯相恣睢专断者十二年，而合肥李氏兄弟前后相继为总督，湖广官吏之视总督，若实封斯土者，凡所议建，莫敢支吾。李兄起州县至台司，以持重镇物为治。然不喜清议，听师友寮旧之言不及属吏，属吏之言不及左右。尝枉断光化一狱，再诉西台，辄下覆奏，卒不得一直，湖北民悚息其权势。而其所部留防勇丁，割据水陆，统领营官，皆由私授，又非属吏之比，自妾媵婢仆外，及巡捕材官，取盈于各营官。光化妄杀黄生者其一也。其陆营统军刘提督，本黄州降贼，握部兵不解甲，岁有增统连十有五年矣，所部淫掠，仍群盗余习，湖北人皆呼之“刘长毛”，自总督以下尊礼之曰“刘军门”。凡刘军门事有司不得问，跋扈江汉，势倾司道。其营官谭祖纶，湘阴人也，与辰州张清胜俱起散丁，洊至副将。张军散遣，失职闲居，时初昏刘氏，妻家为累，旅居汉口，栖止无赀，落寞晨昏，谋于谭。谭则领军黄州，饶有妻妾馆舍之奉矣。既艳刘氏，乃谓张曰：“今制汰省员弁，弟新被除名，因缘复进，此固难矣。兄有至交，方领军秦、陇，挟书往谒，必有所成。吾弟久历戎行，驾轻就熟，鹏飞之路，特在指顾。诚能远游，事可图也。”张曰：“奈眷口何？”谭曰：“此即在新妇母女，然日食所需、盐米之费，请竭吾力黾勉有无。”于是张归告其妻，以为至庆，即赁宅汉口，更与一嫠妇同居。嫠妇夫亦为军官，与刘同乡里，故刘亦呼为母，时人谓之勒太太，则未知其夫姓抑母姓也。既张持谭书至秦，乃无所遇，进退狼狈，留滞年余，亦未知谭之诳己也。刘氏独居，又有二母。谭或时至，未能他语，求贷之际，颇致骄难。会刘父自蜀来，相与诉说，深以谭未可恃，恐有嫌衅，乃谋移居襄阳，渐近陕路。而以负谭旧债，畏其逼索，遂约勒氏一家潜行，越日无知闻者，私相欣慰，以为脱于坑阱矣。舟至宜城，岸上人马嘈嘶，皆犷骑持洋枪，呵止刘船，以负债私逃当受绁缚，舟人畏累，舣泊待命，有谓刘、勒者："今舁汝等面见大人"，即呼舆径至黄冈，悉入谭宅，即被劫胁，黾勉求生，改事新人，一家温饱。

此记惜未完，更据《湘绮楼文集·彭刚直行状》补其事如左：

湖北忠义前营营官总兵衔副将谭祖纶诱劫其友张清胜妻，清胜访之，阳留居密室，出伪券索偿债，得遁去，诉营将州县，皆为祖纶地，置不问，因诉于公。公先闻黄州、汉阳道路藉藉，欲治之无端，得清胜词，为移总督，先奏劾祖纶，且遣清胜赴武昌质之，诏公与总督即讯。祖纶令人微伺清胜于轮船，挤之溺死，遂饵其妻父母及妻刘氏反其狱，忠义营统将方贵重用事，总督昌言诱奸无死罪，谋杀无据。公揣祖纶根据盘固不可究诘，适总督监临乡闱，即骤至武昌，檄府司提祖纶至行辕亲讯，忠义营军倾营往观。祖纶至，阳阳若无事，公数其情事支离狡诈及谋杀踪迹，祖纶伏罪，引令就上岸，正军法。一军大惊，然已无所及。夹江及城上下观者数万人，欢叫称快。故公之所至，老幼瞻迎，长江闻其名字肃然相戒。

## 五三　最古之报纸

《靖康要录》云："靖康二年二月十三日，凌晨有卖朝报者，并所在各有大榜，揭于通衢，云金人许推择赵氏贤者，其实奸伪之徒，假此以结百官，使毕集。"此宋代之报纸也。

张穆《顾亭林先生年谱》引先生《与公肃甥书》云："忆昔时邸报至崇祯十一年方有活版，自是以前并是写本。"此明代之报纸也。

（余按：金人购胡铨劾秦桧疏稿，刻而卖之获利，则其时每有重要新闻立时传播，国际侦探手段颇高，似朝报亦是刻板〈版〉，非写本也。不知明代何以反是写本。）

又沈瓒《近事丛谈》云："胡宗宪先令人于朝报捏造一事云，差锦衣卫百户苏某前往浙江与该抚按官会议军情，听令便宜行事等因，乃宣言钦差将到。"又蒋氏《东华录》："顺治十五年，山东河南总督张悬锡奏讦麻勒吉等需索，有云：‘我们往湖广，时尔在山东，岂不见小报，为何不来迎接?’”云云。

又康熙五十三年三月,左都御史揆叙疏言：“近闻各省提塘及刷写报文者，除科抄外，将大小事件采听写录，名曰‘小报’，任意捏造，骇人耳目，请严行禁止。”从之。

又雍正四年五月初九日,上谕云：“今又见报房小钞，内云‘初五日王大臣等赴圆明园叩节毕，皇上出宫登龙舟，命王大臣登舟，共数十只，俱作乐，上赐蒲酒，由东海至西海，驾于申时回宫’等语，报房捏造小钞，刊刻散播，以无为有，著兵、刑二部详悉审讯，务究根源。”旋议奏捏造小钞之何遇恩、邵南山依律斩决，得旨应斩监候。此所谓朝报、小报、小钞，迥与昔时京报“宫门钞”不同，甚类今新闻纸。以上见邓之诚《骨董琐记》。

（又按：《浪迹丛谈》谓《宋史·曹辅传》：“政和后帝多微行，蔡京谢表有‘轻车小辇，七赐临幸’语，自是邸报闻四方。”《唐诗话》韩翊家居，有人扣门，贺曰：‘邸报制诰阙，中人书荐君名，除驾部郎中制诰。’”邸报始此。此盖即朝报矣。）

## 五四　龙树寺雅集

《春冰室野乘》云：“同、光间，某科会试场后，潘、张二公大集公车名士，宴于江亭。先旬日发柬，经学者、史学者、小学者、金石学者、舆地学者，历算学者、骈散文者、诗词者，各为一单。至期来者百余人。俄而日之夕矣，皆有饥色，文勤问文襄：‘今日肴馔令何家承办?’文襄愕然曰：‘妄之矣，奈何?’饬从者赴近市酒楼唤十余席，皆馁败。勉强下咽，狼狈而归。”（按：张氏平日行径类此，此事亦在意中，然殊不确。）《湘绮楼集》中即有是日赠主人之诗，而《湘绮楼日记》中记其时日宾主甚悉，既无忘设酒肴之事，亦无百余客之多，其年为同治十年也。录如左：

> 五月庚寅朔晴，伯寅（潘祖荫）来，旋约饮龙树寺，与香涛同为主人。四方之士集者十七人：无锡秦谊亭名炳文，善画；南海桂皓庭文灿；绩溪胡荄甫澍，子蓟之族也；吴许鹤巢赓飏。赵抝叔云“戴子高属访余，必欲一见”。元和陈培之倬；会稽李莼客慈铭；赵抝叔之谦；长山袁鹤舟启豸；洪洞董研樵文涣；遂溪陈乔森亦山；黄岩王子裳咏霓；钱塘张子余预；福山王莲生懿荣；南海谭叔裕宗浚，玉生翁之子也；瑞安孙仲容诒让，琴西子也；朝色（邑）阎进甫乃兟，丹初之从子也。其父与余同居月余而忘其字，寓内城西洼沿桂中堂祠堂，研樵曾与文卿同寓挂甲屯晋阳馆，余尚识之，亦山最熟，皓庭、莼客皆曾相见，王、张、孙不多语，孙年最少，亦二十四矣。伯寅各出一纸属书，意在得诗。

云云。

近日张文襄之孙厚琬得《蒹葭簃雅集》册，即湘绮所书者，秦炳文作画，胡澍篆首，赵之谦题签，董文涣、陈乔森、许赓飏、李慈铭俱有诗，而陈倬、王咏霓作记。咏霓之记云十九人，则并二主人计之也。又期而不至者六人，曰定海黄元同、秀水赵桐孙、汝州许子野、海丰吴仲饴、黄岩王子庄、宜都杨惺吾，又皆知名之士也。

《越缦堂日记》亦记此事，而甚略，但力诋赵㧑叔，谓为"吾乡妄人天水生"，盖二人之简傲不相上下也。顾㧑叔与湘绮甚投分，曾刻印赠之云。

## 五五 信笺

乾隆中怡王府制角花笺，压花于纸之左下角，套板著色，雅淡精妍，得者宝之。光绪中，怡府出数十箱，归琉璃厂，一时京外士大夫争先分购，不久遂罄。余犹及藏数枚，其纸黯然有古色，而能食墨，近年纸店仿制不能佳，惟福建邵君幼实托清秘阁所制为精也。

余生平所及见光绪初年京华老辈作函，除翰林对前辈用粉红色罗纹笺外，余皆以红、黄、紫、绿各色纸更迭书之，尺寸甚小，花样则尚折枝花，间以山水人物，纸质则研光。其后渐尚宽八行，白纸红格，画作回文、竹筒等式。其嗜好殊特者，张之洞喜用白地红花五云笺；梁鼎芬喜用小纸不印花，但刻某某斋、某某轩，最精雅，每事写一纸，从不连幅也。钱溯耆每年集金石中干支字为笺以赠人。自光、宣之交，群尚洋纸，其实光滑不可用也。民国以后，只用白纸红八行，则太简单矣。

往日信封白纸为之，两头不封口，临时加红签其上而封之。若以白棉纸为口者，则谓之“军机封”，以其不易窃启也。清季已印红笺于封上，民国后则仅印一红匡云。

缪荃孙《云自在堪（龛）笔记（随笔）》有明人孙谋题跋一则云：

> 闻之前辈云，国初以来，凡叙寒暄、沥情怀，皆书于正幅之左次，而无副启。有之自阳明先生始。即有之亦不过魁星、麒麟、螭虎已耳。初无雕饰，大约全幅居多。从万历戊子、己丑年来，突书一折柬，上刻小字寸许，有‘礼部题请钦定柬式，遵古从俭’云云，亦无所谓雕饰也者。及辛丑、壬寅以来，多新安人贸易于白门，遂名笺简，加以藻绘。始而打蜡，继而揩花，再而五彩。此家欲穷工极妍，他户即争奇竞巧，互相角胜。则花卉鸟兽，又进而山水人物，甚至天文象纬、服物彩章以及鼎彝珍玩，穷极荒唐幽怪，无不搜剔殆尽，以为新奇。月异而岁不同，无非炫耳目以求售。于是车马驰骤之冲要，而汗颜署之曰斋、曰馆、曰轩，布满大市通都矣。噫，文胜而质衰矣，雅鉴而朴散矣。余竹窗蓬户之间，终日所投之刺、所缄之函，无非是物。剪裁据摭，约有四百余纸。鄙俗

不文，删去十之八九，仅存此，以验后来之靡丽作何底止。崇正（祯）己巳长至日孙谋识。

《履园丛话》云：

书笺花样大约起于唐、宋，所谓“衍波笺”“浣花笺”，今皆不传。每见元、明人书札中有印花、砑花精妙绝伦者，亦有粗俗不堪者，其纸虽旧，花样总不如近今。自乾隆四十年间苏、杭、嘉兴人始为之，愈出愈奇，争相为胜，然总视画工之优劣以定笺之高下。

承平人物，翰墨怡情，于笺纸花色多留意，既欲其变幻无穷，又欲其惬当于所施之时、所施之地、所施之事与所施之人。此事近久成绝响矣。仁和徐侍郎琪尝自刊所集苏一百八喜笺目而为之序曰：

琪先世喜造笺，先大人手制诗娱室各种，分人物、博古、花鸟诸门，至今市间展转摹刻，购者争取，而不知出自吾家旧稿也。琪未通籍时，即制有四时笺，改馆后又制五云笺，人皆以为善……因生平爱读坡公之诗，辄取诗中之有喜字者，分类集之，得一百八句，各肖诗意，绘为人物、山水、博古、玩具、谷食、蔬果、花木、鸟鱼、兽虫之类。其无可绘者，则列为字体，或以篆隶，各书其句；或如其诗句所排之数，书若干喜字于其间，有为分行，有为旋折，有为环绕，亦各殊其制。……

徐氏又有集黄文及集李、杜诗若干种，随其句意以点缀画图，更随所宜而供挥洒之用。文士匠心，是一乐也。

## 五六　麻雀牌

麻雀牌之起原，人多不得其解。余按：麻雀当为马将之讹，马将又原于马吊。明以来叶子戏皆以《水浒》中人物为戏中对象，其后演变以成抽象的麻雀耳。麻雀中已不见人物之象，但存筒、索、万。筒、索、万皆悬赏之数，以之代表人物者也。筒者金饼，索者钱贯，万者十千也。中、发、白则后来所增，以取花样之繁而已。凡成牌曰湖，湖者，指梁山泊也。

戴名世《忧庵集》云：

叶子之戏始于万历之末，复变而为马吊，盖取小说中所载宋时山东群盗姓名分为四十纸，一曰纸牌，人各八纸，盖明末盗贼群起之象。其曰马吊者，马士英、马吉翔弄权丧邦之谶也。有曰百子者，画一人提人头而署曰阮小二，为大铖杀人之谶。大铖书室曰百子楼。其曰顺风旗者，顺治统八旗入关之谶也。其曰闯百者，李闯王之谶也。其曰献百者，张献忠之谶也。其他如翻青、翻孔等，无不皆验。其法四人相斗而以三家逼一家，为关外及张、李三家分裂明土之象。二十年前分为京斗、南斗两法，近日则又变为游湖之法，始于京师之舆人，浸寻及于士大夫及妇女皆好之。其法又有曰飞湖，曰追湖，曰砍湖，其不胜无用者曰臭湖。其法大同小异，大抵以先成者为胜。

乾隆中，王文诰校刊明张岱《陶庵梦忆》云：

骨牌设宣和二年，高宗时诏颁行天下，后世易之以纸，层出不穷，必奉水上军为鼻祖者，岂不忘宣和所自欤。

水上军即指梁山泊也。

## 五七　土豪

《履园丛话》云：

国初苏州大猾有施商余、袁槐客、沈继贤，吴县光福镇则有徐掌明，俱揽据要津，与巡抚两司一府二县声息相通，鱼肉乡里，人人侧目。太傅金之俊归田后，屡受施商余之侮，至患膈症而殁。施下乡遇雨，停舟某船坊内，主人延之登岸，盛馔款留。施见其家有兵器，遂挽他人以私藏军器报县拘查，并为之解救，事得释，曰以此报德，而其人不知也，再三感谢，馈之银，不受。适鲥鱼新出，觅一担送施，以为奇货。施即命其人自挑至厨下，但见鲥鱼已满厨矣。又见一银匠妻貌美，曰此妇眼最俏，匠闻之以石灰瞎妻睛。其势焰如此。后金太傅门生某者，来官江苏臬使，闻其名罗织杖毙之。沈继贤者，尝与人斗牌，被人捉一张，曰："我之牌，谁敢捉？"其人曰："捉尔何害？"沈唤家人耳语。少顷，县差捉其人去。其人恚曰："犯何法而捉我？"沈笑曰："捉尔何害？"又一势家款客，沈上坐。有一少年至，向沈一拱。满堂骇然，责少年。少年曰："我不认得沈继贤，何妨乎？"未几，少年被盗攀害下县狱，其父兄以五百金求沈解救得脱，踵门叩谢。沈曰："此事乃余讨情。"以五百金还之。少年恳受不从，感激无地，叩首不已。沈笑曰："如今是认得我了！"少年始悟。吴俗语云："得罪了你，又不是得罪沈继贤，怕甚么？"亦可想见其为人矣。后被巡抚汤文正公杖毙元（玄）妙观三清殿下，满城人称快。

徐掌明与昆山之徐联谱，势可炙人。谚曰："长、吴两县印，不及掌明一封信。"尝与至戚黄振生有隙，令人殴死，村农抬尸至黄门，如张员外教王德保正诈周羽故事，讦讼十三年，至康熙二十二年制台王新命断结，办徐掌明发遣，寻以逃归论死。其子扮盗入孙氏室强奸妇女以泄旧忿，一妇被奸时摸盗手六指，知为掌明子，案破立斩。

观此乃知明末清初江南土豪横恶至此，野史中好资料也。

## 五八　龙幺妹

近人小说记乾隆中从征苗女龙幺妹事，多不甚可据。按：《瓶水斋集·幺妹诗序》云："水西土千总龙跃，其先以从讨吴三桂有功，世袭斯职。狆苗之叛，幕府檄调领土兵来赴，适跃卧疾惧逗挠，乃遣其幺妹率屯练二百人驰诣军门从征，前后凡二十余战，禽馘最夥。岁除蒇事，赏以牛酒银牌，令还本寨，而加跃军功一级。妹年十有八岁，形貌长白，结束上马，出没矢石间，指挥如意，亦绝徼之奇兵也。时王备兵留后兴义，属不佞为诗送之，以焜燿其归，因有是作。凡苗以行第最稚者为幺云。"其诗曰：

健妇犹当胜丈夫，雍容小字彼尤姝。
然脂暝写蒋三妹，歃血请行唐四姑。
上马一双金齿屐，乘鸾十八玉腰奴。
不须更结鸳鸯队，白练展开笔阵图。

迷离扑朔辨雄雌，千里明驼古有之。
军令静原同处女，兵符端合付如姬。
修来眉史功臣表，绣入弓衣幼妇词。
石柱兜鍪云弹鬓，不知巾帼定遗谁。

又按："陈裴之所作《舒铁云行状》，称威勤侯勒保欲以龙女归君，君辞曰：'非所堪也。'侯以是深器之。"此又一段佚闻，颇足供小说家装点者也。

## 五九　裹足

清初裹足之禁，始严而复弛，其经过有足述者。《履园丛话》云：

崇德三年七月，奉旨有效他国裹足者，重治其罪。顺治二年，禁裹足。康熙三年，又禁裹足。七年七月，礼部题为"恭请酌复旧章以昭政典事，都察院左都御史王熙疏开：顺治十八年以前民间之女未禁裹足。康熙三年，遵奉上谕下议政王、贝勒、大臣、九乡科道官员会议，元年以后所生之女禁止裹足，其禁止之法该部议复等因。于本年正月内臣部题定。元年以后所生之女若有违法裹足者，其父有官者交吏、兵二部议处。兵、民则交付刑部责四十板，流徙十〔年〕。家长不行稽察，枷一个月，责四十板。该管督抚以下文职官员有疏忽失于苟察者，听吏、兵二部议处在案。查立法太严，或混将元年以前所生者捏为元年以后，诬妄出首，牵连无辜，亦未可知，相应免其禁止可也。

裹足自此弛禁。事见《蚓庵琐语》及《池北偶谈》。《骨董琐记》云：

《辍耕录》云："扎脚自五代以来方为之，如熙宁、元丰以前人犹为者少，近年则人相效，以不为者为耻也。"又云："浙西之人，以草为履，而无跟，名曰靸鞋，妇女非缠足者，通曳之。"据此则缠足之风实盛行于元，盖所以示别于胡人也。浙西偏远，其风稍逊，亦犹有清一代粤、桂尚多赤足者，唯士大夫家不事农作，乃摹拟中原耳。

宋、元之间，尚有以不裹足为高者。元人《湛渊静语》云：

伊川先生六代孙淮，咸淳间为安庆倅，明道年五十四卒。二子相继早世（逝），无后，淮之族尚蕃，居池阳，妇人不缠足，不贯耳，至今守之。

明代民间盛行裹足，而宫廷所著鞋样另是一种。《野获编》云：

禁掖中凡被选之女，一登籍入内，即解去足纨，别作宫样，盖取便御前奔趋，全与民间初制不侔，无异也。

《明内廷官制考》云：

宫女服用紫色员（圆）领窄袖，编刺折枝小葵花于上，以金圈之，珠络缝金束带，红裙弓样鞋，乌纱帽，饰以花，帽额缀团珠，结珠鬓梳，垂珠耳饰。

## 六〇　明代外国输入之矿产

杭世骏《书〈宣德彝器谱〉后》云：

此为宣德三年工部档案，其中记铸炉所用之物，暹罗风磨生矿洋铜三万九千六百斤、倭源白水铅一万七千斤、倭源黑水铅八千斤、日本红铜一千斤、贺兰国洋锡八百斤、天方国番硇砂三百六十斤、三佛齐国紫砩三百斤、渤泥国紫矿三百斤、渤泥国燕脂石二百斤，琉球国安澜砂三百斤。

以上国名皆见《明史》，字或少异，知当时中外互市之盛矣。

## 六一　军机处

明、清两代旧例，外省章奏皆曰题本露封，由通政司递入内阁，由阁拟旨进呈，所谓票签也。其非例行常事，则用素柬加封，盛以黄匣，径达御前，此之谓奏折。自清咸、同以后，军书旁午，几于全用奏而不用题，于是内阁失职，而阅奏折拟谕旨之责皆归军机处。戊戌以后，则竟废通政司而全不用题本矣。

同、光间，帝、后共听朝政，犹每日清晨亲阅章奏。其例行一言可决者，即时内奏事太监口传谕旨；其不能即决者，则交军机处，由枢臣面奏取决。枢臣退则令章京承旨拟稿，阅定缮正，复由内奏事太监递入，俟其发下，即分别降谕矣。

凡谕旨之公布者，曰明发上谕。密交各督抚者，曰军机处字寄，简称廷寄。封交各部院，曰军机交片。谕驻外使臣者，曰电旨，则交外务部译发。

雍、乾中最重廷寄，指示军略、诰戒疆吏，委曲详尽、万里如见。中枢之于各省，所以能如臂使指，无敢生非分之心。乾隆中叶，曾饬疆臣于复奏时应将廷寄内所开承旨人名一一开写，不得但称廷寄及军机处字样，是其惟恐军机之权不重也。此例不知何时始破，后来廷寄首行但称军机大臣字寄某官某。相传嘉庆帝恶和珅专擅，故去之。或曰，道光中军机大臣为穆彰阿、穆荫、文祥、王鼎四人，联衔书姓而不书名，则适为“穆穆文王”四字。为避此嫌，遂更不列衔。然何以解于乾隆之诏邪？清廷动引祖制以折人，其实祖制之不便于己者亦不之引也。后一说出义州李葆恂所撰《旧学庵杂记》。

清末军机大臣之谨愿者，惟知伴食；其黠者，一意结党营私。若雍、乾中之军机大臣无此乐也。赵翼《帘（檐）曝札记》云：

> 乾隆初年，惟讷亲一人承旨。讷能强记而不甚通文义。每传一旨，令汪文端由敦撰拟。讷惟恐不得当，辄令再撰，有屡易而仍用初稿者。一稿甫定，又传一旨，改易亦如之。文端颇苦之，然不敢较。时傅恒在旁，窃不平。及平金川归，遂自陈不能多识，恐有遗忘，乞令军机大臣同进见。

又云：

> 往时军机大臣罕有与督抚外吏相接者。前辈尝言张文和公廷玉在雍正年间最承宠眷，然门无竿牍，馈礼有价值百金者，辄却之。余在汪文端第，凡书牍多为作答。见湖抚陈文恭伴函不过獐锦二端。闽抚潘敏惠公同年也，馈节亦不过葛纱而已。

其勤苦如彼而清谈又如此也。

军机处司员例于各部曹司中考取充之，谓之军机章京，俗称小军机，其领班者谓之“达拉密”。虽满、汉并用，而实权在汉人，盖其职在典文书，以撰拟敏捷为能，非满人所能办也。据赵翼所纪，撰拟诏旨本为汉军机大臣之职，雍正中则张廷玉，乾隆初则汪由敦，嗣是渐移于章京。然以余所知，光绪末年大政诏旨，犹军机大臣亲拟也。章京累资可至三品，乾、嘉以来，朝士以开济敏练达于掌故著称者，多出其中，或自章京骤迁至军机大臣焉。

乾隆中章京之职最为繁重劳苦，赵翼云：

> 扈从木兰时，戎帐中无几案，率伏地起草，或以奏事黄匣作书案，而悬腕书之。夜无灯檠，惟以铁丝灯笼作座，置灯盘其上，映以作字，偶萦拂辄蜡泪污满身。非特戎帐中为然，木兰外有行宫处直房亦如此。

当雍正中设军机处之始，即含有满正汉副之意。十年，命鄂尔泰、张廷玉办理军机事务是也。嗣是以后，大权虽掌之满臣，而秉丝纶，稽成宪，献替辅弼，实以汉臣为重。满人殊无宰相才也。略稽往事，乾隆十年以后，任职者汪由敦、陈大受、刘纶、刘统勋、裘曰（月）修、于敏中、梁国治、董诰、王杰；其末年则超擢吴熊光、戴衢亨二人。嘉庆中则卢荫溥、戴均元、曹振镛、黄钺。道光中则王鼎、蒋攸铦、潘世恩、何汝霖、祁隽（寯）藻。暨于咸丰，则陈孚恩、季芝昌、杜翰、匡源、焦祐瀛、沈兆霖、曹毓瑛。同治以后，常以亲贵为首辅，始则恭王而佐以宝鋆、文祥。汉臣之与政者，李棠阶、曹毓瑛、李鸿藻、沈桂芬尤著。光绪七年，左宗棠以勋臣入相，不堪屈辱，未一年而复出；九年，翁同龢、潘祖荫；十年，张之万、阎敬铭；二十年，翁同龢复柄政。戊戌以后，则礼王；廿六年以后，则荣禄；三十年以后，则庆王为首辅。而汉臣之辅政最久者，王文韶、鹿传霖及先公。其余旋入旋出者无足道焉。

薛福成《庸庵笔记》称文祥实左右曾国藩，以成其功业，而祁隽（寯）藻则反沮抑之，是汉人反不及满人之有相度。大抵咸、同以前士大夫习于承平，守文法，爱身家，其高者不过练习吏事而已。光绪以后，满人庸阘者益充斥，于是大政大疑始不得不取决于汉人。三十年中入枢府者类多以文学吏事宿负朝望者入选也。

军机处值庐在隆宗门内、内右门之外，仅南向倚墙数楹，定例：无论何人不得擅入。初有稽查御史露立纠巡，深以为苦。道光即位后裁去。见梁章钜《枢垣纪略》。值庐甚卑隘，不知者见之，万不料其为一国最高政令所从出也。

西苑军机值庐在西苑门北南海之东岸，临水五楹，明窗净几，较为爽适。颐和园值庐则在东宫门外，外临衢道，人声喧嚣，清末有小说曰《负曝闲谈》，极写其状。

军机大臣召对每逾时，故于殿中赏垫子，盖即赐坐之意。每日皆有堂餐，茶、烛悉由内务府支给，五日一给果饵，暑给冰瓜，冬给薪炭。岁时节物，赐与频繁，虽曰以优近臣，而犒赐内监之费反不赀，故多赖外官之馈炭敬也。

## 六二 藏书

近数百年士大夫屡有建藏书之所以津逮士林之议。顾事多不成为可憾。阮文达创杭州灵隐、镇江焦山二书藏，以积学之士管之，旋值兵燹，遂不可问。其事见《研经室集》。《春冰室野乘》云："旧椠《音学五书》，前有徐健庵兄弟启云：'亭林先生欲作书藏于西河之介山，聚天下古今书籍藏其中。朱竹君筠尝议建书藏于曲阜孔氏。'"盖皆未成。

大兴刘氏有叠书龛，则似非以供公众阅览者。《清稗类钞》云：

> 刘宽夫名位坦，大兴人，其子铨福字子重，亦好古，藏书极富。贵筑黄子寿方伯，其女夫也。何子贞太史尝馆于子寿之子再同太史京邸，见宋刊《婚礼备要》《月老新书》《紫云增修》《校正礼部韵略》，皆宽夫所旧藏。《月老新书》尤为奇秘。子贞因仿吴梅村祭酒体作长歌一首纪之。再同谓宽夫叠书龛在城

中广济寺，因得河间献王君子馆砖，名其居曰“君子馆砖馆”，又曰“砖祖斋”。所居在琉璃厂相近之后孙公园，其门帖曰“君子馆砖馆，孙公园后园”。

再同先生为余姨丈，其内外两家，自道、咸以来，夙负清望。所藏旧椠，多至数百箱，余尚及见之。民国初元为某有力者攫去，其嗣人遂憔悴以殁，可伤也已。

## 六三　乾隆名士写真

洪稚存《怀人诗》二十四首，于同时诸名士性情好尚，描摹备至。其中有足资谈助为人所未尽知者。如法式善好左手作字，故云“左手书应成绝技”。汪中蜂目而好服药，故云“人言蜂目同荆尹”，又云“惯餐劣药冀修龄”。孙星衍好歌童，故云“郑樱桃室作安居”。王芑孙貌矮小，故云“人言风貌太酸寒”，又云“吴下早闻呼短李”。章学诚鼻塞而重听，故云“鼻室居然耳复聋”。

洪先生本人则嗜酒，曾与张船山问陶同应吴縠人锡麒澄怀园之招，酒半移酌池上，与船山同失足堕水，有诗。《船山诗草》中又有诗题云《十二月十三日与朱习之、石琢堂、钱质夫饮酒。夜半，忽有作道士装者入门，视之，则洪稚存也》。又有诗云：

车声一夜绕如环，处处敲门不肯还。

欲向金吾求锁钥，大家乘月入西山。

其狂态可想，故洪之获罪，奉有“不许饮酒”之谕。酒人际遇如此，亦足无恨矣。

武虚谷身长九尺，腰腹甚伟，见《更生斋集》。黄小松尝得汉石画像似之，因拓寄焉。事见《船山诗草》。

虚谷欲学不动心法，因时诣菜市口观杀人，冬月大决亦必早诣焉。观者数百人，亦有蹙额陨涕者，虚谷独色不变。亦见《更生斋集》。

《思益堂日札》云：

> 王兰泉司寇官浙时，修《湖海诗文传》《续词综》诸书。延礼臧在东、顾千里、彭甘亭、郭频迦、吴同人诸名流，馆之万松书院。中秋日，馈诸君殽馔外，致绍兴酒数瓻，火腿四只。诸君议剖分之。臧不能饮，将酒转贯诸市，得钱瓜分。惟火腿四而人五，剖之不能均，遂用勾股法畸零开方，析为五数，虽零膏剩骨无少低昂焉。又彭甘亭谓人曰：“臧在东学问只在衣箱子里。”盖在东先人故老学，所著述未刊行，臧出辄载其先世稿于箧中。人或有所质，臧必闭户发箧，详阅而后能对也。

以上皆周先生闻之于陶凫芗者，陶时亦在兰泉幕中。乾、嘉中名士性情如绘。

## 六四　汪中与武亿

《庄谐选录》载汪容甫尝一日与其夫人戏，突从后抱其颈，夫人惊问为谁，容甫怒曰："岂有他人而敢如此乎？"遂致失欢。此事不知所本。观容甫自叙有"沟水东西"等语，岂即以是耶？

武虚谷任县令时，尝至济南谒大府，大府无心诘之曰："闻君兄弟行居二。"虚谷疑以《水浒传》中事谑之，拂衣起曰："知县已无兄"，欲径出。大府亟婉词谢之。

翁覃溪与虚谷亦有渊源，而虚谷独不喜。殿试日，翁奉派收卷，至殿中，语之曰："汝为我小门生，汝知之乎？"虚谷大怒，抵几起曰："此岂认老师、太老师处耶？"奋拳欲殴之。事亦见《更生斋集》，武似太甚，然翁亦倨傲可憎也。乾、嘉中名士使气及性情乖僻乃如此。

## 六五　白话对联

康熙中，长洲顾嗣协作新会知县，书一联于大门云："留一个不要钱的新会县；成一个不昧心的苏州人。"此可谓白话对联之祖。嗣协乃顾侠君之兄也。事见《秀野年谱》。

## 六六　曾文正谐诗

曾文正喜诙谐，其《日记》中亲记一事云：“有建德李把总文书一通，面用移封。余戏于封上题十七字令云：‘团练把总李，行个平等礼，云何用移封？敌体。’”

又其督两江日，嫌公牍上所用官衔太长。亦自题一绝于上云：

官儿尽大有何荣，字数太多看不清。
减去数行重刻过，留教他日作铭旌。

亦见《日记》。

## 六七　跟办

傔从曰跟班，盖当作跟办。《典故纪闻》云，隆庆初，内官监太监李芳言，本监官属，内自佥书而下，外自左右丞而下，各有本等俸给，其跟办皂隶、冠帽、习仪等项银两，系近年增派’云。”

《宋史·职官志》，凡任宰相执政有随身，太尉至刺史有元随，余止傔人，皆有衣粮。”故明制承之。

明张居正家人游七声势煊赫，至与公卿抗礼，称其字曰楚滨。此风至清代益甚。

《履园丛话》云：“长随之多且横，莫甚于乾、嘉两朝。昔何文成公出使湖北，忽问毕秋帆制府曰：‘闻某翰林为尊纪书联，竟称某兄大人，何无耻也？’又有周良者，苏州伶人，亦取号莲塘，为文敏公之长随也，常画《莲塘图》，求海内名公卿及骚人墨客题咏几遍，后为曾宾谷中丞司阍，知其事，逐之，落莫以死。又刘松庵者，陶雪汀宫保之长随也，尝画《梦游佛境图》求大人先生题诗，卷中有五状元、两尚书，皆称先生或某兄某丈。”

## 六八　高邮王氏

高邮王氏之显名，自文肃公安国始。文肃之祖若父皆诸生也。文肃体癯骨立，凡三娶，中年失偶，遂不畜妾媵。一子方幼，起处皆以自随，即怀祖先生念孙也。怀祖虽专精经学，而自翰林改官工部，洊至河道，皆廉能称职，享年至八十有九，及见其子文简公引之登上第，跻八座。文简子三人，皆历仕至监司，而季子寿同咸丰二年官湖北汉黄德道，殉难。其子恩晋救父受伤，亦死。其次女淑仪守贞不嫁，以养母，年至六十。其一门科第、福泽、政事、学术、忠贞、孝友，无一不奇卓非常，清代诸世家中实少其比。徒以为怀祖先生父子之绝学所掩，世人多未及知。近上虞罗氏辑其《六叶传状碑志集》，乃克备观，亟表而出之。

## 六九　明代西藏致张江陵书

《张文忠公集》有番夷《求贡疏》略云：

接得巡抚甘肃兵部右侍郎兼都察院右佥都御史侯东莱差人赍到乌思藏僧人番书一纸，译称：“释迦牟尼比丘锁坚南错贤吉祥，合掌顶礼朝廷钦封干大国事阁下张，知道你的名显如日月，天下皆知，有你身体甚好，我保佑皇上，昼夜念经，有甘州二堂地方上，我到城中为地方事，先与朝廷进本。马匹物件到了，我和阐化王执事赏赐乞照以前好例与我，我与皇上和大臣昼夜念经祝赞天下太平，是我的好心。压书礼物四臂观世音一尊、氆氇二段、金刚结子一方，有阁下分付顺义王‘早早回家，我就分付他回去’。虎年二月初头写等因。”奉圣旨：“卿轴理勋猷，宣播遐迩，戎狄咸宾，朕得以垂拱受成，深用喜悦。览奏具见忠慎，宜勉纳所馈，以慰远人向风慕义之诚。”

## 七〇　鼻烟壶

《勇庐闲诘》引沈豫《秋阴杂记》云：“鼻烟壶起于本朝，其始止行八旗并士大夫，近日贩夫牧竖无不握此。壶则水精（晶）、羊脂、马脑（玛瑙）、翡翠、茄瓢、瓷石等质，而盖则珊瑚、珍珠、猫眼，无不镂奇错采。最行者烧料套红，以藕粉地为上。”而加以按语曰：“补堂久寓淮上，习见达官巨商竞以羊脂、翡翠为尚，而不知制壶之始仅有玻璃，余皆后起也。”

《香祖笔记》云：“鼻烟以玻璃为瓶贮之，瓶之形像种种不一，颜色亦具红、紫、黄、白、绿、黑诸色，以象齿为匙，就鼻嗅之，还纳于瓶，皆内府制造，民间亦或仿而为之，终不及。”

洪亮吉《七招》云：“乃有吕宋所产，一世瑞草。含茹则火光四支，呼吸则烟腾百窍，蒸淫不歇，熏炙于鼻。五官拉杂，黑塞窍穴。珠胎既凌刳，玉孕复剖裂。”（注云：烟草一种百年来盛行，近复尚鼻烟，皆刳玉为瓶，精者至穴大珠为之。）

观此数则，则清初至于烟壶尚玻璃，中叶则尚珠尚玉，而晚季则尚瓷尚料矣。

## 七一　库中老蜡

田雯《长河志籍考》述德州事迹，中有一则云：

> 儒学之西有兵器库，二百余年矣。甲申，流寇陷东省，伪官来州，入销库兵，于室隅尘土中得一物，如老翁，具体而微，可二尺许，屈左膝长跪，左手垂而拳，右手履地，左肘附膝，右手承颐，须发皓白，攒眉闭目，作愁苦之容，瘦硬干枯，不知何物也。医

者范生丐为药标。入夜雷雨亡去。

## 七二　张鹏

近见丹徒赵彦偁《三愿堂日记》（道光己酉）一册，文字颇精，其体与《越缦》为近。赵君盖教授于乡里者，见闻虽少隘而记乡里琐闻多有足存者。录左列一则：

……偶言张抟万遗事，抟万名鹏，邑中先辈，官至巡抚者也。生平无检行，当为诸生时，淫赌讹诈诸匪业盖靡不为也。中式后，入京应礼部试，读书某寺，寺故大学士明珠所建家庵也。张知之，计所以入珠之门者。即作珠长生主于其读书之室，日夕香火事之。一日，珠来寺游宴，见主惊诘僧。僧曰："此江南举子张某所为也。"珠因就张诘之曰："君作此，主君与伊人有故邪？"张素具口才，意谓此举可为结纳门径矣。因大言曰："某之为此举也，为天上（下）苍生作也。"遂历述明珠善政，侃侃数百言，气象豪迈，旁若无人。珠大悦，与深语竟日，谓张洵盖世奇才也。即邀张入其家读书，投契日甚。张乃夤缘求进士，历官竟至巡抚，珠之力也。张居官亦不改故态，秽行污名，彰彰人口，其后病人面疮而终。方其为诸生时，曾为学道削去遗才名，不得与秋试。张固求，复不许。张曰："日后事未可知，毋竖持也。"

学道曰："日后事吾不计；即任汝疾马而驰，亦追不及吾矣。"后张至抚军，学道犹学道也，适为其属。一日，学道来谒，张谓之曰："吾不假驰马，即两足亦追及矣。"学道知不能相容，固乞病退，张固不许。最后始谓之曰："汝乞病固可，特无病无以上闻也。今堂上有扬灰少许，盍揉目令瞽，瞽即有病名矣。"学道不获已如命为之，始得退终于家。张之所为残刻多类此。

## 七三　杭堇浦佚事

乾、嘉诸先辈颇有不饬细行薄于友谊者。杭堇浦世骏与全谢山祖望本同以浙东积学之士负时名，交契最密，海内亦同称之。谢山后膺广东总督聘主讲端溪书院。堇浦以翰林在籍，同时为粤秀书院山长。谢山除束脩外，一介不取，虽门弟子偶以时物相馈，亦峻拒之。而堇浦则捆载湖笔以往，乞粤中大吏函致其僚属，用重价强售之。谢山大不谓然，贻书切戒。时扬州小玲珑山馆马曰琯、曰璐兄弟主持风会，四方名士罔不归之。谢山举此事以告马氏。他日，堇浦至扬州，为马氏所诘责，由此恨谢山不已，而谢山之子弟不及知也。谢山既没，辇遗集乞堇浦为铭墓之文，堇浦不答而刻《鲒埼亭集序》一篇于其《道古堂文集》中，词意多所讥讽，于是世人始渐知二人交道之终隙也。此事见《烟屿楼文集》，直书其事，毫不隐其姓名，必非妄。

堇浦本有钱癖，洪稚存亦不为之讳。云每馆俸所入，必选官板之大者，以索贯之，积床下或至尺许，其么么破碎及私铸者方以市物。在钱塘，常与里中少年博于望仙桥下。钱文敏维城视学时，张盖乘舆往访之。杭方短衣聚博，亟以扇自障。钱下舆揖之，不可复掩，乃曰："汝已见我耶？"钱曰："正诣宅访前辈耳。"杭曰："吾屋甚隘，不足容从者。"钱固以请，杭固却之，博徒俱大惊。

《庄谐选录》云："乾隆帝南巡，堇浦迎驾，帝问里居何以自给，对曰设荒货铺。后问何为荒货铺，则曰收买破铜烂铁。即日，御笔书'收买破铜烂铁'六字赐之。"不知其说所本。

## 七四　戴东原与章实斋

戴东原与章实斋尝以论修志事意见不合，至于丑诋。观《文史通义》可见。此犹曰学术之争。然史识本非东原所长，古人云君子不以己所能者丑人，实斋之使气亦可已而不已者。至实斋与汪容甫议论龃龉，几欲挥刃（见洪稚存《怀人》诗），则更败兴之尤矣。

## 七五　程绵庄与郑板桥

乾隆中，扬州文酒之会最盛。按：《板桥题画》云：

"乾隆二十一年二月三日，予作一桌会，八人同席，各携百钱以为永日欢。座中三老人、五少年：白门程绵庄、七闽黄瘿瓢，与燮为三老人，丹徒李御萝村、王文治梦楼、燕京于文濬石乡、全椒金兆燕棕亭、杭州张宾鹤仲谋为五少年。午后，济南朱文震青雷又至，遂为九人会，因画九畹兰花以纪其盛。诗曰：'天上文星与酒星，一时欢聚竹西亭。何劳芍药夸金带，自是千秋九畹青。'座上以绵庄为最长，故奉上程先生携去。"程绵庄即《儒林外史》中之庄征君也，其风流胜概亦如此。《儒林外史》惜未着意写之。

## 七六　督抚气焰

乾隆中，江南总督黄廷桂气焰颇盛，气节士遂为所陵侮。广昌黄静山永年以进士部曹为常州知府，迎者俱道旁跪，静山长揖而已。后黄以阅伍至常州，供具颇约省，黄弗善，以他事奏罢其官。见《先正事略》。黄督陕甘又与袁子才龃龉，盖骄倨性成者。

僧忠亲王督师鲁、豫，见巡抚两司皆不设坐。丁宝桢官山东按察使诣军门曰："不设坐勿为通也。"僧王始为之气夺，见本传。

## 七七　陶澍与丁宝桢

陶澍督两江时，裁盐政，改淮北票盐，汰淮南浮费，乃御史鲍文淳以办理未能尽善劾之，澍自知为忌者所陷，乃覆奏，自称实无把握，请仍设盐政。奏上，宣宗怒，责以“朝更暮改，朕不能为。如有天良，即振刷精神，勉图自效”。澍知朝旨向之，乃再奏曰：“……艰难情形，屡经因事缕陈，备蒙圣鉴，不料浮议之繁兴不已，商情之悦服綦难。即如御史鲍文淳系臣所革总商鲍有恒近族，本籍比屋而居。鲍文淳未中进士时，常在扬州与盐商来往周旋，兹蠹商被革，干俸全裁，从前之每年坐食数千金数百金者，俱多怨恨，吹楚多端。兼闻扬人相斗纸牌，绘一桃树，另绘一人为伐树状以寓诅咒。其切齿于臣若此，实恐因臣为怨府，致误全局”云。（道光十二年事，见《陶文毅集》）相传扬人绘美女于牌曰陶小姐，以肆揶揄（见《清稗类钞》），盖不能行之奏牍者犹不知凡几，当时大臣任事之难如此！（编辑按语：本则未提及丁宝桢，似应为鲍文淳。）

## 七八　江春霖祝寿

有清季年，袁世凯蓄意擅权，声势煊赫，巧宦者无不奔走其门，持正立异者辄为所排挤倾陷以去。识者早知其祸国，而竟无人肯发其奸也。惟江春霖一疏劾之，足为朝阳鸣凤，是时世凯方以五十赐寿，江疏即以次日上。江庸《趋庭随笔》云：

> 江与袁向不通刺，是日忽亲往祝寿，人咸异之。旋上疏论袁权势之重十有二，其一曰："亲藩之重，冠绝百僚。向时亲王书款皆言某亲王，无称名者。结拜弟兄则更未之前闻矣。乃世凯寿辰，庆亲王奕劻去爵署名为祝，贝子载振则称世凯为四哥，而自称如弟。对联两合，为众目所共瞻，薰灼一时，几炙手之可热。此交通亲贵权势之重。"又曰："荐贤为国，非以为私；桃李公门，古人弗受。而世凯前后之所保举，莫不执贽而称门生。但举显者而言，内则有民政部侍郎赵秉钧、农工商部侍郎杨士琦、外务部侍郎梁敦彦、右丞梁如浩、大理院正卿定成、顺天府尹凌福彭之徒，外则有直隶总督杨士骧、出使大臣唐绍仪、吉林巡抚陈昭常、安徽巡抚朱家宝之属。荐跻通显，或有合于同升，认作师生，谓无私其孰信？此引进私属权势之重。"以上二条，皆其祝寿所侦得者也。

## 七九　刘长佑与潘鼎新

相传某藩司谒左宗棠时，见其差官偶未起立，（或云督署差官谒藩司抗礼平坐，致触其怒，似尤属齐东之语。）藩司以诉于宗棠，宗棠函命其差官尽衣黄褂珊顶为藩司站班，藩司大窘云云。（按：此说恐系不谙当时体制者之传讹。盖藩司为方面官，督辕差弁虽秩高自不得平行也。）

光绪三四年，滇督刘长佑任内有一案，正与此事相类。是时滇抚潘鼎新奏参长佑，中一款云："藩司仓景瑜于衙参时，被督署亲兵揪扭补服，曳至大堂，始行释放，并殴其随丁。该勇丁一日哗噪，拥至内署。该督与知府魏鼎薰闭门以求，良久始散。"此折交川督丁宝桢查办，丁之覆奏云："询之署藩司仓景瑜，据称二年七月衙参之时，该司前赴督署，家丁在前行走，至仪门外见有亲兵在彼，坐而未起，该家丁用言吆喝，亲兵意属不服，该家丁用拳殴打，时仪门内有亲兵数人闻闹，拢前观看，经巡捕喝散。该藩司已至仪门，被殴之兵跪而鸣冤。该藩司急欲前进，该兵牵住袍襟，事诚有之，经巡捕禀明督臣，将该亲兵责革，并令队长带领与藩司服罪，实无揪扭等事。"

鼎新与长佑交恶，既征督抚同城之弊，亦可见湘、淮将领平日水火之深也。盖宝桢抚东时，鼎新任藩司带兵，以军务亦相龃龉。

## 八〇　公卿好士

乾隆中公卿犹有好士风，裘文达曰修居石虎胡同，有一轩曰好春，门生宾客可不待通报直入其中。尝岁终户部送饭银，即分饷坐客。蒋文恪溥尤好客，但有荐书，即馆之门下，甚至不识其人也。文达尝荐一人直入馆中，即命置卧具，曰君虽馆此，实无一事，不妨排日出游，然必须饭毕始出，日两饭亦无邀客者，但闻长廊口有高唤者曰：“饭具矣。”即诣厅事食。每岁终，即有老仆三四挟巨囊遍入客馆，见一卧榻即置银一封，封面题“岁修五十两”；若旁有小榻，则置小封四两以犒从者。其人居蒋邸二年，选县令始去，竟未尝与文恪交谈。事见《更生斋集》。此事不可为训，然以视晚季公卿之厚自封殖者，其度量为何如乎？

## 八一　鸦片战争中之阮文达

乾、嘉老辈，生际承平，似于气节行谊少所砥厉。道光壬寅，英军溯江至镇江，扬州官绅闻风集五十万金犒师，冀免骚扰。其时，阮文达以乾、嘉朴学殿军为士绅领袖，实主其议，而梁茝林章钜方在扬州作寓公，亦助成之。事见《浪迹丛谈》及《郎潜偶闻》，可见士风之颓非一日矣。昔闻汪穰卿言，丁俭卿在淮安亦谋馈英军以枣、栗、灯、鸡四物，隐寓“早立登基”之意，或系恶其乡愿，为此过甚之词。

## 八二　毕秋帆之幕友

渊如孙星衍在毕秋帆幕中喜慢（谩）骂，一署皆疾之如仇。严长明等作公揭逐之，末言“如留孙某者，众即卷堂大散”。毕见之，乃别构一室处孙，馆谷倍丰于前，诸人益不平，亦无如何。事见《更生斋集》。毕幕中皆知名士，乃不相容如此。

## 八三　读史

曾国藩通籍后，买《二十三史》一部，自课每日点十叶。王闿运亦自课点《二十四史》，每日可一本，且补《晋》以后诸史传赞。盖每人作赞一二句，自易记忆也。然其法止能施于列传，而不能施于诸志。读史者，尤宜于诸志观其会通，不应专以记诵人物事实为能。王夫之尝讥陈大士自诩三个月看毕《二十一史》，正谓此也。今人看书已不似古人之拙，能看毕《二十四史》殊不为难，然肯用此功者殊不多见。惟新会陈垣曾以一年之力翻《四库全书》一过。

## 八四　赫德整顿田赋条陈

光绪二十九年，朝野以日俄交战，急于练兵图强，总税务司赫德乃有整顿田赋以充练兵经费，并统筹全国财政收支之议。大约谓：“中国地方宽、长合计各四千里，应有八千兆亩，每亩完税钱二百文，以二千文合银一两，八千兆亩折半计算，即应有四百兆两。凭此定大计，应办各事，有盈无绌。”又谓：“先自一县办起，渐推渐广。县分四段，出示限一月将地亩列单具图呈核。示内言明现不派人丈量，任自开报；倘未呈报，丈出科罚。业户报县发给谕帖，持帖交纳钱粮。一年一省办清，二年六省办清，三年全国办清。”又谓：“既得此四百兆巨款，练兵四大队，武备学堂四处，皆为常备，限满为续备，又满为后备。十年之内，陆军可五十万人，年费五千万两。整顿海军为三大队，购备二百四十船。水陆学堂三处，共需三千万两。设机关局四处，备办军械共一千万两。京外各官俸养杂费年费一万六千万两。各省设立学堂培植人材，年需一千万两。邮电入不敷出，补助年六百万两。宫内之用年一千万两。以上共需三百二十六兆。以所收四百兆计之，应余七十四兆，以备不虞。尚有关税、盐课等进款年约四五千万，充作赔款。俟各款清偿，将此等税课尽行裁撤，使贸易自由，藏富于民。”当时政府将其说帖下各督抚议覆，惟直隶总督袁世凯请节取其意试办清丈，余皆痛诋其纸上谈兵而罢。（按：赫德此说，实为整理中国财政之计，乃迄今又三十年，不独清丈未能办，即土地陈报亦尚阻碍多端，行之稍有成绩者惟浙江一省而已。闲思陈事，为之怃然。）

## 八五　郭嵩焘论言官

郭嵩焘出使回国，提倡新学，颇受乡曲无识者之攻击，其《与曾国荃书》极詈言官之误事。

尝论宋儒发明圣学至精密，独有一事与圣道大反。数百年无能省悟。圣人之立教曰“慎言”，曰“其言也讱”，曰“古者言之不出”，曰“巧言乱德”，曰“言无实不祥”，无相奖以言者。尧、舜之授禹曰：“惟精惟一，允执厥中。”内自毖于一心而不敢及于天下之得失，而即继之曰“无稽之言弗听”。是自圣贤之治天下与其所以自治者无不以言气大戒。宋儒则不然，凡有言者皆善也，乃至劾欧阳公，劾富郑公、文潞公，皆谓之直臣矣。凡事皆可言也，乃至采宫禁之传闻，陈鄙夫之猥陋，皆谓之善谏矣。历观言路得失，其间贤愚错出，人才勿论也，较其功过与其利病，敢直断之曰：自宋以来乱天下者，言官也，废言官而后可与言治。谏臣之有专官，隋、唐不得已之政也。其以谏为名，犹曰所匡正者君德也，为之名曰“通言路”。所通者，主德之弊也，民情之隐也。岂若自宋以来纵言官之嚣，贿赂恩怨，惟其所陈，既有罚矣，犹群相与力护之以是为通言路。人心之弊，岂有穷哉？故曰：“知德者鲜矣。”自有宋大儒不能辨，故曰：“民鲜能久矣。”唐、宋之言官虽嚣，尚无敢及兵政。南渡以后，张复仇之议，推陈兵事，自诸大儒倡之。有明至今承其风，持兵事之短长尤急。末流之世，无知道之君子正其议而息其辩，覆辙相寻，终以不悟。西夷之专求实用，由中国虚文无实相推相激以赞成之，亦岂非天道然哉？

此论痛揭当时言官意气用事之弊，可谓知言。

## 八六　日本木材

南宋时有日本木材进口之事。

《续资治通鉴》一四七："淳熙六年，帝谕曰：近蒙太上赐到倭松，真如象齿，已于选德殿侧盖成一堂。"

《武林旧事》："翠寒堂以日本椤木为之，不施丹雘，白如象齿。"

《神州古史考》云："江滨有椤木营、椤木桥。考之前史，椤木，日本国所献，钱王卧巨石为塘，中贯以铁，大木为椿。后人修理失时，渐次刹（剥）蚀，潮水冲激，合抱大椿，参天拔起。土人或盗木截为器皿，文理奇致，乃知即昔所谓椤木也。"

《齐东野语》："霅川南景德寺为南渡宗子聚居之地，大殿皆椤木为之，经数百年略不倾欹，俗传以为神匠所为。佛像尤古，咸淳辛未三月火忽起自佛腹中。……"

## 八七　京曹

有清一代，京曹官最为清苦。巧宦于此间肆夤缘伎俩，数年可冀得京察，外简道府，若儒素安贫者，则止藉此闲曹为读书求友计，一代中以学术经济鸣者，其得力多在为京曹官时。今传世之日记最富者，曾文正、李越缦。

试观其在京时逐日所为，可知当时风气矣。论者或讥其食禄而不事事，为非政体。然国家岁支有限之俸糈，以养成多数专门学者，俾得从容治其所业，为更远大之贡献，其精神实与近代之国立研究院相近，未可厚非也。

往时京官俸入无多，仅恃同乡印结，每年分得百数十金为活，景况艰窘可想。《藤阴杂记》载杭州韩朝衡以翰林改吏部，尝填曲述司官况味，穷形尽相，一时传诵，录其一节如下：

> 公堂事了，拜客去西头路须先到，约债去东头路须亲造，急归家栅闭沟开沿路绕。淡饭儿才一饱，破被儿将一觉，奈有个枕边人却把家常道。道只道，非絮叨：你清俸无多用度饶，房主的租银促早，家人的工钱怪少；这一只空锅儿等米淘，那一座冷炉儿待炭烧。且莫管小儿索食傍门号，眼看着哑巴牲口无麸草；况明朝几家分子，典当没分毫！（分子乃京语，谓庆吊也。）

其《司慰》一曲则云：

> 回看家下，满壁的今和古书签挂，满院的开和落花枝亚（桠），笑相迎子妇牵衣闲戏耍，奴婢儿多宽假。鸡犬儿无惊唬，但博得夜眠时一枕神清暇。虽则久别家，把圣水孤山梦想遐。趼（北音若诳，或书为

逛，谓闲游也。）厂的香车宝马；赶庙的清歌杂耍。才看了殿春风红芍药，又开到傲秋霜黄菊花。你便道茶园戏馆太喧哗，试与我窑台揽胜多幽雅。况争夸燕山八景，风日倍清华。

此一段描写京官之闲情逸致，使人意兴复为之一快。大抵道光季年，张石舟、何愿船等提倡经济，倭文端、曾文正等宗尚性理。光绪初年以至中叶，翁文恭、潘文勤等扢扬风雅，宝竹坡、陈弢庵等砥砺名节，京曹人才号为最盛。风会所趋，虽手无斧柯，亦俨然负朝野之望。此辈取径不同，而不事王侯高尚其事，超然尘壒之表，则约略相似。一从光、宣之交，外省奔竞之习输入京师，侈然以声色货利相尚，而前辈淳雅之风几于扫地矣。汪穰卿笔记载闽京官四人为食鱼翅之会，费至数百金。有为诗嘲京官者曰：

六街如砥电镫红，彻夜轮蹄西复东。
天乐看完看庆乐，惠丰吃罢吃同丰。
头衔强半郎员主，谈助无非白发中。
除却早衙签配字，闲来只是逛胡同。

喧寂雅俗之殊，一至于此。民国以来，京曹多以兼差相夸尚，除其本缺之俸三五百元外，在他部更挂一名，辄又得二三百元，黠者至月累数千元。民国九年以后，度支枯竭，政费不给，则千元之禄亦仅可抵二三百元而已。其奖励奔竞，殆弥甚于前清。然其中不缺读书清修之士，衙期而外，徜徉人海，自乐其乐，犹有承平之遗风。今北平有名学者，多自彼时养望而成今日之伟业也。

## 八八　九陌

睹丹垣之隐赈，览绿树之扶疏，驰道迢迢，其直如矢，此故都九陌之美也。经途九轨，国有常经，古昔建都规模，类以衢路四通为原则。汉之两京，中为驰道，唯公卿章服者得以遵行，两旁则行人一往一来之道。汉人常用驷马车，其宽亦可想矣。唐制：宰相行沙堤。沙堤者，于街之中央，铺沙隆起，以示尊异，则亦非广衢不办。宋以后古代一切文物制度逐渐崩坏，街政始不复修，遍国中无不苦行路之屈曲拥挤者。汉唐之盛已不复存人心目。惟有燕京承辽金之旧，元世祖、明成祖二主又以雄略著称，宏规大起，犹存古制。全城除净业湖及三海为水势所限不能取直外，余皆经纬相错、起讫分明。街巷虽多而径路甚简。即素未来游者，一览地图便可了然。又标准建筑物甚夥，无论置身何地，不难一望而辨方向也。庚子以前，御道高出地平，辇辂经过，辄敷以黄土，平日则唯舆马可行，重载车悉遵两旁土路。庚子后，改修马路，逾形广阔矣。然当全盛之时，内城通衢皆是客房，整齐如一。年久而后，官厅堆拨（营兵驻房）及临时售物之棚肆，逐渐侵占，官道始觉稍狭。试至正阳门牌楼及东、西四牌楼一验牌楼石脚，可知当日官道之宽犹在今日一倍以上。更检《东华录》《金吾事例》等书，屡申禁令，卒等具文，有由然矣。尝阅嘉庆中之《唐土名胜图荟》，西直门月城中已有售物之肆。纪文达尝举宣武门月城内之“大六壬市招”对“小二酉书肆”，至今此项命馆卦摊犹在。（最近宣武拆去月城始已。）可见乾、嘉以后市衢已欠整齐矣。

庚子后，大兴马路工程，主其事者殊缺远图，商人复恣意渔蚀公帑，致路基不固，又不修暗沟而仅以砖砌明沟于路旁，大为观瞻之碍。又都中重载大车铁轮最易伤路，往往填修不久，辄复坎坷。民国九、十年间，市政公所曾制定标准铁轮，增加宽度，又严禁大车经行马路，始稍获保全。然市政经费支绌，仅修新华门前柏油路一段，余皆仍为石渣路。直至近二三年市政府成立，路政始渐可观。不独通衢，即稍宽之胡同亦纷起而修马路矣。

秦始皇之筑驰道也，树以青松而隐以金椎，盖路之砥平，必赖坚筑。往时惟城外有石道，而城内通衢仅中央御道稍坚，余皆泥土，久晴之日，车轮一过，尘起涨天，塞人耳鼻，尘中又杂马矢，秽恶令人欲呕不得。若遇大雨，则足底尽为泥泞。北人不惯徒跣，虽涂泥满其履屐，仍复蹒跚而前，此状尤令人不耐。昔人“无风三尺土，有雨一街泥”之句，真写实也。南人至北，无不厌苦之。凡曾至南方者，皆熟知其城市湫垫污浊，天又恒阴，檐溜淅沥，街泥滑达，亦实为行旅之苦。顾彼有一长，则街中多铺石耳。北方少雨，除夏季外，经月不闻潇潇之声，殆以少雨之故，遂无人注意筑路邪！自修马路以来，此患亦蠲。惟胡同之中遇雨仍不易行，近年南北气候互易，夏雨亦较往年为繁，此事还须整顿。

有清盛时，东西郊皆有石道，西直门外直抵淀园，巨石方整，最为伟观。民国以后，改修马路，即以此石移砌路旁，作人行道。然支路仍沿旧未改，若赴燕京、清华两校，尚可见当时原状。此道最后一次之修理，在道光十一年，时当一八三一年，于今适逾百年。《东华录》载是年上谕，因恩慕寺前（燕京大学门前）有石数块，已现拆痕，申诉承修人员。足知其时纪纲已渐弛废，履霜坚冰，即此其肇端矣。夫国力之盛衰，即小事可验。故《汉书》言宣帝中兴，百工技巧咸得其用。嘉、道以后，工艺一切皆呈退化之象。即以建筑而言，光绪间之颐和园已逊于静明园，而宣统间之摄政王府（民国二十年为市政府）竟至窳陋不堪寓目。此论北都建筑者所不可不知也。虽然，试涉足于此纵横巨石之间，见石上辙痕岁久积成巨罅，仿佛若睹百年以前文武衣冠昕霄奔走、车马趁趄之状。百年几何，街石犹在，而人事已全非矣。王闿运之诗曰：“长堤珂噾往来路，谁信如今走狐兔。”石若能言，其感慨为何如耶！

古者建国，甚重沟渠。汉、魏、唐都城皆有御沟，唐人尤艳称之。明沟本古制也，但古之沟广，水脉贯通，林木荫覆，不仅资宣泄之用，亦以助游观之娱。想其为状，当极靓雅。元、明建北京时，其沟渠之制本至精伟。计东有玉河，西有大明濠，皆自北而南，以泄东西城之水。金水河自禁城西北引入，横天安门而过，以会于玉河，以泄大内之水，其他地之以河名者，皆沟渠之类，若臭水河、泡子河是。都城以内，有此点缀，以时启闸，源泉滚滚，萦拂市街，亦犹古意也。康熙中，上谕曾开掘禁中暗沟，乃以精铜制成者。圣祖因言明人之侈。然为久远计，自不得不然。自禁中以至于四城，沟管遍布，惟皆以砖石砌成，非复铜制耳。历年既久，时苦淤塞，故每年常须疏浚。有清一代，屡以诏书饬令疏浚京师沟道，然后免于水患。当开掘之时，泥土翻腾，恶臭四达，行人必佩苍术、大黄以辟之，或有中恶而毙者。光绪间，人以“开臭沟”对“张香涛”为谑，即指此事。往时，居京师者以此为苦可知。然此亦惟南城狭巷为然，内城大街亦不尔也。大雨之后，曾不转瞬，积潦已除，从无积水没胫之事。皆由沟渠之制夙备也。当时建国贻谋之远若此，数百年后人人蒙其利而不知其所以然，古帝王之功不可没者，此类是也。

北都街市既皆经纬分明，行人绝无迷路之患。加其路牌指示分明，每牌必书明某街南口抑北口，每户门牌亦逐一注明街名，使人知所循导。所可惜者，民国以来警厅屡改街名，如羊肉胡同改为洋溢、臭皮胡同改为受璧、奶子府改为乃兹府、鸡鸭市改为集雅市。不知街名自含历史性，岂容任意易以毫无意义之名，使后人忘其来历耶。警厅不学无识，宜其若此。今后市政府宜一切改从其朔。纵使患其字不雅驯，亦应酌易音义相近之字，仍考证旧籍，以其原名附载其下。庶乎古迹不泯耳。

## 八九 光棍

都市社会中例有作奸犯科、愍不畏死之匪徒，自成团体，为社会之蠹，《汉书》所谓“长安恶少年”者也，北都谓之“光棍”。三十年前，其势尤横。王侯与之为伍，刑网所不能施。大抵其人亦分数等，家有资产而游手好闲喜与人事，时复急人之难，若古游侠之为，此其上焉者，号曰“阳面字号人物”；有恃血气之勇，睚眦小怨，则以白刃相加，断脰决腹而不悔者，号曰“乌儿鬼光棍”；其专事窝娼聚赌、抗官拒捕者，俗谥之曰“手提脑袋找饭吃”，盖等而愈下矣。

别有所谓“两个手指头”者，相传本为娈童之号。贵人多好男色，此辈挟其主之威势以横行于市井。市井中有欲设娼寮、开赌馆者，必先与一光棍联床第之好，俨如夫妇，谓之保驾，则其营业可得保障。此种娼寮在西直门外之黄土坑、朝阳门外坛夹道、德胜门外校场边。赌局亦然，多在郊外。

光绪庚、辛之交，有“西城梁德宝”“东城小松七”之谚。二人皆贵胄之娈童而兼娴武技，专以逼良拐卖为事，徒党如云，横行里巷，莫之敢诘。其服御至为诡异，以库金（金色之丝织品）为袒衣、彩绣为襜褕，绣履罗袜，非男非女。其额际以指掐作小十字文，累累若贯珠，两鬓各贴小药膏而饰以蝴蝶。服之不衷若此，而可招摇于辇毂之下。妖由人兴，识者早知纪纲之扫地矣。民国以后，警政稍严，此辈光棍亦敛迹矣。

## 九〇　茶棚

凡进香之地有茶棚善会，乃古代社之遗意也。社本为民间公有之信仰，于是于祭神之际，为饮食宴乐以娱与祭之人。既有饮食宴乐，则不能不有团体之组织。《春秋》："公如齐观社。"《鲁语》说此事云："齐弃太公之法而观民于社。"盖已近于后世赛会之举。《汉书·陈平传》云："里中社，平为宰。"《御览》引《董卓别传》云："时遇二月社，民在社下饮食。"皆可见古人以社为公众娱乐之机会。魏、晋间，社之组织有所谓社老、社正、社史、社民，由此渐变为公众集会之团体，近今"社会"一词，初意如是也。

妙峰山在京西北七十里，宛平县属之玉河乡，由西直门出城，过颐和园渐入山谷，凡有四道：曰中道，取大觉寺；曰中北道，取北安窠；曰南道，取三家店；曰北道，取聂各庄，以南道为最幽胜。山行险峻，绝顶高寒，每至香期，沿途置备饮茶、给膳、更衣之所，宵间更然灯烛，以照夜行。此皆富而好施者所醵资共建，而负贩博利者亦群趋之，所谓茶棚善会者此也。庙祀碧霞元君，与齐化门外之东岳庙相为表里。（按：汉、魏间，人以泰山为主人生死之神，《盐铁论》《风俗通义》皆言泰山进香之事，故此风沿袭自古，为吾国宿有之信仰。）

据奉宽《妙峰山琐记》，历考其缘起，谓：

茶棚在丰台看丹村药王庙者，启帖谓始于前明万历戊寅年，即京师各关厢之茶棚庵，至近亦必建自明初。其他各会，类如白纸神帐之举，则自万历十三年创立于朝阳门地东岳庙。“杠子”为古都卢寻橦遗意，“高跷”“秧歌”即《列子》之宋人双屐，“狮子”见白香山诗，“五虎棍”相传是宋时太庙乐舞，“十不闲”本名“凤阳歌”，谓起自明太祖。

此于古今风俗之变，参得微意矣。盖都市生活未发达以前，民众不能无娱乐之机会，惟有岁时令节、报赛明神，得于其间杂陈百戏，欢欣鼓舞，为尽日之娱。杜诗所谓“闾阎儿女换，歌舞岁时新”，真能状民间风俗也。奉氏又云：

综各路新旧茶棚善会社火，自光绪庚子前以迄近岁，见诸各处启帖暨灵官殿石刻题名，并汉军寿麟氏所钞记者，得三百十余，其实尚不止此……承平之世，京郊顺直随处皆有，莫能详也。凡社火以未朝妙峰山者为耻，侪辈轻视之。通例又以曾经奉御者为皇会，许用黄旗、黄幌，且以“万寿无疆”四字标榜其笼望焉（笼望者，揭字于旗或笼以为徽识之谓）。

明刘侗《帝京景物略》记当时庙会情状云：

岁四月十八日，元君诞辰，都士女进香。先期，香首鸣金号众，众率之如师如长，今如诸父兄月一日至十八日，尘风汗气四十里一道相属也。舆者、骑者、步者、步以拜者、张旗幢鸣鼓金者、舆者贵家、豪右家、骑者游侠儿、小家妇女，步者窭人子，酬愿、祈愿也。拜者顶元君像，负楮锭，步一拜，三日至；其衣短后，丝裩光乍袜履，五步十步至二十步拜者，一日至。群从游间，数唱吹弹以乐之。旗幢鼓金者，绣旗丹旐各百十、青黄皂绣盖各百十、人首金字小牌、肩令字小旗，舁木制小宫殿，曰元君驾，他金银色服用具称是。后建二丈皂旗，点七星；前建三丈绣幢，绣元君号。桥旁列肆抟面角之曰“麻胡”，饧和炒米圆之曰“欢喜团”，秸编盔头幞额曰“草帽”，纸泥面具曰“鬼脸”“鬼鼻”，串染鬃鬣曰“鬼须”。香客归途衣有一寸尘，头有草帽，面有鬼脸，有鼻有须，袖有麻胡，有欢喜团，入郭门轩轩自喜，道拥观者啧啧喜；入门，翁、妻、妪、子、女旋旋喜绕之。然或醉则喧，争道则殴，迷则失男女，翌日烦有司审听焉。

此段文字艰涩，不离明人窠臼，然凡曾于四月间至北都者，于西直门内外遇此等形状，辄深叹其妙肖也。奉宽所记，补入近时风俗如次：

> 灵感宫外有卖绒彩蝠、胜花蝶、抹额之类者，为福儿，回香人买戴头髻，谓之“带福还家”。戴、带，蝠、福，音同也。山人伐岭后，挑枝市之，曰“挑木棍儿”；下山者，人枝一挺以行，携至家用以闩门，云可辟恶。上山者曰“宝香”，下山者曰“回香”。不分何色人，见面每以“虔诚”二字相问讯。有山舆，乃一圆椅，上施人字帐，唾盂、布拂皆具，四人舁之行，名“爬山虎”。乘者无分男女，拥裘帕首，袨服靓妆，锦簇花团，照耀岩谷。亦有村儿闲汉，以荆篮代客负行李，名“山背子”。光怪陆离，发扬踸踔，看取村歌社舞，依稀复梦升平也。

近数年当道严旧历之禁，独此事尚不能划除，良由乡村男女，别无娱乐之可言，人情所趋，难于悬法以待，是在政府因势利导，去其迷信而发扬其社交精神，使民智日开而古风仍不尽泯，斯为可耳。

## 九一　同仁堂

往日都门药品，见重于远迩，不独人参、鹿茸出自北方，入都者必购以分贻亲友。其他特制之丸散，驰名甚久者，几指不胜屈。略举其尤在人口者，如同仁堂之“七厘散”，治跌打损伤；王□□之“狗皮膏”，治虚寒；马应龙之“定州眼药”，治昏翳；一小堂之“独角莲膏”，治肿毒；雅观斋之“保赤散”，治小儿惊风，皆有神效。尤奇者，东安门大街之东安堂所售“百效膏”，限于四月初八日尽一日卖之。天甫黎明，已有剥啄肆门求市者。至午后申酉之间，存货已一空矣。则必预定若干，至五月二十六日补卖一日。此盖肆主工于心计，故神其说以居奇而速售也。此物传云能治百病，既非内服之品，病家往往乐于一试，偶有效验，声誉遂增。又“万应锭”能泄内热，北方气候亢燥，冬季日近炉火，易致内热之疾。偶有小恙，服之最宜，则各店皆售之，非一肆所得专也。其他自称秘方配合出售者，不能一一举。

药肆获利最丰，以同仁堂主乐氏为巨擘。创自康熙年中，其分店遍于四城，远及津、沪，历年久长，子姓蕃衍，封殖之厚，近古无匹。与开瑞蚨祥绸缎店之孟姓相颉颃，而营业之盛又过之。此两家皆《货殖传》中人物，惜无史家传之耳。

南城参茸店为豪贵之营业，例如兼售他药，其闬闳高大、栋宇浓丽，拟于王侯之居者，比比皆是。不似同仁堂之湫隘嚣尘，不改数百年前旧观也。其营业大与时代相背驰，恐不能久存矣。

## 九二　骨董

燕京中冷摊小肆常可得贱值之物，惟须有闲工夫耳。前人所记不一，兹汇述之。

隆福寺逢九、十日有庙会，有王翁抱幼孙，年方十岁，往游。见一紫檀界尺，甚爱之，强翁买归玩弄。偶击几上，豁然一小抽屉脱出，中藏东珠十枚。翁狂喜，骤获珠售价，加以营殖，遂成巨室，人呼为“珠子王家”。

又一士人偏游东华门，见骨董肆中悬小皮篁，时夏月，思衬腕作书颇凉爽，以二百余钱得之。数日皮缝裂，中藏东坡行楷十幅、倪迂山水十幅，皆真迹也。售之得二十金。

黑市大抵皆鼠窃辈，诈伪百出，贪钱购觅，往往被绐，亦间有获厚利者。桐城方某乘夜往市，一人以袱裹一裘求售。扪之袱颇光滑，裘亦轻软，以贱值得之。迨晓起视，则锦袱裹貂裘一袭，不觉狂喜，展裘堕地有声，又得珊瑚数珠一串，鬻之，陡获千金。

杭州张某游京师数年无所遇，困极欲归，苦难就道。闻多棋竿庙神甚灵，凡人命注财禄皆可预借，验后酬以棋竿或二或四，久而成林。张因往祷，夜梦神教其往神武门以俟。醒而异之，如言往，竟日杳然，如是月余，寖倦矣。一日，候至日中，饥甚，姑向饼师谋果腹。见壁间荒货店有铁象棋一合，漆光黝然。张素嗜此，出数百文买之，持合回寓。进门蹉跌，合碎，子抛满地。有一二子略致堕损，微露黄质，细视皆浑金而外涂火漆者，秤之得百四十余两，遂拥赀归。

## 九三　万寿点景

清代帝、后万寿盛典例有点景，谓于宫廷衢巷建彩坊、剧场以申庆祝也。最后一次为慈禧后七旬万寿，今西直门大街尚略存官房遗址，可想其盛。顷读李绂《穆堂别稿》，有《万寿图记》一篇，述康熙中由畅春园点景直至大内之次序，可谓大观。略述如次：

> 畅春园宫门起，结大彩坊，门外清梵寺建经坛。其东太平庄有通州回民陈鱼于道左。稍前为淮扬耆民及漕运旗丁进物。又前为木质竹理之剧台一。又前为葡萄长亭，以绿彩为葡萄，横荫数亩，旁翼以百婕小轩，外周以花篱。前至皇庄关帝庙，二旁为松亭。又前，松墙百余丈，路左鳌山重台，前为牡丹圃，圃下为荷花池。自太平庄以往皆夹道，灯墙彩廊，凡三里，为皇棚。彩帘黄幔，左右为园林小景，是为苏州臣民庆祝。以后各省皆如之。入西直门后，则为王公部院百官所结彩坊、经坛、剧台等，由西四牌楼起陈设乐器，由西安门起陈设卤簿。大抵点缀景物，不外屏联、彩幛、花树、古玩、百戏、灯火、鼓乐，无论辇路取径与否皆如之。

太平时，酣熙奢纵一至于此。洎于今日，已如春梦无痕。惟故宫所藏内务府档案尚略有可考见者。外间私家所记，当以李氏此文为最详。

## 九四　崇文门

崇文门税务为有清一代秕政，入京者无不苦之。按其原意，本以抽收茶、酒、烟、布等税，每年额征，据《户部则例》所载仅十万两有奇。乃主其事者，辄纵容差役，任意讹索。雍正二年谕旨已云“崇文门收税及分委各口收税之人亦有多方勒索、分外苛求之弊。京师为四方辐辏之地，行李络绎，岂宜苛刻滋扰”等语。嘉、道以后，屡有严行申饬之旨，谕旨中并有“每衣箱一只勒索银二两至八两之多”之语。是在上者非不知其弊，特以此税为内务府人所把持，积蠹相需而不肯去耳。民国以来，犹沿故习，不属于财政部，而直隶于总统府。直至民国十九年北平市政府改组，始彻底去之。往时火车入站尚须受一度之搜索，今免此厄矣。

明代入京之税，重河西务、张家湾，而不重崇文门。据《明史·食货志》及《明会典》《实录》言：

> 宣德四年，以钞法不通，由商居不货税，由是于京省商贾凑集地、市镇店肆门摊税课，增旧凡五倍。委户部御史、锦衣卫、兵马司官各一，于城门察收，

> 钞关之设自此始。成化中，又令顺天府委佐贰官于崇文门宣课分司监收商税。御史陈瑶言：“崇文门监税官以掊克为能，非国体。”乃命客货外，车辆毋得搜阻。嘉靖初，革京城北门之税。万历令初商货进京者，河西务给红军，并纳正条船三税；其不进京者，河西务止收正税，免条船二税。

是明代虽有崇文门税关，尚非所重也。

## 九五　市招

寄园《寄所寄》云：“市肆初开，必盛张鼓业，户结彩缯，贺者持果核堆盘，围以屏风祀神。正阳门东西招牌有高三丈余者，泥金杀粉，或以斑竹镶之，或又镂刻金牛、白羊、黑驴诸形象，以为标识。”《都门纪略》亦云：“如大栅栏、珠宝市、西河沿、琉璃厂之银楼、缎号，以及茶叶铺、靴铺、药铺、洋货铺，皆雕梁画栋、金碧辉煌，令人目迷五色。”近日门面多已改从洋式，而堆红缕翠仍守旧风。一过闹市，真有五色令人目盲之感也。

肆招例用成语。《野获编》载都城名对，如“珍珠酒”对“琥珀糖”，“诚意高香”对“细心坚烛”，“细皮薄脆”对“多肉馄饨”，“椿树饺儿”对“桃花烧卖”，“天理肥皂”对“地道药材”，“麻姑双料酒”对“玫瑰灌香糖”，“奇味薏米酒”对“绝顶松萝茶”。此是明万历间通行之语，今则惟地道药材尚沿用之，余均未见矣。相传纪文达亦尝集市上招牌为对，如“神效乌须药”“祖传狗皮膏”，“追风柳木牙杖”“清露桂花头油”，“博古斋装裱唐宋元明名人字画”“同仁堂贩卖云贵川广地道药材”，则今尚大致无异。

写市招之字最有名者，严嵩之“西鹤年堂”及“六必居”矣。余惟琉璃厂等处书籍、文玩铺尚间有名手笔。光绪季年风行王垿之字，有“有扁（匾）皆书垿，无腔不学谭”之谚。垿为山东翰林，鲁人之营商者相率标榜之，实则陋劣不能成字也。近日王府大街一带渐多用新艺术体之字矣。

## 九六　纸坊

彰仪门内白纸坊一带，居民以废纸入池，制为各种粗纸，以博微利。地以此得名。街巷中有负筐之贫妇沿门乞字纸，而以火柴一二盒为酬，曼声唱曰“换取灯儿”，即为此也。制成之纸号曰“还魂纸”。其中往往仍存字迹，迷信者以为亵渎字纸，辄创为惜字会馆，聚而焚焉，以免践踏。其实乃至无意识之事，而其历史亦颇悠长。赵怀玉撰《梁家园惜字会馆》云：“吾乡惜字之会，康熙间先恭毅公创之，京师无有也。乾隆三十九年同里施君铧等始于梁家园捐金购屋。”《顺天府志》云：“近来官京师者捐办不止一处，而梁家园惜字会馆实创始焉。”

## 九七　仓

往日南漕到京，积米之仓皆在东城一带，取其自通州起运，卸装为便也。计朝阳门内有禄米仓、南新仓、旧太仓，东直门内有海运仓、北新仓、富新仓、兴平仓，其在城外者犹不止此数。每年各省漕粮四百七十三万余石，百官俸禄、京旗兵饷皆取给于是。据《会典》取（所）载：建仓之制，每仓以五间为一厂，每间七檩六椽；每廒顶各开气楼一座，廒底砖砌，上铺木板，廒门及墙下均开窦穴以泄地气；每仓有官厅、官舍、科房、石坝、土垡。自庚子以后，废河运，仓皆弃置。民国以后，改为陆军被服厂及医院。然旧日之仓书，多以侵渔致富，今犹间有存者。改革以还，旧染污俗多未能一一洗涤，惟书吏与奄（阉）宦为千百年来政治之蠹者，则铲绝其根株。仅能闭门度其优闲之生活，不敢复出而多事。古人有知，应亦许为快事也。

## 九八　正阳门楼

正阳门谯楼、敌楼之间，原有月墙。而中华门（旧大清门）以内复有千步廊，是为元、明以来旧规。岁月既久，商民麇集于此，资以营业，俨然商场。环月墙东西谓之荷包巷，行人辐辏，毂击肩摩，以事出入者转以为苦。都门《竹枝词》有曰："五色迷离眼欲盲，万方货物列纵横。举头天外分晴晦，路窄人皆接踵行”，可想当年景物之繁丽。庚子之役，焚毁无遗，嗣后修复门楼，其余遂不可恢复矣。民国二年，国务院有规画全城电车之议，由内务、交通两部组织委员会，决议将东西月墙分别拆改，东西各辟二门，凡工程费十八万余元，收用民房又七万余元，四年年终工竣，于是崇楼翼然、周衢洞辟、石阑芳草、别成境界。若能将两车站附近恶劣之广告牌一并拆去，则国门尤壮观。顾自十七年以后，将正阳门敌楼改为电影院，近又改为国货陈列馆，市容狼藉愈不堪矣。

正阳门月墙内左右列关帝、大士庙各一，由来甚久。关帝庙似尤古。寄园《寄所寄》云：“关夫子庙独显京师正阳门者，以门近宸居，在左宗庙、右社稷之间。朝廷岁一命祀，万国朝者退必谒，辐辏至者必祇祷也。祀典岁五月十三日祭汉前将军关羽，先十日太常寺题遣本寺堂上官行礼，凡国有大灾祭告之。万历四十三年十月十一日，司礼监太监李思赉捧九旒冠、玉带、龙袍、金牌，牌书‘敕封三界伏魔大帝神威远震天尊关圣帝君’，于正阳门祠建醮三日，颁知天下。祠有焦竑撰、董其昌书碑。自明以来，京师士女香火不绝。京朝士大夫颇喜往问休咎焉。”《王阮亭年谱》《李越缦日记》皆详载之。又俗传明世宗以宫内所祀关像形小不惬，命工制一大者，既成，就卜者问焉。卜者曰，旧像永受香火，新像命运远弗如之，世宗乃命以旧像付前门守城卒，而祀新像于宫中，意以窘卜者，不谓卒如其言也。其相对之大士庙，相传明庄烈帝闻洪承畴殉难，建祠以配关公。嗣知已降，撤之奉佛，皆不甚可信也。

# 《杶庐所闻录》补遗

## 一　丁宝桢遗事

丁宝桢督川时，创办川盐官运，恢复黔边积滞，剔除中饱，岁赢百万。并以盐局平余抵补将军司道，裁撤陋规之需。乃以结怨自流井商汪余照之故，致被贿串言官吴镇参劾，派恩承、童华查办，几致推翻全案。最可笑者，宝桢创办机器局购地建屋，不过数万金，而恩承专以为糜费，覆奏后，朝旨遽命停办。停办未几，又令恢复，朝政举措不定如此。然如宝桢之刚果，犹能为慈禧所优容，未深中奸人倾陷之计。以视末年之黩乱纪纲、颠倒黑白，犹为有间矣。

## 二　勘案官被害

嘉庆间，江苏试用知县李毓昌奉大吏命赴淮安勘水灾。山阳知县王伸汉者，贪吏也，有冒增户口事。李欲举发，伸汉惧，求知府代为缓颊，李力拒；又遣其仆包祥乞李之从者以贿进，李又厉声斥之。包祥惧，因即以贿赠从者，共害李以灭口，夜以毒酒进，未死，又以帛缢之。后其柩归家，家人检遗衣，得血迹，乃雪其冤。事见《东华录》。

光绪己丑，有山西知县王勋立者，曾任静乐县令。因案降调县丞，由晋入京，坐骡轿至获鹿，住客店。其仆王升、王香乃父子也，商同害王，谋取财物。夜五鼓，王勋立已睡，王升到柜房称主人与获鹿县官有亲，拜访未回，取灯往接。移时回，言主人在县有事，迟日始发，令王父子先行。店主信之不疑。王升回房，遂将王勋立掐毙而支解之，装入衣包，拭净血迹，遂行。行至定洲清风店，夜中乘便掷入所住店后井内。适值隔院有寓客如厕，于暗中墙缺窥见之。翌晨，告店主意必窃藏银物也，共出之，见尸大惊，报官。卒追获之。事亦相类。

近者，民国二十一年十月河北广平县长孙房有被县公安局长张汇川谋害之事。张汇川者，奉军马弁出身，目不识丁，粗暴异常。某日以擅罚金丹犯二十人，为县长所闻，严令即日送案，汇川心已不快，又读令文内“羁押”字为“霸押”，遂率武装警察，持令向孙氏寻衅，语言冲突，当场撕毁令文，梔（砸）碎灯碗。孙氏愤甚，欲调保卫团拿办汇川，径（经）人调解而罢，乃自缮呈请晋省。汇川知孙氏晋省，将不利于已也，遂贿嘱护警及车夫于中途刺杀孙氏以期灭口。孙氏自广平北上，道经肥乡，缘与肥乡县府中人同学相稔，留宿一宵，次晨登车，复有电话局长求附车而行。凶手恐无隙动手，遂于车离肥乡不远之际，数人共挟孙氏以刀刺咽喉致死，弃刃道旁，后返肥乡县府，伪报病重。幸行凶之地正在第四十军庞炳勋所部汛(汛)地以内，岗兵见其行迹诡异，即时报告长官，拘至军部。庞氏素知孙氏廉正，张汇川跋扈无状，严鞫汇川，果认主谋，遂与从犯七名共伏极刑。事见《河北月刊》第一卷第一期。

## 三　太仓王氏遗闻

太仓王氏自文肃公锡爵后世泽最长，其簪组蝉嫣尚不足奇，所最难者，烟客而后有麓台，麓台而后有蓬心。画家辈出，不坠所学。而烟客寿至八十九，烟客之子九人，名撰者寿八十七，掞八十四。麓台为烟客之孙，寿亦七十四。其子謩亦能画，寿至八十六。一门寿考，似所得于天者独厚。近人汪曾武所撰《外家纪闻》述王氏事甚详。云文肃终身无二色，晚年呼二小婢侍寝温足，没后遣嫁，依然处子，盖寡欲之效欤。

王氏当明万历中，富贵煊赫一时。文肃构燕喜堂，为燕居之所，南临大街，北达州西，东至白虎巷，西逮南牌坊，对岸立照墙，规模宏敞。烟客晚年以堂之中左房屋授颛庵相国掞，右偏之屋分授二房，后烬于火。惟大门及堂后之五间内厅独存，占（右）偏惟存小书厅。颛庵得罪之后，其子代父效力军台，家业渐微。后人以岁修（脩）不支，拟售于毕秋帆。既有成议，子姓大愤，麇集堂中，号哭声闻于外，秋帆乃寝其议。咸丰庚申之乱，堂毁，惟后厅及大门尚存。光绪己丑，霪雨为灾，厅亦倾圮，仅存大门一座云。

文肃曾筑南园于城南，有秀雪堂、潭影轩、香涛阁诸胜，老梅一株，名曰瘦鹤，亦以咸丰庚申之乱毁于兵。同治中，州牧合肥蒯子范葺而新之。梅则老干着花尚无恙。

烟客则辟吴塘西之野，筑园以居，自号西田老人。西田有水槛，扁曰“达原处”；又筑小阜，上建一阁，曰“霞外”。辟新溪以养鱼，其亭圃有“锦镜”“鱼隈”等名。水阴处作小亭，启东轩则娄江如画，面北窗则虞山如障，颜之曰“垂丝千尺”，曰“可画”。文肃时有太湖石高丈余，宛转玲珑，手书“停云”二字勒于上。近下稍平，能容二三人坐，一拳石峙于旁，若香几然，可以置若碗、列壶觞。烟客延华亭张南垣布置乐郊园，移而实之。乐郊园盖即西田也。

以上均汪氏《外家记闻》中语。

## 四　晚达

黄冈刘子壮克猷，顺治六年状元也，克猷生明季，早负文名，尝梦登甲第，出朱之弼门下。偶见童子自塾归，甚颛俊，讯之，则朱姓，之弼名，讶曰："吾岂当为弟子邪？"及入清，始大魁天下，其时分校礼部试者果之弼也（见《先正事略》）。此事殆即《儒林外史》所载荀玫事所从出也。

父子师弟同榜事殊不鲜见，潘世恩《思补斋笔记》尝历举之。

## 五　卢荫溥遗事

德州卢文肃荫溥，雅雨之孙也。雅雨以官两淮盐运使任内提引事，为后任所讦，获罪籍没，子孙遣戍。荫溥之父谦由汉黄德道落职发军台，时荫溥方八岁。越三年而蒙昭雪，赐还，以同知候补。荫溥旋连捷入翰林，甫二十二也。然十年不迁官，复以乾隆辛亥大考三等改主事，直至四十九岁始得升鸿胪少卿。翰林阅二十七年始得至五品，可谓迂回之甚者。然其间典试督学入值枢垣，复屡派查□，轺车四出，几无虚岁，官虽不迁，任乃日重。及嘉庆十六年，遂以戴衢亨、吴熊光故事加四品卿衔，充军机大臣。秉政十年，始罢值。然仍得大拜，年登八秩，重宴鹿鸣。早达而晚遇，其经历最奇。

卢氏明于初始由涞水迁德州，其八世祖宗哲以光禄卿忤严嵩归。荫溥生于甘井胡同，见其自订年谱。

## 六　故都富室

近日故都富室，首推乐氏、孟氏，乐氏业同仁堂药肆，孟氏业瑞蚨祥绸缎肆，海内无不闻者。然以较承平时代，恐尚不如。《啸亭杂录》所记富民，今竟阒无嗣响。其略云：

> 京师如米贾祝氏，自明代起家，富逾王侯，其家屋宇至千余间，园亭瑰丽，人游十日未竟其居。宛平查氏、盛氏，其富丽亦相仿。然二族喜交结士大夫，以为干进之阶，故屡为言官弹劾。怀柔郝氏膏腴万顷，喜施济贫乏，人呼为郝善人。纯皇帝尝驻跸其家，进奉上方水陆珍错至百余品，其他王公近侍以及舆佁奴隶皆供时费，一日之餐，费至十余万云。王氏初为市贩弄童，后以市帛起家，筑室万间，招集优伶，耽于声色。近日其家已中落，然闻其子弟云，器皿变置犹足食五十载。

## 七　周荣曜

前清广东海关监督为内务府旗员优差，一年一任，可嬴数十万，其实窟穴其中蠹蚀国帑者，尤在书役。监督特供其玩弄，分其余沥而已。盖关税向不归库，故库书得以侵盗税银，视若私物。监督每负重债而来，不能不与库书通融挪垫，库书遂肆其挟制，为所欲为。光绪之季，岑春煊督两广，请以总督兼管。接管一年，即溢额四十余万，旧日关书，悉予裁汰。其中有周荣曜者，原名周兆熊，于光绪九年承其母舅传广遗缺，充粤关书办，至十九年辞退，而以堂兄周启慈接替，朋充分肥，累资数百万，筑室香港，富莫与京。且辇巨金贿奕劻，竟得候补三品京堂，简放出使比国大臣。春煊夙闻其富，欲乘其来谒，勉令报效巨款。周亦黠甚，迄不肯离港一步。及奉使诏下，春煊大怒，立具折揭参，而周被革职矣。虽竟未能查抄家产，一时舆论颇为称快也。原折略云：

> ……自光绪八年至十八年册报征收洋药税银数目，较总税务司呈送折开收数少银一百六十万有奇。此外重支冒销，不一而足。约计周荣曜所盗各款，总在二百数十万两。其弊总由于银在其手，历年奏销，历任交代，由其任意捏造，故得恣盗公帑，骤致巨富。至于居室之美、妻妾之奉、房产之多，粤之世家罕与伦比，此固绅商士庶所异口同声也。……臣亟思扣留周荣曜，奏请革职监追，查抄家产，将其侵盗款目悉数追出，解济练兵要需。无如周荣曜巨猾神奸，情虚畏罪，自臣由梧旋东，乃匿迹香港，不回省城，

> 而其美产重资，又在香港，不得其人，断不能尽覆其囊。故未便稍露声色，致使远窜异域，更得逍遥法外。因是踌躇数月，迄未得当。今周荣曜蒙恩简放，出使比国大臣，行将入觐。此等巨蠹，若果衔命出洋，势必辱国偾事。合无仰恳圣明，赫然震怒，俟周荣曜到京时，密降谕旨，革职拿交刑部，派员由驿押解来粤，查追关款，按律治罪。

其后春煊入都陛见，面参奕劻贪货鬻官，慈禧询以实据，春煊即举荣曜事以对，慈禧亦为之默然。盖荣曜不独贿及贵近，且贿及宫廷矣。

## 八　女道士王韵香

嘉庆间，无锡有女道士曰王韵香，有盛名，当时名流乡（卿）相多与稔狎。事逾百年，知者渐少。今按：麟庆《鸿雪因缘图说》中曾详述之。其言曰：

> 嘉庆己巳，舣舟惠山，访女道士王韵香于双修庵。韵香姿仅中人，而腹有诗书，别具出尘之致，惟名心未退，询知余十九登进士，意甚欣然，面写墨兰以赠，寻留馔。自言近在卞玉京墓侧种梅百本，涅槃后将葬其旁。

韵香风雅如此，然交不择人，以致暮年潦倒，雉经（自缢）而死，死时年四十九矣。

龚佺《耕余琐闻》云：

韵香住东门内双修庵，亦已削发，自号清微道人，貌不甚美，而举止大方，吐属闲雅，小楷仿《灵飞经》，兼善画兰。其所居三面玻璃窗，陈设精洁，凡往来达官贵人路过必相仿（访），藉为游息燕饮之所。倘留酒饭，只旁坐不共席。最为顾某所眷。题画诗每为代作。因为顾子屡次借钱，用过千串，又借两金钊（钏），诸徒啧有烦言，遂致气愤自缢死，时年四十九。正在料理开正做寿诸事，礼物已收不少，乃一旦遽轻其生。林少穆制军曾赠以“素心书屋”扁（匾）额。

张际亮《金台残泪记》云：

锡山尼韵香工画兰，居双修庵，与某侍郎中丞制军先后交狎，去年小除夕竟以情死。

《常州语录》引《听秋声馆词话》云：

女冠韵香能书画，貌已容为《空山听雨图》，山舟学士首题一诗，遂遍征名流题咏，享艳名二十余年，后因事自经死。陆祁生悼以诗，有云："如何病榻都无分，海燕惊飞出画楼。"（按：祁生，陆继辂也。）

《听雨图》之历史，亦为嘉、道间一珍闻，叶衍兰曾为之序云：

> 此清微道人《空山听雨图》也。道人姓王氏，名岳莲，号韵香，又号玉井道人。少为比邱尼，年十九，畜发为女道士。尝倩鹤渚散人为作《空山听雨图》，一时名流题咏殆遍，前后至五百余家。道人择其尤者，刻成二卷，芳茂山人为之序。无何，图竟为人窃去，道人怅惘不已，因倩瑞芍主人补写一图，续题亦数十家，乱后均散失。余访问数年，迄无知者。梁溪沈旭庭先后收得此图残册，成三巨册，珍惜不轻示人。光绪二年秋，秦临士同年觅得续图一册，邮寄至京，题作仅存十余页，因于旭廷所藏不无望蜀之想。……次年春，三册一并归余。……计自刘文清以下共有九十余家。

此图今藏南陵徐氏，丹徒丁传靖曾据以作《福慧双修庵小记》云。

## 九 干涉外国政治

自有中外交涉以来，闻外人干涉我国内政之事，从未闻有我国干涉外国政治之事，有之则张之洞始发其议。之洞于光绪五年奏云：

……俄国政令苛急，赋重役烦，好兵不已，国人苦之，冀改为民政，则一切略用西洋之法。……窃谓外国政事如此，此中华大有可为之机也。为中国计，莫如发一国书，遣曾纪泽赴俄……略言俄国乱民为害，中朝眷顾盟好，深为念之忧之。但如此忧惧防范，终非长策，劝其除去苛政，务行宽大……谓此乃中华自古来安民禁乱之法。……若不听而苛暴如故，则祸变并且再见，而我之德意亦已播闻，则各国皆智我，而俄民亦德我矣。

## 一〇 袁秀贞

中国非无技巧之士，特恒埋没无传耳。技巧而出自闺中，其传尤难。不谓四十年前湖南有女机匠袁秀贞其人，于曾广钧《环天室诗集》中得之。其词云：

溯涓水抵花石，投逆旅，观主人女所制搓爆竹机。女年十八九，慧甚。上年为堰水车，献之土豪，灌田良便。豪欲娶为子妇，女不可，受所值酬直为此机。其法先用二板，中横铁丝十余枚，取滑藤及糯粥煮纸为糜，以油傅（敷）铁丝上，取如糜者，乘热倾二板间，急搓之，凡十数次。搓纸卷铁丝上有如软竹，置石灰中养之，一炊许，坚如铁石矣。复有二板，上板密排多刀，下孔（板）密排多槽，槽与刃相受相距皆以寸，取所搓者数百枚，拔去铁丝，置此切之，皆寸断为短筒。又有二板，下板有多孔，深八九分，圆径与短筒等，孔底铺黄泥如粉细者一层，厚二分许，取短筒一一植孔中。上板有多针，与孔数相应，长八分许，较搓时铁丝略粗，剡下方上，短筒既植立，取针板压之，针遵铁丝旧痕而入，但使稍大能容火药，筒底黄泥受压，皆入洞二分许，挤紧矣。取去针板，倾火药其上寸许厚，另取平板压之，至二三次，震动铜板亦二三次，药尽入筒，取铁锤遍锤筒顶，取胶水涂之，欲其弥缝无隙也。俟干，复取针板刺之，尽其剡不尽其方，取药线插所刺孔中，而爆竹成矣。问为机费几何，曰钱三千枚，日成爆竹二万，售钱千，为之一年，有赢息矣。问他人不仿制耶？曰：“凡孔凡针皆余亲执锤凿为之，一针不应则龃龉矣，他人乌能仿？”问愿闻智女之名氏，且更欲制何机？曰袁秀贞，将至郴州学整钟表，盖其兄某为寓郴之粤商，经售爆竹也。袁族本余姻家，余嘉其慧，解所佩钢表赠之，且为制长句。

## 一一　朝邑阎氏

闻朝邑张君奚若言，其乡先达阎敬铭在乡里所遗留善政极多，近世大老居乡者所罕有也。阎家世业盐，拥厚资，其服官中外，不独官囊无所增，且反耗去家资不少，然其富犹甲一邑也。所办乡里事业，以同升文会及丰备义仓为最著。文会以扶助文化为主旨，邑中凡读书能文者皆得受其资助，入省乡试者助若干，入京会试者助若干，有定额。科举既废，则入中学若干，入大学若干，亦如之。甚至游官游学之偶归乡里者，食于是，宿于是，不复计金。迄今数十年，母金犹充牣焉。义仓可容六十万石，敬铭自取各省仓式之佳者合众长以成，必坚必爽。前数年，陕省大馑，同州所全活最众，犹赖其惠也。富而好行其德如此，饶有古士大夫人居乡之风焉。惟敬铭好矫饰清苦，黠者反得使诈，庸者亦或反以济贪，实非为政之大体，盖具一节之长而无任重之器也。

## 一二　椰子珠

赵棻女士《滤月轩文集》有云：

椰子出岭南，工取其蒂以为数珠，物易得而价廉，体又轻便，冬不冰手，夏不畏汗渍，于服用最宜。色纯黑，若稍涉筋膜，则杂以微黄，每一百八颗中求其纯黑光润无瑕纇者，殆难得一二颗。先司农公少时尝就骨董铺取数十百串，择其美者，集为一串，以十数年之功，始纯粹以精，不啻千狐之腋也。公方在部曹时，大学士和珅势正烜赫，公为其属，每与同僚谒见，必目公数珠，或手摩挲之，叹美不置，有欲得之色，公辄佯为不知者而退。或谓公曰，彼视金玉如糠秕，而独爱君数珠，此微物耳，若以献之，美迁可得也。”公笑而不答，归遂扃鐍之不复御。

赵女士者，上海人，光禄少卿文哲之孙女、户部右侍郎秉冲之女，而乌程汪延泽之室也。文中所称司农公即秉冲，事迹曾入国史。女士诗文并茂，至咸丰中始殁，此亦上海文献渊薮也。

## 一三　张船山夫妇

张船山前妇为周东屏宰詹之女，早赋离鸾，所生子亦殇。继娶四川盐茶道林西崖之女，有一段因缘，足称佳话。林初作令成都时，得一旧砚，砚匣有铭曰：“锡自大君，藏之渠厦。子孙宝之，传有德者。”后二十年，船山为赘婿，见之，正其高祖文端公赴千叟宴时康熙帝所赐物也。林因曰：“吾始读君诗爱之，因以女妻君，岂意二十年前君已以此作纳采之物邪?”

船山最笃于伉俪，尝手写林夫人小像，林夫人题句有云："修到人间才子妇，不辞清瘦似梅花。"夫人亦善绘事，宜其相得益彰，惟生三女而不男育，故船山罢郡游吴，买妾别居，其诗所谓"已分无才甘罢郡，又因多事望生儿"是也。其妻妾偶因游虎丘相遇，故船山又有诗云：

> 秋菊春兰不是萍，故教相遇可中亭。
> 明修云栈通秦蜀，暗画蛾眉斗尹邢。
> 梅子含酸都有味，仓庚疗妒恐无灵。
> 天孙却被牵牛笑，已撤银河露小星。

次年又有诗，则云"鹊巢风定转阳和"及"笑看秋水不生波"，则又调停无事矣。

船山初入都时居青厂，悼亡后再入都，则独寓松筠庵，其携眷入都之后，则居官菜园北半截贾家胡同，最后居横街。

船山耽酒过甚，在京日以病乞姚文僖为诊脉，惊曰："此代代危脉也，不过三年。"为处方得愈。亦见诗集。

## 一四　咏洋货诗

嘉、道间，西洋货物渐流行于中国，凡曾至闽、粤之人，往往吟咏及之。阮元《研经室集》中已有咏洋灯诗。而乾隆末年大考翰詹，且以眼镜命题（眼镜入中国盖在明代，然似尚未有入吟咏者）。今见张问安《亥白集》中复有《竹枝词》数首，尤为通商以前最佳史料。问安即船山之兄，此诗盖作于嘉庆中叶也。

澳门东去渺风烟，黄埔秋深又隔年。

倒挂梅花[1]齐上市，羊城八月到洋船[2]。

原注：

①俱洋雀名。

②洋船每岁七八月到广泊黄浦，至时归德门外竞卖洋雀，五色毕备。

羽毛组织妙能该，锦罽缡褷只废才。

大小宁须争尺寸，番钱论版买呢来[1]。

原注：

①羽毛大呢、小呢以版计，不以匹也。

玻璃挂壁响丁冬，未抵拈毫写法容。

书满乌丝听啼鸟，案头闲煞八音钟[1]。

原注：

①自鸣钟有挂钟、座钟。座钟有八音。洋行有一钟，座上铜人能画千手观音像，又能自画乌丝栏作楷字，上有二铜雀，飞鸣如生。

机轮历落动天倪，彩佩缤纷绣带齐。

比似红毛好官样，半圭花影佛兰西[1]。

原注：

①洋表有红毛、佛兰西二种，红毛多度金壳，佛兰西多银壳，银壳以大扁为贵，一云佛郎（兰）西或云即荷兰，非也。

淡巴菰好解愁能，幽怨传来吕宋曾。

一种湘筠和泪色，土花斑驳上洋藤①。

原注：

①烟草始于吕宋国，近洋中有藤，花纹斑驳，以制烟筒极精。

名茶细细选头纲，好趁红花满载装。

饱啖大餐齐脱帽，烟波回首十三行①。

原注：

①鬼子以脱帽为敬，晏客曰大餐，归国必满载茶叶红花，以去十三行。其聚货处，凡十三所也。

## 一五　文正

谥法以“文正”为最美，清代乾隆以来得之者七人，乾隆朝为刘统勋、嘉庆为朱珪、道光为曹振镛、咸丰为杜受田、同治为曾国藩、光绪为李鸿藻、宣统为孙家鼐，恰为每朝一人。除刘、曾外，余皆以师傅恩，几若师傅例当谥文正者。又几若每朝不得有二人者。近陈宝琛卒，清室仍以礼饰终，易名则为文忠而非文正。说者谓以孙家鼐已得之在前。然几人能称此美名而无愧哉。

## 一六　左文襄之治学

左文襄之为学也，当十八九岁时，即购顾氏《方舆纪要》一书，潜心玩索，兼得亭林《郡国利病书》及齐氏《水道提纲》诸书，于可见之施行者，另编存录之（见《事略》）。又贺长龄居忧长沙，发所藏官私图史借公披览，每向取书册，长龄必亲自梯楼取书。二十五岁居妻家，拟作《皇舆》一图，计程画方，方以百里，别之以色，色以五物，纵横九尺。俟其成，分图各省，又折为府，各为之说，再由明而元、而宋，上至《禹贡》《九州》，以此图为之本，以诸史为之证，每作一图易稿则授周夫人影绘之，历岁乃成。二十七岁，钞《畿辅通知（志）》以次及《西域图志》、各直省通志，于山川关隘、驿道远近分门记录为数十巨册。二十八岁，为《舆地图说》，于山川道里、疆域沿革外，条列历代兵事。二十九岁，居安化陶氏，遍览文毅公所藏本朝宪章，取《图书集成》中康熙舆图并乾隆内府舆图，以订正昔年所绘之误。又道光初年《经世文编》甫出，公已丹黄遍其上（以上均见《年谱》）。一代伟人其所由养成学识者盖如此。

## 一七　水西庄

宛平查氏自万历中始北迁，以业盐致富，五传至莲坡先生为仁，中顺天乡试第一名。时为康熙五十年，尚书赵申乔主试。申乔尝以革铜商事，均当时权贵钽铻（龃龉），铜商金、王两姓必欲得而甘心焉。及是谓榜首乃富人子，且年少名不出里闬，遂钩致以兴大狱。为仁系狱凡八年，中式时十九，出狱二十七矣。狱中读书不辍，篇章甚富，聘金含英夫人，至是结褵。故其定情诗有云："此夕星光盈锦幄，向来春色阻花晨。"然婚后十月遽悼亡。为仁家本居天津城西，乃盛饰园林，广贮图书法物，号曰水西庄。乾隆初年，江南北名士应鸿博试者，过津辄主其家，厉樊榭即于此与为仁同缉《绝妙好词笺》，盖与扬州马氏小玲珑山馆相埒。其子善和善居积，家益富，尔后仕宦不绝。园中有揽翠舫、枕谿廊、数帆台、藕香榭、花影庵、碧海浮螺亭、泊月舫、绣野簃诸胜。乾隆十三年，高宗东巡，尝驻跸于此，赐名芥园，嗣后屡停辇焉。查氏后人不敢复居，而日就颓废。前年，津人士发起水西庄遗址保管委员会，有修复之议，盖津沽惟一故迹也。

## 一八　宽永通宝

从前通行制钱时，曾见宽永通宝杂于其中，轮廓较精，与康熙钱为近。余童时已能读《日本史记》，知宽永为日本年号，当吾国天启时，不谓乾隆时曾劳明诏下问，而部臣疆吏皆范（茫）然不知所以为对也。《郎潜记闻》云：

宽永为日本年记，其钱文曰“宽永通宝”，乾隆间以地方行使宽永钱甚多，疑为私铸，谕令江苏、浙、闽各督抚穷治开炉造卖之人。经两江督臣尹继善、江苏抚臣庄有恭疏奏，此种钱文乃东洋倭人所铸，由商船带回，漏入中土，因定严禁商舶携带倭钱及零星散布者官为收买之例。当时原疏引朱竹垞集内载有《吾妻镜》一书，有宽永三年序，又徐编修葆光《中山传信录》内载市中皆行宽永通宝为据，事载《高宗实录》。汪辉祖《病榻梦痕录》中亦载其事。

## 一九　宫中藏书

光绪甲午春夏间，宫中忽有清查书籍、字画、古玩之事。太仓陆宝忠时以编修直南书房，奉命与其事，尝详记之。略云：

昭仁殿为圣祖寝宫，殿仅五间，后隔置一室，即御榻，地下所藉地衣三十年未换，尚是当年旧物。又查书至建福宫时，检得宋刻《文选》上有高宗画像，又得圣祖御书千文。又德宗问昭仁殿旧藏“相台本五经”何往，宝忠奏：“嘉庆二年乾清宫〔火〕灾，高宗命内侍速移出，已不及，曾见前人记载。”又景阳宫正殿五间满储书籍，两旁木壁中皆宋、元、明磁器，左右有大柜四，皆系字画。后层为御书房，乃文宗初年读书之所，亦有珍本在架上。两厢各三间，皆藏殿本各书及旧钞本，盈林插架，年久失修，尘封尺许。有何义门手校宋本三礼影钞《六一集》最精。检查两月甫了，凡宋本、影宋本及旧本之至精者皆陈设御书房，殿版大部分设正殿，余分置两厢，人间未见之本甚多，手缮挡（档）册，一存书房，一呈御览。庚子之变，挡（档）册失去，深以未录副本私藏为憾。

见《陆文慎公年谱》。

## 二〇　廉吏

乾隆中，乌程闵鹗元初任皖抚，以廉洁自重，布衣蔬食，接见僚属，必谈《性理》《近思录》诸书，背诵如泻水状。及抚江苏，颇改前节，苞苴日进，动逾千万。见《啸亭杂录》。

嘉庆中，李赓芸，江苏奉贤人，进士，历任郡县，以廉能称，屡登荐牍，时以为天下清官第一。累迁至闵督。时汪志伊为闽督，汪故老史，以布粟起家，矫为廉洁，尝刊《小学规范》诸书行世。李公素轻之，尝乘新轿入督府，汪训之曰："奢者必贪，君初为方面大员，慎勿美于服饰。"李愤然曰："芸虽不肖，为天子大吏，稍饰舆服，诚不为过，实耻效布被脱粟之平津侯以欺罔朝廷也。"汪心衔其语。会有改教县令朱履中讦公受其陋规及其仆黄元索诈赃钱数百元，皆系相沿旧规。汪乃露章劾之，命福州守涂以辀罗织其狱。涂希汪意，私具状逼李画诺。李不服，以辀拍案诟之，日夜锻炼，李怫然入寓，怀冤状自缢死。事闻，上命侍郎熙昌、王引之往鞠其狱，闽中士大夫争伏钦差寓门以鸣其冤，汪不得已致仕云。熙、王二公乃力反其狱。事闻，熙（汪）、涂褫职遣戍有差。

光绪中，江西布政使李嘉乐、陕西布政使李用清皆阎敬铭所荐为廉吏者也。闻嘉乐官山东知府时，禁眷属食肉，令打扫夫于署中后园蔓菁，即以此味种为常蔬；灯油自掌，每晚各室亲舀一小勺畀之，不许稍添，二鼓不息灯者，必加诃詈。尝责其妻浪费，欲呼役笞之。用清在陕蕃任，阖家蔬食，其母亦不获一尝肉味，偶患病思食肉，其妻私购熟肉少许以进，为用清所见怒而掷诸地，母遂携媳至长安县署语知县：子不孝，将回原籍，不再返藩署矣。用清亟恳臬道首府转圜，各遣妻至县署劝说，始由用清迎回。二人之昏暗至此，卒为赣抚德磬、陕抚叶伯英所劾罢，敬铭犹疏争之云（详见《国闻周报》九卷十二期《凌霄一士随笔》）。

承平时，寒酸之士骤入仕途，不知事体，但以啬刻自守，遂冒廉名。右述数事，理固有之。彼黩货自豪者，反得执此以饰其非，则可痛矣。

## 二一　岑春煊遗事

西林岑春煊本以举人纳赀官工部郎中，嗣又以其父襄勤公毓英饰终，恩赏候补五品京堂，服阕后补光禄寺少卿。甲午之役，奉命交刘坤一差遣。故事：京卿多命帮办军务，以崇体制。差遣委用实非春煊所愿也。兵罢，遂称疾不出。戊戌，以送弟会试入都，其业师李端棻谓大臣子弟到京，例应宫门请安，遂不待相告，遽为具折。次日召见，光绪帝方欲奋发有为，见春煊彊毅劲直，未几即特旨补授广东布政使。故事：京卿须实授三品方得外放藩司，春煊虽尝署大理卿，实未尝补缺也。春煊既蒙特简，遂以效忠自矢。陛辞之日，帝谕以广东匪患宜亟剿除，春煊曰："兵事主于总督，藩司不能过问。"帝曰："藩司有专折奏事之权。"春煊曰："虽有此制，而向少实行者，盖忤总督必不能安于其位也。"帝曰："闻粤督谭钟麟老迈不能办事，汝往察看，据实奏闻。"春煊受命而出。既至粤，首先查得粤省厘金之关键，全在省河补抽海口厘金一局，该局总办道员王存善接办五六年，积赀数百万，广置房产，有"王半城"之名，遂诣督署，请撤存善，派员澈（彻）查。存善尚兼督署文案差，春煊力请一并撤委。钟麟不悦，语言抵触。钟麟不胜忿，拍案自堕其眼镜，镜堕大理石案，立碎，益勃然怒不可遏。春煊亦怒，遽起，免冠掷案上，曰：“本司乃朝廷大员，所论乃公事。总督岂能无礼至此？既如此，即听参可也。”拂衣还署，即称病不出。钟麟见状，即一面托臬运两司撰词慰解，一面以其事闻于当轴，请调春煊他往。旋有旨令春煊入京听候召见，中途改授甘肃藩司。春煊愤钟麟之相龉龁也，乃录存善蚀帑全案以行，欲于入觐时面劾，既不得入京，乃于抵甘后专折揭参十款，其中尤以火水油（即煤油）厘税中饱数十万为最巨。派员查办有据，竟并钟麟罢职。此案以调任藩司劾罢总督，盖一代所未有之事也。

春煊以光绪癸卯督粤，剿广西匪，其时桂抚王之春甫以捏报肃清获罪去，柯逢时继之。逢时本不知兵，恃与鹿傅霖有旧，傅霖方在枢府，援引之以至封疆。春煊素恶其人，以逢时拥兵省城，列炮大堂，腾章相诋，奉旨严行申饬者再。逢时愧且忿，语其僚曰：“宁与岑三一拼命耳！”春煊檄调营务处道员王芝祥出省带兵，逢时则禁之，且大言不准他人接营务处事。逢时有所调道员汪瑞闿谒春煊，春煊闻其能饮，设宴召之，沃以巨觥，不胜酒而卧，不能兴。逢时遂摭此事入告，指为酗酒。春煊因疏陈逢时不胜疆寄，故意掣肘之状，中朝知两人不能相安也，乃调逢时抚黔，改以李经义抚桂，始奏肃清。春煊于事平后，仍觅得逢时与傅霖私电往来之据，密疏劾傅霖营私误国，词甚严切，然慈禧方念傅霖老臣，不之罪也。

春煊之不慊于傅霖也，固不始于是时。初，辛丑议和时各国执晋抚锡良不肯实心办理教案，以为要挟。慈禧方倚信春煊，谓此任非春煊莫属。因自陕西移抚山西，专倚以支拄外人之责难，且卫陕西门户。春煊知教案非巨款不办，而山西迭遭灾祲，若取之于民，必激成民变。其时行在粮台尚存三百余万，因请提百万携以入晋，慈禧已诺之矣，独傅霖稍持异议。春煊大怒，谓傅霖于他事一无所主张，独于用款则有吝色，不识大体，实为庸臣，于直庐厉声斥之，且谓："我清太后尽将三百万交汝带往山西，看汝敢去否。"二人交恶盖非一日矣。

逢时鄂人，而于张之洞及傅霖皆有姻亲，故党援甚固。春煊甫劾之去桂，旋夤缘得以侍郎衔督办八省土膏，设署于武昌，坐拥利权，以至清亡。时人为联语诮之曰："逢君之恶，罪不容于死；时日曷丧，予及汝偕亡。"额曰："执柯伐柯。"

春煊当光绪季年，以风力著称，又深得慈禧宠眷，见袁世凯权势日盛，乃蓄意与之为敌。朝野之士，凡不附袁者，皆归春煊，欲倚以为陶桓公。然春煊始终未得两江，不居形胜之地，不足以闻朝政。世凯亦深忌之，谋于奕劻，移春煊督云贵。春煊知一旦赴边，益无所凭藉，遂称疾居上海，密谋相抗。适又奉督川之命，乃乘赴任之便，自汉口乘火车入都。入都之日，其请觐之折亦甫到。奕劻阻之不及，罪之亦无词，大窘。春煊既入对，痛哭，力言人心已去，宗社将危。慈禧初为之勃然，继为所动，且念庚子扈从旧事，恻然以为春煊实忠于我。春煊亦力请留京。即日命补邮传部尚书。未及到部，以右侍郎朱宝奎为世凯亲信，面劾其声名恶劣，羞与为伍，慈禧亦纳其言。于是，奕劻、世凯皆悚然不能安，谋去春煊益力，卒行巨金贿宫廷，复以春煊督粤。更觅春煊与康有为、梁启超小照合为一帧，使若并立者然，以进慈禧，指为三人谋乱之证。慈禧素恶康、梁至于切齿，至是信为实然，以为春煊素称忠爱，尚且如此，汉人固不可信，而奕劻之计售矣。

庚子之役，春煊以甘肃藩司入卫，所部实不过数百人，抵都不能有所为。仓猝闻帝、后已出，急追及于南口，道旁伏谒。慈禧自述苦状，春煊进词奉慰，且出从民家求得小米粥以进，始获一饱。盖乡民闻兵祸，相率逃匿，尤惧随驾官吏、宫监、兵弁之骚扰，故一无所得也。春煊又请诛随从诸人之不法者，众始稍定，粗具威仪，百官亦渐集，俨然行在矣。故慈禧德之甚，倚任褒宠过于宗臣，乃惑于谗间而恩礼不终。自此专信宗藩，而于汉大臣之稍露风采者皆加疑忌矣。

## 二二　长沙民变

长沙民变是宣统二年三月上旬事。先是，长沙米奇贵，石至八千五百文，而奸商他运者犹不绝，民意以大府弗之腾怨讟久矣。是月丁未，南门外鳌山庙有贫妇持钱买米，米坊中少其钱，不顾。妇愤，抱幼子沉水死。其夫归见，痛甚，亦自经。于是众论群不直米坊，亡赖乘之，煽聚数千人。坊中遽执其一送官，众益怒。长沙、善化两令驰莅劝谕，至于流涕。众将散矣，适巡警道赖承裕继至，则宣言必斩以徇。或闻之，遽前操其袂系树下，痛殴几绝。赖之从人阳言宜缚送巡抚，始得扶入城，众从而蜂拥至抚署，以要求减价平粜为名，环而噪者以万数，斧辕门而入，势汹汹不可遏。巡抚岑春煊亟出示减价每升售五十四文，犹不为已，再示减至四十、三十，示出辄褫毁。当是时，巡抚司道以次慑于势，莫敢倡议檄兵捕治一人，亦不能温语慰藉，徒仓皇伏匿，而乱民亦得有所挟持矣。其夜，居民群以贱价夺米、肆门索米，或不尝一钱，市肆苦之，相索闭门，街衢几断交易。明日戊申，衙前众殊未散，衙兵忽传令开空枪，不意机发弹出，伤数十人。众愈愤，遂引油焚署。凡三次，始焚尽。一时浓烟涨空，见于数十里外，日光映之，赤如血色。巡抚大惧，即以印委藩司庄赓良而上奏自劾，藩司握印而出，万众欢呼，庄出示亦直用巡抚部院衔，巡抚既自谓卸事不问，藩司以下幸免于祸，不暇他顾，奸民焚掠仍未肯已也。凡外国领事署、教堂、公司、税关、码头以至学堂一夕都尽，火光赤天，比明不息。又明日，乃稍率兵捕斩数人，而城内街坊亦自结团练讥奸宄，人心始稍安，而它郡县闻风称乱告警者犹日必数至，盖实有谋乘此起事者。事闻于朝，岑、庄并夺官，另派杨文鼎为巡抚，乘军舰而往，遂定。方事亟时，庄赓良实欲乘机夺岑之位，与绅士相结，为之要请于朝，不意反获罪。绅士王先谦、叶德辉等并干严谴。时人因戏为联曰："众楚人咻，引而置之庄岳；一舆羽重，可使高于岑楼。"纯用《孟子》，天然巧合语意，蕴蓄无穷。余时正居长沙，于此事颠末见闻甚确，因录旧稿而存之，相去二十五年，恐他日史乘不能翔实如此也。

湘人好哄，其俗久然。大抵秘密结社、迷信神权为背景，其间固无理智可寻。即如此案牵涉焚毁教堂、学校、领署、税关，其仍有盲动排外意义可见。因忆光绪十八年总理衙门以散勇惰民思欲藉端为乱，辄假西人传教为言，刊为书说，编作歌谣，绘为图书。愚民无识，往往为所煽惑，咨各省查禁。又谓各书皆由湖南而来，有周汉开设宝善堂，邓懋华书铺刊刻祗（诋）毁洋教书籍，布散甚多。张文襄时任湖广，饬长沙府县购得《鬼叫该死》《辣手文章》《擎天柱》《灭鬼歌》《禀天主邪教》并图画等（见《张文襄公奏稿》），此湘人排外思想之一斑也。

又忆光绪初年，卞宝第为湘抚，孙某署藩司，禁城隍会。城隍会固万人倾巷之盛会，湘民所最矜喜者也。乃聚众毁藩署大门，又毁前任巡抚庞际云之宅。有积痞曹桂山者次日始入城，耻不与其役，至一木匠店中，大声言曰："我手甚酸痛。"木匠问故，曹曰："昨与众攻藩署，大门甚坚，众不能攻，独我攻破，故至今尚作痛也。"时官捕滋事人甚急，诸无赖多避匿，或闻曹言，亟执送官，遽以首犯论斩。此又湘人好哄之一证也。

# 二三　礼制

光绪辛丑，两广总督陶模有“礼制宜从简易”之奏，及丁戊（编者按：应为丁未、戊申年间）间，岑春煊继之有“请饬礼臣更定朝仪”之奏。岑奏尤为质直。略谓：“叔孙通制礼，遵君抑臣，本非三代之旧，而行之二千年无能起而正其失者。今请法上古，法国初，法外国，视朝则立而不跪，听政则坐而不跪，庶几君亲其臣，则大官不敢不亲小官，小官不敢不亲民”云云。且举免冠必以只手、叩头必求有声二事，以为仪文繁琐，踵事增华，轶出会典常仪之外。其敢于触忌讳，亦专制帝政下所仅闻之言也。按：免冠、叩头二事，不独不见于会典，似亦不见于他书。当时口语，谓之碰头。凡君上语及臣下之家事，或赐以殊恩褒宠，则必亟离位脱帽为之。闻脱帽时必以花翎向御坐。脱而复着，亦必以只手理帽襻。此事极难，非习之有素，从容理而上之，则狼狈情形可想而见。碰头作声，且须响达御前，方为至敬。若额痛而不响，或响而痛不可忍，皆致偾事。故初觐之官，必求宫监预示可以碰头之处，盖其地砖甃之下有穴，易于有声也，此亦宫监索贿之一术云。

前朝臣民所行礼节，悉载《会典》，然事实上往往并不遵行。例如妇人冠服之制是也。《会典》载足官命妇礼服，与男子之服大同小异，袒褂而不裙，帽而不髻。然当时实际通行之礼服，仅以天青外褂加于红裙之上，两袂裛以彩绣而已。除补服上可辨其品级外，既无顶珠，亦不着蟒，一代法服，实已视等具文，揆其原由，或以汉人妇女皆裹足，不便着男子冠服。康熙以后，裹足之禁既弛，于是亦不再吹求其服制也。又明代尚有命妇入宫朝贺之制。《野获编》载定制许以一婢自随，兼携围屏一，亵器一，可笑如此。清代从无汉命妇入宫之例，盖亦习俗不同之故也。

大臣之丧若蒙赐奠，则其家绘一跪像悬于灵堂，其实亦属妄人杜撰之礼。不独古礼所无，亦非定制也。

## 二四　诗片

昔闻（不记出处）乾隆帝生平吟诗至三万首之多，非必亲自属草也。每日召南书房翰林或军机大臣入，口授一过，退即以片纸恭书呈进，谓之诗片。某日，有新进某公奉召承缮诗片，而玉音函（含）胡，谛听仍莫辨所以，又不敢复请，惶恐流汗而退。亟叩于久任斯事者，谓罪将不测也。其人慰之曰："君勿尔，君岂并一二字而未之闻耶?"曰："虽偶闻一二字而意不连贯，奈何?"曰："是无妨，君姑试以己意连贯之，当相去不远矣。"曰："是乌可者！皇上所作之诗岂容臆揣成之耶?"曰："君姑试为之，舍此亦无他法也。"某公不得已，径以己意作一篇，乞久值者呈进，后果无事。乃知乾隆之富于诗乃由此也。

后阅《啸亭杂录》，记于敏中事云：

其初御制诗文皆无烦定稿本，上朗诵后，公为之起草而无一字之误。后梁瑶峰（国治）入军机，上命梁掌诗本而专委公以政事，公遂不复留心。一日，上召公及梁入，复诵天章，公目梁，梁不省。及出，公待梁默誊，久之不至；问之，梁茫然。公曰："吾以为君之专司，故老夫不复记忆，今其事奈何？"梁公愧无所答。公曰："待老夫为公思之。"因默坐斗室中刻余录出，所差惟一二字耳。梁拜服之。

此与前说盖二而一者也。录诗必退而默写，自是留润色之地。梁乃忠厚人，敏中久擅宠眷，假此权术以慑服后进耳。

## 二五　少眠

近人以少眠而享高年者，如张之洞、樊增祥是。乾隆中亦多此人，程易畴在都应礼部试，疡生于首，在面部几殆，遇一疡医道甚精，且兼通太素脉，切脉后云，不但疡症无虞，且享大年得重名。后果至九十余卒。其中年以后于书室中设一方床如椅，禅家所云卧时胁不着席，终年伏案矻矻不倦；或有倦时，则闭目坐于方床，片刻即健。又鲍渌饮亦酷嗜篇籍，过目不忘，夜间偶有所得，即起书之；或校勘秘籍，夜凡三四起不厌，寿亦至八十余。

# 二六　机械家殷竹伍

余于吾国近古之机械家得女士袁秀贞，尤于殷竹伍致其慨叹焉。竹伍以故元之裔，当太平之世，独出心裁，专精制器，而年老偃蹇以没，官不登朝籍，名不存国史，诚志士之所腐心者已。竹伍之事具于《湘绮楼诗集》中，其言曰：

> 湘阴殷家俊字竹伍，本姓音氏，盖元之旧族也。明初以军功世屯官，居于营田，故饶于赀。至竹伍生有巧思，览《九章周髀》之书，能求捷术，尤喜制器。凡徐光启所传其师法，辄召匠试为之，日夜工作不休。成不可用，即又更作，作成复弃不用，以此蠹其家当。是时海禁犹张，儒者耻言太西，亦不视算草，唯予友丁取忠颇奇竹伍之术，名稍稍闻诸生中。洪寇起，湘军兴，始务造炮。立长沙官、私二厂，各以其所谓能者主之，竹伍不在选中。余时游曾侍郎军幕，亦不知其能如何，末由荐也。武汉复军声势盛，湖北藩使夏廷樾主转饷，居武昌，请余俱行，因长沙黄冕知竹伍名，欲倚以造留防军械，遂得相见，同舟东下，既至江夏，司库粮台恒不能办万金，人心摇摇，百废不兴。余时新昏思归甚，假度岁辞去，竹伍犹留，欲有所营。未旬日，督府之师溃于黄州，曾之水师船燔于九江。寇复大上，武汉三陷，各踉跄奔

免。自后黄翁居长沙，通湘军诸将，总湖南饷事，名势重于巡抚，而形势已定，无所用。竹伍委以榷税外县，衣食之而已。洪寇平，夷议偏重，朝廷乃始留意船炮，大臣承风争言机器之利，关税七百万悉输之福建、上海船政机器用之，而天下干进者争自托于西学，督抚以制器为能事。湖南虽居腹里，亦设局省城，月给千金，遣无赖者主制办。余始言且可用竹伍当事者，辞以饔飧费不给，竟不用也。川督丁尚书谋西防，患火器不精，奏开局成都，大作炉厂，营建费巨万，广求奇艺异能。手书致竹伍，厚其聘币。竹伍喜，谓可竟其所学，开农田、水利、织作之利，余以为七十老翁得知己犹患晚遇，不自睹其效也。及竹伍至而御史已言成都制器不可用，故随作随毁，诏使案之当罢。竹伍复失职遣归，无资以自还。按察方君倡助之，仓卒附舟去，则己卯四月也。

## 二七　大年

闽县陈伯潜先生宝琛以同治戊辰翰林早登台阁，中岁还山，晚年以甘盘旧学追随逊帝。大年重望，为近时冠。乙亥二月朔日卒于北平，年八十八。其生前能于灯下作小楷，且健啖倍于少年。前数年且割去额上一瘤，竟无恙，宜可以过九十而止于斯，为可惜也。考有清一代漳浦蔡文勤新年逾九十，与公颇相似。沈归愚虽寿至九十五，而位不逮。梁山舟寿至九十七，乃福尤不逮也。文人寿逾八十者，朱竹垞、尤西堂、方望溪、袁简斋、纪晓岚、姚姬传、翁覃溪、赵瓯北，皆足称云。

## 二八　全福之母后

清高宗尝以福泽自矜，然尤不如其母孝圣宪皇后之奇福冠古今也。孝圣侍世宗于潜邸，即生高宗。圣祖尝召见之，谓为有福之人，见《高宗御制诗集》。乾隆朝（庙）号崇庆皇太后，每巡幸木兰、江、浙等处，必奉慈舆以行。值准回、金川平定，大加徽号至十八字，曰“崇庆慈宣康惠敦和裕寿纯禧恭懿安祺宁豫皇太后”。享天下养者四十二年，八十有六始上宾。时高宗年六十有五矣。古今母后殆无此比。

王闿运《今列女传》云：“其母家居承德，家贫，十三岁入京师，值中外姊妹当选入宫，辄往观之。门者初以为在籍中，既（继）而引见十人为列，始觉之，主者惧谴，令入末班。以容体端颀中选，分皇子邸，得在雍府。”不知其何所本，盖得之京师故老传闻也。

## 二九　左文襄之兵工

左文襄西征关陇，夹道遍种杨柳，闻乱后已所存无几矣。余考公奏稿，知当时种树数目及其他道路房屋工程均经奏报，盖当时湘军军费人力用之于地方者如此其多也。原奏略谓：

甘肃内地自遭兵燹以后，千里萧条，东路各属地居冲要，荒废尤甚。如会宁县之翟家所、张陈堡，安定县之王公桥，隆德县之六盘山，固原州之三关口等处，均为著名险隘，道路桥梁率多倾塌。经魏光焘等次第承修，会宁属境桥十九座，种树二万一千余株；安定属境桥八座，种树十六万六千余株；金县属境桥三座，种树四千四百余株；皋兰属境桥一座，种树四五百余株。修造会安等处祠庙、行馆、书院十三所，泾州属境桥九座，平凉属境桥二十九座，固原属境桥十座、石桥四十余里，隆德属境桥六座、路二十余里，静宁属境桥七座、路四十三里。又自陕西表武县界起至会宁县东门外止，计程六百里，共种植成活树二十六万四千余株，柳湖书院种活树一千二百余株，平庆、泾固道署内外种活树一千余株，环县属境种活树一万八千余株，董志县丞及镇原县境种活树一万二千余株。此外则总兵凌春台在河州属之三甲集开挖水渠三十余里；提督邓荣佳在狄道州属修洮滨书院一所，疏浚旧渠二道；总兵张友元在狄道州属修桥一座、道路一百六十里；副将李志刚在狄道州属修大水车一具，种树一万三千株；参将黄金福在碾伯县属筑堤作坝二十余里；提督刘明灯在大通县属修城种树四万五千余株；总兵王声扬在碾伯县境修路二百四十余里；总兵张世才、张星元在大通县境修路三百余里；副将敖天印等在平番县境种树七万八千余株，此关内西南路一带之工程也。至新疆南北各城则有安西城渠，哈密石城子渠，镇西大泉东渠，迪化永丰、太平二渠，以及其他各县城渠之疏浚修建。吐鲁番北路避风官店之添建，阿哈布拉石径之锤凿，清水河西碱滩之垫治。

## 三〇　龚定庵乐居北方

龚定庵生长北方，尤好与满洲蒙古人游，习其风土掌故。其集中有论京北可居状云：

京师春益早，冬益燠，客益众，土著益诈，吾相北方独宣化府、承德府之间可以居，可以富，可以长子孙。今夫东南草木朮朮然易荣也，易高大也，易槁也，蠹空其中，雨渍其外，有园圃者不规久远，不能储以为美材。宣化、承德间少木，木四月始荣，其华肥，其叶长，其材坚，得三顷之硗确以种木，三十年而材之，栋宇棺椁之利可以专数县。恒寒故腠理实，恒劳故筋骨固。食妖服妖玩，好妖不至故见闻。定居天下极北，仕者贾者不取道，不取道无过客矣，故家室姻戚皆旧。我祖我宗跸路之所出入，承德则山庄在焉，近宫墙跸路不为陋，子孙如智慧，亦可以窥掌故矣。东南生齿密，丘墓密，岁岁埋之，岁岁掘之，故土浮，故土多石少。宣化、承德间，平地皆巨石，地气不泄，气不泄故无蚊蚋毒虫，亦无瘟疫痁疾，人畜皆寿。如夹山而居山之坳，纵可四百丈，横四之一，可以牧牛羊帮牛，牧可以代田，石炭可以代薪，狼狐野猫之皮可以代蚕，子孙如聪慧者，宜习蒙古书，通喇嘛经咒。习蒙古书，通喇嘛经咒，可以代东南书记之馆教读之师。吾有丈夫子二，如一支回南，一支迁北，他日魂魄其歆北乎。

其论虽似奇辟，然故洞悉郡国利病者。

## 三一　朝仪不跪

有清之制，召见臣工跪而奏事，大臣常入值者仍赐墩，亦似坐而实跪也。晚年始有议改朝仪者，犹必婉言出之。然龚定庵则早建此议矣。其撰“四等十仪”云：

常朝之仪有三：曰主坐臣亦坐，曰主立臣亦立，曰主坐臣立。曰“主坐臣亦坐”者，引《考工记》“坐而论道，谓之三公”，及贾生夜见汉文前席也。曰“主立臣亦立”者，引《曲礼》“主佩倚则臣佩垂，主佩垂则臣佩委”也。曰“主坐臣立”者，引《顾

> 命》“凭玉几”，《康王之诰》“太保暨芮伯咸进相揖”也。六朝之仪又有三：曰主立臣立，曰主坐臣坐，曰主坐臣立。曰“主立臣立”者，引《曲礼》“天子当依而立，诸侯北面而见天子，曰觐”也。曰“主坐臣坐”者，引《汉书》“诸侍坐殿上皆伏抑首”也。曰“主坐臣立”者，引《周礼》“左九棘，孤卿位焉，群士在其后；右九棘，公、侯、伯、子、男位焉，群吏在其后；面三槐，三公位焉。州长、众庶在其后”也。

其意乃欲证汉以前无主坐臣跪之仪。

## 三二　归舟安隐图

蒋士铨之父坚以久困童子试，辞母漫游，凡十六年，比归而母已前卒。其娶妻也，年四十六矣。其生平游踪多在燕、代，屡平反疑狱，拯人于危，有游侠风，详见士铨所作行状。士铨之举于乡，其父犹及见之。其后士铨入翰林八年，遂乞养，奉母游吴越，主蕺山、崇文、安定三书院，尝绘《归舟安隐图》。士铨年三十九，其妻少二岁，三子相去各三龄，长者年十二，其母年亦甫五十有八。此图作于乾隆癸未，其玄孙羹臣尚保藏之。光绪中叶，先君曾题句于上。

## 三三　补记龚定庵佚事

龚定庵幼居北京，故善操京语，其诗集自注云：“凡驺卒谓余燕人也，凡舟子谓余吴人也，其有聚而轇轕者，则两为之舌人以通之。”与舒铁云以北人而操吴语者可谓两奇。

定庵祖敬身、父丽正皆以进士官至道员，其祖母陈文钊女，其母则段玉裁女也，世家名族，久官京师，故定庵习与北人往来，好北方风土及北方掌故。

定庵不独善操京语，且喜作大声，故其诗曰：“屋瓦自惊天自笑，丹毫圆折露华凉。”注云：“予每侍班引见奏履历，同官或代予悚息。”其情事可想。

定庵不喜小脚，其诗云：“侯王宗庙求元妃，徽音岂在纤厥趾。”盖亦喜北方风俗之一证。

定庵所狎妇女，其自言者，有扬州之小云。杭州及清江亦各有所恋，惜不得其名。

## 三四　周寿昌

周寿昌于咸丰己未、庚申间，从曾文正军。胡文忠与寿昌素不合，沮之。故《思益堂日札》有云：“朋友遇合之交，忽来谗构，致生乖阻，欲言不忍，欲默不宜，乃仿义山《无题》得十二首。”其祭曾文正父云：“出师约我，同济艰屯。捷捷幡幡，止棘有蝇。中道邅回，不合以分。”

国史本传亦书其事云："国藩治师湖北，拟奏请襄赞军务，乡人有尼之者遂止其事。"皆未尝实指其人，惟王先谦《思益堂集序》明著其为胡文忠。

寿昌以道光二十五年入翰林，至同治五年始以大考二等迁庶子，旋又徘徊甚久，始擢四品，故其《宫怨诗》云："记从上苑侍琼筵，永巷香沉十五年。……依旧水精帘下立，薄云虚掩蔚蓝天。"又云："几多朱顶鹤翎肥，无数东南孔雀飞。"五品冠水精（晶）顶，四品蓝顶。东南孔雀，谓其时从军者多赏花翎也。

寿昌早负文名，工书画，讲鉴赏收藏。生平致力《汉书》，有《汉书注校补》，王先谦《汉书补注》多采其说。身后由先谦与先公共出资为刊行其全集，时光绪十四年也。

## 三五　马新贻

马新贻以暧昧事被刺，在当时已传播人口。周寿昌《思益堂诗钞》有《一昔》诗云："虎牙未听呼来歙，犊鼻翻令误马卿。……诸君莫作元衡例，斟酌崇祠与易名。"此其初闻变时所作，即有此论矣。后又作诗辨之云："前作《一昔》诗，后晤勒少仲同年，知其说全诬。"

## 三六　骆秉章佚事

骆文忠秉章官御史时，得稽查户部银库差，其时捐项每百加四两，以二两归库丁、二两归库官，骆拒之，其同乡又徇各银号之请，许致到任礼七千金、三节各七千金，托光容于骆，骆亦拒之。每月仅收饭食银三十八两，每年复分一百两以犒车夫、跟班。于是有一京畿道缺出，各银号遣人赴副宪帅公宅求见其子，询以何事，则曰："如肯将骆都老爷保送京畿道，即送七千金为酬。"帅举其事以告总宪，都中遂喧传银号库丁出银七千金为骆某捐京畿云。事见骆《自订年谱》（光绪乙未湘局刻）。骆自云以此受知于穆彰阿。谱中文气多芜冗，骆盖朴于文者。

薛福成《庸庵笔记》云："或谓骆公生平不以经济自命，其接人神气浑穆，人视之固粥粥无能，而所至功成，所居民爱，在楚在蜀，自有诸贤拥护，而效其长，岂其大智若愚邪？抑骆公之旂常俎豆早有定数，大功之成不在才猷而在福命耶？"当时人对骆之有微词，可于言外得之。即左文襄以受知最深之人，亦云："外间论者每以籲公之才不胜其德为疑，岂知同时所叹为有德者固不如籲公，即称为有才者所成亦远不之逮乎？"则骆诚不独拙于文，亦拙于为政也。

费行简《近代名人小传》力诋之云："……其实则庸碌骄蹇人也。左宗棠处其幕中，虽操军权，而每计事，秉章坐听之，送迎未尝起立，接属僚益傲倨，虽起甲科而俗鲰不能文，临殁自为挽联，出语则‘由翰詹科道而转京卿’。丁宝桢见而笑之曰：‘此履历也。’当官不饬吏治，军谋更非所长，而任将甚专，且果杀戮，遂薙蜀寇。生平廉素，及殁，布帐一、银百两、破笥二而已，家无田屋以处子孙。……”

（按其自编年谱，盖得科名较晚，仕途复蹭蹬，出任封疆且当大任，固非始顾所及，廉静有余，必可信也。）

## 三七　徐致祥

嘉定徐致祥与其叔郙，先后入翰林，负清望。在光绪朝皆有守旧之名。致祥尝于甲申年驳潘衍桐等开艺科之议，又劾张荫桓出身卑微，幼习洋业，不应拜太常寺少卿之命，兼及李凤苞、马建忠。又三次请罢铁路，语多迂阔。然其劾枢臣礼亲王世铎、张之万等误国，疆臣阿克达春贪污，及论封奏不宜留中诸疏，亦殊不愧遗直也。

## 三八　左文襄佚事

尝疑有清末季士大夫有匡扶朝局之机会三焉，而皆不能利用。同治中，曾文正入觐督直之际，奉诏练兵，促之至再，倚任不疑，若假此威柄，入清君侧，何难真见中兴。而文正卒无所为□□〔而殁〕者，盖以剿捻无功，威望渐灭，天津教案又见讥于俗论，贸然行之，恐蹈桓宣武之覆辙耳。及光绪七年，左文襄□□入京，以侯相兼军机处、总务衙门、兵部三重任，威望之重，事寄之重，过于文正，且兵柄未解，带甲入卫，乃为宝□〔鋆〕所扼，竟不能出一言、建一策而去。宝鋆之怨文襄，仍不出旗人见解。文襄书牍中曾言其故云："北援过获鹿时，曾因宝森道谒，即持乃兄名柬，厉声叱之，嗣与乃兄议论不合，亦由于此。"《翁文恭日记》载，宝鋆曾以一团茅草讥文襄，已料其不能相容。然文襄实亦不免骄妄轻视天下事，虽微满相之龁龁，固亦不能符天下望也。至于庚子之役，则李文忠、刘忠诚、张文襄以勋臣宿望，分布岩疆，智略之士，往来幕府，但使有一人率兵靖难，或直请乘舆南下，其时各国皆急望中国有主持政权之人，而慈禧亦已丧胆失措，更无贪位之意，涣汗大号，与民更始，可以风动云从。而迎銮之议，既阒寂而无闻，勤王之师亦逍遥而不发。（事均见张季直自编年谱）拱手观变而贻毒于天下者又十年，盖至是而机会已三失矣。其后岑春煊等虽欲排除奕劻、袁世凯以新朝局，则流丸之势已成，斧柯之寄不属，倍不足道。若追论当日群公之优劣，曾文正有其志而无其略，左文襄有其略而无其志，李、刘以下抑又有愧于所谓"托六尺之孤，寄百里之命"者矣。

文襄在枢府日种种不自得，昔尝闻其一二。盖在军中久，颇以早朝拜跪为苦，又口操湘音，后常不解其语，而满人遂益以此苦之。费行简《慈禧传信录》云："其在军机日，惟自夸功绩，遇疆吏奏报辄请批准，又尝搀己意入廷寄中，示陕抚谭钟麟，同官王文韶以不谙体制讥之。又于广坐中诋官文‘不识一丁竟以功名终，旗员大都类然’，于是满蒙籍诸员衔之尤刺骨。礼部尚书延煦遂以‘万寿圣节宗棠到班迟误特疏’纠之。略谓：‘宗棠以乙科入阁，已赏优于功，乃既膺爰立，竟日骄肆，乞惩儆。’疏入，后示枢臣曰：‘此关礼仪事，何非部臣公疏，而只延煦单衔耶？’奕䜣谓宗棠实失礼，但为保全勋臣计，乞留中，后韪之。奕环又劾延煦，谓‘宗棠之赞纶扉，特恩沛自先朝，煦何人斯，敢议其滥？且宗棠年衰，劳苦功高，入觐日两宫且许优容，行礼时偶有失仪，礼臣直事纠之可也。不应延煦一人以危词耸上听。’疏入，遂以谕斥延煦，后敕部议处分，由是朝臣无敢论宗棠者，至持清议诸臣以外交事素不惬鸿章所为，知宗棠持议与鸿章左，益扬左以抑李，故于宗棠有褒词无微词也。”观此则文襄徒以言词激怒满人，初无远志，若论相度，诚不啻文正远甚矣。慈禧与诸亲贵亦但以勋臣故优容之，绝不疑其有他，盖稔知其无能为矣。

## 三九　杨国麟案

光绪己亥，立溥儁为大阿哥，中外皆知有废立之意，或谓德宗已被弑，或谓潜逃出京。好事之徒，遂有希冀迎立之功者。张之洞时方督鄂，忽有人自称今上微行，一时吏民大骇。之洞固知其妄，乃按诛之。其奏报之词云：

田镇沛源口地方，有土客船只经过，船上人登岸游行，至已经封禁之土娼家，内有少年杨姓，大言愒嚇开封，并令人持杨国麟名片传守备上船诃詈，当将一行人解交蕲州审讯。供称系广东大埔人，其父为郎中，由峨眉山回来，将往江西龙虎山，忽自称系康有为之弟，又称五王爷。提省后在江夏县外监内向同押各犯自称为天下一人，又自称为寡人，并称此间督抚两司所素识。同时在禁之犯被其煽惑，代为书写信件，传至外间借银使用，令人救伊出监，当有汉口行医之杨端臣潜至外监窥探，信为大贵人，一见即行跪拜。杨国麟因口授言语，令杨端臣书写封交典史转交总督，自称谕旨，索取库银二百，令送伊往龙虎山……（见《张文襄奏稿》）

此已亥十月间，次年始结案，当时固哄传远近，即官吏之为所惑者亦不少也。

## 四〇　林清之变

嘉庆癸酉九月，林清自南苑纠众犯宫门，仓卒无备，几至失守，距今正一百二十年矣。自是役而后，清廷纲纪之弛废、臣僚之冗劣，人心之不附，兵力之已衰，悉暴露无余。而承平旧典，亦自是役而后多不再举行，故是役为有清一代兴亡关键，读史者不可不观其微也。据《啸亭杂录》述其时诸琐事，皆足征诸满洲臣僚之庸妄可笑。先是步军统领吉伦已闻其下有告密者，乃斥之曰："近日太平乃尔，尔作此疯语耶?"是日，诸王大臣有日落始至者，有逍遥雅步于御河岸者，礼部侍郎庆福尚公服挂珠坐于军机处阶上，人问之，曰："今日望日，敢不公服?"及事平之后，帝对廷臣言："我大清以前何等强盛，今乃致有此事，皆朕凉德之咎。"又曰："诸王大臣如有能摅忠悃者，可缮折以奏，待朕裁定。"乃有欲合辟邪丸药使诸内监服之以却其邪谋者。盖帝既不知探致乱之源，而廷臣亦无一人能以远猷大计入告，事后仅查取未入内之汉大臣大学士刘权之、刑部尚书祖之望、礼部尚书王懿修等勤(勒)令致仕而已。

## 四一　清代后宫之制

前清宫内制庭较之前代最为省节，不独无所谓彩女三千，即后宫嫔御人数亦较少。考之《实录》，顺治十五年始从礼臣议，乾清宫置夫人一人秩一只（品）、淑仪一人、婉侍六人、柔婉二十人、芳婉三十人，品秩递降。又视尚宫、尚仪、尚服、尚食、尚寝、尚绩六局，各主以内宫，有贞容、慎容、勤侍之属，无品级，无定数。然空有此制，迄未实行也。

按之《宫史》所载定制，百帝遵圣祖母为太皇太后，圣母为皇太后，居慈宁、寿康、宁寿等宫。奉太妃、太嫔等位随居。皇后居中宫主内治。皇贵妃一位、贵妃二位、妃四位、嫔六位、分居东西十二宫佐内治。贵人、常在、答应，俱无定位，随居十二宫，勤修内职。十二宫者：景仁、承乾、钟粹、延禧、永和、景阳、永寿、翊坤、储秀、启祥、长春、咸福，乃乾隆六年所定也。

至宫女则各有名额，皇太后十二人，皇后二人，皇贵妃、贵妃八人，妃嫔六人，贵人四人，常在三人，答应二人，皆挑选世家及拜唐阿（宿卫者）闲散之女充之，此种宫女及岁即出外遣嫁。

有清后妃中有汉人，自世祖妃石氏始。户部侍郎栾州石申之女也，其家世见于《池北偶谈》。按：《实录》："顺治五年，诏许满汉通婚，汉官之女欲婚满洲者令报部，故妃得以汉籍入选。"《永平府志》且载其恩宠之状云："赐居永寿宫，冠服用汉式，敕石申妻赵淑人乘肩舆入西华门至右门下舆入宫"云。

然其后圣祖、高宗后宫中亦多汉姓，而仁宗之生母孝仪纯皇后本姓魏氏，嘉庆二十三年特谕于玉牒内改书魏佳氏（据《实录》），颇疑其实为汉人而讳言之也。

每三年行引选旗秀女之制，由户部奏请日期，届日于神武门外预备，宫殿监率各该处首领太监关防，以次引看毕，引出。其秀女等各给饭食并车价银两，俱由户部支领云。

诸帝中享国最久者，圣祖四后、二贵妃、十妃、四嫔、七贵人、九庶妃；高宗三后、四皇贵妃、二贵妃、八妃、八嫔、二贵人。而文宗年仅三十，乃亦有三后、一皇贵妃、二贵妃、四妃、六嫔、三常在。此皆见于《清史稿·后妃传》者。

## 四二　明宫食品

孙承泽《典礼记》（《借月山房汇抄本》）有“明宫荐新品物”，可见明代北方食品之大凡。其所记云：

> 正年（月），韭菜、生菜、鸡子、鸭子；二月，芹菜、薹菜、冰萎、蒿子、鹅；三月，茶、笋、鲤鱼；四月，樱桃、杏子、青梅、王瓜、雉鸡；五月，桃子、李子、来禽、茄子、大麦仁、小麦面、嫩鸡；六月，莲蓬、甜瓜、西瓜、冬瓜；七月，枣子、葡萄、梨、鲜菱、芡实、雪梨；八月，藕、芋苗、茭白、嫩姜、粳米、粟米、稷米、鳜鱼；九月，橙子、栗子、小红豆、沙糖、鳊鱼；十月，柑子、橘子、山药、免蜜；十一月，甘蔗、荞麦面、红豆、鹿、兔；十二月，菠菜、芥菜、鲫鱼、白鱼。

大致与今北平物产相合。又云：

> 奉先殿每日供养，初一日卷煎、初二日髓饼、初

三日沙炉烧饼、初四日蓼花、初五日羊肉肥面角儿、初六日糖沙馅馒头、初七日巴茶、初八日蜜酥饼、初九日肉油酥、初十日糖蒸饼、十一日汤面烧饼、十二日椒盐饼、十三日羊肉小馒头、十四日细糖、十五日玉茭白、十六日千层饼、十七日酥皮角、十八日糖枣糕、十九日酪、二十日麻腻面、二十一日蜂糖糕、二十二日芝麻烧饼、二十三日卷饼、二十四日爊羊蒸卷、二十五日雪糕、二十六日夹糖糕、二十七日雨熟鱼、二十八日象眼糕、二十九日酥油烧饼。

以上一月共用银一千五百九十二两四钱。亦大致与北平通行食品相合。

## 四三　七世同堂

乾隆三十九年，浙江临海县在籍训导王士芳年一百二岁，以祝万寿朝京师，召见，授国子监司业，在籍食俸。士芳之祖曰君极，世业医。康熙十五年，耿精忠作乱于闽，其党曾养性犯台州，君极奉惠献贝子命往谕被害，士芳从其父奔哭乞师，夜袭贼营，裹创苦战，而功不叙。家贫，读书卖药以自食，为诸生屡试不利。久之父卒，妻亦旋卒。年八十余始以岁贡选遂昌县训导。凡有子四人，孙十一人、曾孙五人、元孙七人、来孙八人、昆孙一人。童颜鲐背，健步善饭，目光奕奕注视，人有迎之饮者，无不赴。能作擘窠大“寿”字，所至人争求之。问其服食导引之说，曰“吾惟知屏思虑，节饥饱，顺天和而已”。此盖天台山泽间风所钟，禀赋独厚，虽早年忧患相缠，亦不能损其年寿也。事见《碑传集》一一二沈士芳所作传。

## 四四　神仙拒奸

神仙而能驻颜善矣。驻颜反以招强暴，致以身殉，亦事之奇者也。钱维城《茶山集》中有《烈妇邢氏传》云：

> 烈妇邢氏，山右人，少寡，抚其孤。孤长，娶有室，经埋家政，井然足自立，而烈妇年四十余矣。烈妇自少得神仙吐纳之术，常独坐一室，终夜不寝。所居屋负山，见子已成立，乃筑室于其颠，足迹不下。子若率媳数日一往问起居，如是者数十年。烈妇有殊色，自居山辟谷导引，益妍好，恒如十六七许人。有李三者樵于山，于精舍外望之大惊，以为世所未有。念烈妇独居可胁也，夜持利刃逾垣抉门入。烈妇方趺坐，李三直前持之。烈妇惊，力拒，李三露刃迫之。烈妇不从，而时仓卒无可抵，乃以手格之，被七八创，惫不能拒。李三复犯之，则又跃然起，搏如故。凡绝而苏，苏而拒者数四，饮三十余刃，卒不受污而死。时将晓，李三逾垣出，弃刃与血袜于沟而归，告其妻曰：“余不得生矣。”妻怪问故。曰：“余往奸

山顶邢妪不从，杀之矣。”妻以为戏也，曰：“余方少而何求与老人？”李三曰：“子不如邢之美也。”言讫而逃。卒捕得论如律。

天下事之诡诞有如是者。邢氏为子娶妇又数十年，则年当至少六七十，可谓修道有得者矣。乃以拒奸而死，此岂可以常理论邪！惜不著其时代与里贯。考钱氏未尝官山右，盖其任刑部侍郎时所阅案牍欤。

## 四五　庚子库款之佚闻

清末内阁中有内库存银百万两。庚子之役，提出五十万两接济四恒钱店。尚余五十万两，提充全权办事处经费。至户部库款五百余万均为某国捆载东去。此事见于陈庸庖所著《梦蕉亭杂记》。其言曰：

部款五十万，余请于王文勤公文韶（时官户尚）。比时户部为董福祥驻兵，司员星散，部库亦被封锁，无从领取。而四恒需款甚急，文勤亦无所措手。适遇戎曹某君告余曰：“该部有内库在东华门内阁后门东偏。闻之先辈言，庚申文宗幸热河，濒行，敕户部提银一百万存入内库。此时当尚存在，何不一查？”翌日，入见文勤，备述始末。文勤曰：“微君言，吾亦忘之。”立时传谕所司开库发款，分交四恒领取。厥后两宫西幸，洋兵入京，东华门为日兵佐守护。全权入京，百事待理，部库五百余万均由某国捆载东去(赫德为余言)。而全权办事处设立，需款孔亟。余犹密令陶君大均权商日官将内库剩存五十万两联车运出，以济急用。

云云。

## 四六　雍正访求毒药

世俗所传雍正杀人用血滴子之说，未见所据。然访求毒药及解毒之方，则见于朱批谕旨。雍正三年，密谕广西巡抚李绂：

> 近闻贵州诸苗之中，狆苗之弩最毒，药有二种：一种草药，一种蛇药。草药虽毒，熬出两月之后，即出气不灵。蛇药熬成数年可用，单用蛇汁，其毒止能溃烂，仍有治蛇之药可医。更有一种蛮药，其名曰撒，以此配入蛇汁敷箭，其毒遍处周流，始不可治。闻此撒药系毒树之汁，滴在石上，凝结而成，其色微红，产于广西泗城土府。其树颇少，得之亦难。彼处蛮人暗暗卖入苗地，其价如金，苗人以为至宝。尔等可着人密行访问此树，必令认明形状，尽行砍挖，无留遗迹。既有此药，亦应有解治之法，更加密密遍处访询。如有解毒之方，即便写明乘驿奏闻。

绂旋奏：

臣即于本日密檄行令思恩府知府、泗城同知及泗城土府三处严饬即刻查明毒树，速令砍挖，仍饬速觅解毒之方。又于次日差标员恭赍上谕，送交提臣韩良辅恭阅，以便协同料理访问施行。兹据泗城同知林兆惠禀称："访闻犸苗弩箭用药各别，苗用百草尖所熬，犸用药母配入蛇汁。查药母即系毒树汁晒成，凡树之汁，土人皆名撒。撒为汁之土音，故有汁之树名撒。在犸家名制弩之药曰矿，汉人名之为药母。今此药已得，其色带紫，但此药虽有泗属土人贩卖入苗地，其树实出于江左地方，业径往太平等处访寻。今于隆安地方觅得其皮叶枝干矣。至解药之方遍处细访，已得有解治之方，并敷治之法，但其药味尚未全得，且系草药，其名皆土音，其形状不能辨识，已觅能熬解药之人往山中采取。俟药味齐备，卑职即偕之赴省面禀一切。所有访得解救之方先行列单呈电"等语。臣伏思解毒之方虽已觅得，而药物非他处所有，亦非他处人能识，应俟该同知采齐药物，并带制药之人至省，臣再加面试，然后奏闻。但臣钦奉上谕，令臣将解毒之方乘驿奏闻，必有所用。今既须兼采药物，并须制药之人，自应先将解方奏闻，恭请皇上指示，将人、药发往何处使用，以便人、药到时遵照施行。至毒药撒树已于左江所属南宁府隆安县桥建村觅得三株，俱高八丈，围一丈四五尺，皆已伐倒。其余自当遍行搜砍，但左江地方千里，深山密林，多人迹不到之处，恐难尽去其种，然军中制有解药，即有毒树，亦可无所患矣。

## 四七　枫江袁氏

乾隆中，吴下文酒园林之会，足以媲美顾阿瑛者，无如袁氏。袁名廷梼，字寿阶，为吴下望族，饶于资，筑小园于枫江，有水石之胜，又得先世所藏五砚，为楼弆之，蓄书万卷，皆宋椠元刻，秘籍精抄，以及法书、名画、金石、碑板贮于五砚楼中。又得洞庭中徐尚书健庵留植于金氏兴涛阁下之红蕙，种之阶前，名其室为红蕙山房。遇春秋佳日，招云间汪布衣墨庄、胡上舍元谨，同邑钮布衣非石、顾秀才千里、戈上舍小莲为文酒会。时钱竹汀先生主紫阳讲席，王西沚先生、段大令懋堂三寓公亦时相过从，袁大令枚、王兰泉先生往来吴下，皆主其家。于是四方名流莫不挐舟过访，酒诗流连，应接不暇。寿阶不治生产，且喜挥霍，急人之难，坐是中落，乃奔走江浙间。后江观察颉云延之康山宾馆。见江藩《汉学师承记》。

## 四八　林嗣环

康熙中，琼州道林嗣环乃奇人也。其在琼时，旧藩遗二虾（侍卫）入署言事，连骑至公堂不下。林诘之曰："尔何人?"应曰："虾。"林故误曰："尔两人四眼如明星，安得谓之瞎耶?"各与杖三十。同城有高总戎者，林与之抗礼不少下。林往顾高，干旄甫及门，高即启门出迓。高来顾林，林时视事，或偃仰，必从容而出。一日，高具酌，林极晏而赴之。及庭一揖罢，即曰倦甚，请少休。乃就别馆酣卧，比醒已三更矣。高出伎乐佐酒，林欢甚，问高曰："此优皆何处人邪?"高曰："即琼州人也。"林停杯痛哭，一庭皆惊。高怪问："公何为者?"林哭曰："尔辱我，我不堪也。"问："何为相辱?"林曰："余监琼，琼民皆吾子女，尔酌我而令我子女歌舞，何辱如之?"却席而起。林、高互揭，得旨各降四级。林为长三寸木板，朱漆金书"钦降四级"，使二役持之以谢琼海之客，盖林居官时凡所投刺及上下文移启劄皆用纸长三寸，才能容其条记。居恒曰："吾无从得钱买纸。"其用长三寸木板署官衔为前导，盖行之已久矣。其后林、高复辩于朝，各杖戍，遇赦免。林客杭州，遂家焉。事见《碑传集》，亦官场中之异闻矣。

## 四九　宋人缠足

《茶香室丛钞》六《枫窗小牍》有"汴京闺阁妆抹"一条，末云："今闻虏中闺饰复尔，如瘦金莲方莹面丸，编（遍）体香皆自北传南也。"按：此书作于宋南渡初，所云虏中即谓金也，而有瘦金莲方，是金人妇女亦缠足矣。

《夷坚乙志》三“王失人斋僧”条云：“我以平生洗头、洗足分外用水及费缠帛、履袜之罪，阴府积秽水五大瓮，今日饮之。”

盖缠足之风始自汴京金粉之丛，故北方尤化其俗，宋虽亡而不改，至于南人反多存古意，民间并不缠足。今日北方缠足之风，反甚于南方，殆以此也。

孙承泽《典礼记》云：“《大明典礼》载宫人衣用紫色团领、窄袖，编（遍）刺折枝小葵花，以金圈之，珠络缝金束带，红裙。弓样鞋，上刺小金花。乌纱帽饰以花，帽额缀团珠。结球鬓梳。垂珠耳饰。燕中妇女足称纤小，至选入宫则更易而弓之。昔苏子瞻尝称‘内库酒、北苑茶’，赵德麟曰：‘上阁衙香仪鸾司绿烛，京师妇人梳妆与脚，天下所不及。’坡笑然之。《小牍》载宣和以后妇人多花靴弓履，穷极金翠，盖宫鞋尚弓仿宋也。”此亦为缠足盛于北方之证。

## 五〇　汪容甫之生计

汪容甫自叙颇道贫薄，而孙渊如撰传称其能鉴别彝器、书画，得之售数十百倍，家渐丰裕。虽负狂名，而渊如称其深自敛抑，为诗曰：“佯狂骂坐自平日，焉知生命鸿毛轻。”又寓书规之曰：“学问观其会通，性行归于平实。”刘台拱亦云：“君藏书多善本，朱墨烂然，横列座右，杂以金石彝器之属，凡数十年未尝去手。”江藩《汉学师承记》亦云：“晚年有鹾使全德耳其名，延君鉴别书画，为君谋生计，藉此稍能自给。”容甫盖不患贫，亦非甚狂也。

## 五一　玉芝阁

《思益堂集》有《玉芝阁颂序》云：“公导游斯阁，详睇芝状。阁内棁端左右各两檐，斗拱左三右二，房结两楣，莲呈九品，盂圆盘大，轮囷郁律，根柎连理，白逾截肪，日光照之，华纹细腻，宾从仰观，诧所未睹。”按之《左文襄年谱》，乃光绪七年十月事。公方以军机大臣出督两江也。公邸宅在北池子中间路西。后二十年，先文慎公自江苏学政入为军机大臣，扈从回京，亦寓斯处。房舍湫隘，犹想见文襄俭率之风。余时方八岁，历历记之。

## 五二　法琅匠

北京景泰蓝有名中外，其实仍自外国输入，故当时工匠皆自广东来。雍正朱批谕旨中有雍正二年两广总督孔毓珣奏云：“前任督臣杨琳任内承养内廷效力法琅匠杨士章等十一人，俱家住广东。向来各匠家属每季赴总督衙门领取养家银两，各匠在京房屋饭合俱为供备，逐日进内廷做工。”法琅者法郎机，明代以之称西洋人也。盖自明代传入中国。

## 五三　十三行

雍正五年，广东布政使官达奏：“查广东旧有洋货行，名曰十三行，其实有四五十家。杨文乾到任，创立行头名色，佥用六行，六行之中又专用两行为耳目。多给资本，各处收买货物，垄断洋行生意。遇有洋船到广，凡报饷上货等件俱是两行专理，向来番人到广，听其自投行主，养活数百余家，商民称便。自立六行之后，凡番人交易非六行不能交货，以致各行货积如山，总无番人敢买。延至冬末，不能销售，不得不减折价值，卖与六行，转售各商，多有倾本。行店无不受害。其中抽扣等项名目甚多，惟两行并关部衙门库稿书办经手。”

## 五四　上海船行张元隆

康熙中，江督噶礼与苏抚张伯行互讦一案，有上海船行张元隆一事。亦上海一掌故也。据伯行奏云：“张元隆系考职监生，广置洋船，立意要造百艘，以百家姓为号。多将洋货贿媚督臣。督臣在上海铺设数十船，皆元隆以所畜积罄馈督臣后，即令伊弟张令涛由浙江海口运赴江宁。此时有崇明水师在洋盘获余元亨等，照票不符、籍贯互异，讯供张元隆代领。臣饬常熟、上海两县提讯，元隆托病不出。两官亲赴其家取供，元隆公然上坐，两官侧坐其下。臣闻骇异，严饬拘拿。而两官以督臣交好，始终不敢。迨臣回署提审，遽申元隆在家病故。人言藉藉（籍籍），皆云元隆诈死埋名。”见费元衡所撰伯行行状（《碑传集》十七）。

## 五五 《方舆纪要》稿本

近有得《读史方舆纪要》原稿者。余按：朱象贤《闻见偶录》云：“梁溪顾景范纂《读史方舆纪要》一百余卷，大概如《一统志》，而或详或略俱如得宜，并考山川形势，历代用兵战守悉为详载，乃往济书也，但未付梓。四方购求者至无锡出二十金左右，倩（请）能书者分手抄录，候以月许，可得一部。当时甚为贵重。雍正壬子、癸丑间，予客于两江制军魏、高两公幕府，牍中有件，湖北刘姓侨寓江宁曾于无锡购得前书，珍重异常。江宁某姓者，与刘曾有一面，意欲假以抄录，适刘他出，某竟自取二册而去，而刘不知也。越数日，送还前取之二册，复欲借以后者录全，而刘不特不允，更面叱而诟詈之。某受辱愤恨，竟以刘私藏不轨之书出首京师。行文总督衙门查究勘审明白，将某反坐拟流，某书送部以结斯案。”然则当时此书钞本流传甚多，且有此一重公案也。

## 五六　辛丑和约余闻

辛丑议和之役，李鸿章一手主持，不免有徇外人之意太过者。当时急于求成，亦无人起而抗争。惟与俄国单独订密约一事，众议哗然，中外皆不以为然，卒未画押。张之洞、刘坤一争之尤力。相传刘、张联衔电李争持，实出张之手。李愤甚，电致军机处，谓："不意张督任封疆二十年，仍是书生意见。"张闻之亦惭怒，谓人曰："李相办和议二三次，便为交涉老手耶？"近人笔记多载此语。

近故宫博物院发表军机处档案，果有李氏此电。然其事乃由张氏力争大沽撤炮台、使馆驻护兵而起，非争俄约也。张之言曰：

> 合计十一国京城护馆之兵，至少必有千余；津沽沿边之兵，至少必有五六千；海口兵舰必有十余艘，是洋兵水陆合计必有万人，不言何时始撤，恐是长局。此路我既无台无兵，彼又据有铁路，半日可到都下，实属危险。合十一款觐见改章观之，以后各使请觐必然频数，动辄于觐见时面加要求，必致条款陆续增添日逼日紧，从此中国无自主之权，不可为国矣。

此言固是矣。然电中又有极可笑者：

> 除中国再激各国公愤，此次各联国均签字允肯向

中国用兵者，另当别论外，倘一二国与中国偶有龃龉，该国公使下旗出京，应即将其卫队及其卡兵带同回国。……与之婉商，不知各使允否……如一时未有善策，而彼又嫌陕省陆路太远，于使馆不便，似可与各国婉商，另择彼此两便地方，或在长江上游一带，止能行小兵轮之处，于江岸向内数十里或百里，以作暂时行都，俾行都使馆俱获安稳。

此欲于和约中预计与人开衅，又欲以本国定都之事商之于外人，既昧于交涉情形，亦非谋国之道。无怪李氏致军机处电中驳之，谓："张督在外多年，稍有阅历，仍是二十年前在京书生之习，盖局外论事易也。"

## 五七　中日交通之禁

雍正九年，浙江总督管巡抚事李卫奏云：

从前聘往日本教习逗留未归之武举张恒晫并随同之刘经先，又另船出洋之生员孙太源、沈登伟，臣勒令原商设法于东洋索取本人去后，今该国将张恒晫等尽行交于原船商人带回。据乍浦游击柳进忠于本年五月初四押解到，臣亲加究讯，内孙太源系行商多年，因欲图赚倭照，代为续邀沈登伟出洋，在彼讲《大清会典》各书，与夷人作诗写字，每人各得倭照一张呈验，已据直吐，并将彼处耳目所见情形逐一据实供明。惟张恒晫一犯不但全无资财贸易，其受聘私往东洋教习骑射之处，始则狡口不承，迨该犯带往之刘径（经）先面同质对，犹敢支饰含糊，不尽吐实。臣思此等之人，违禁应聘外洋教演技艺，贪利忘本，若不分别严惩一二，无以儆戒将来。随将张恒晫武举咨部黜革，发司严审，从重定拟，充发边远，与穷披甲人为奴，以此作榜样。此外孙太源等三人确讯尚无勾通作奸别项不轨情弊，惟图利是实，似应饬交地方官着落商总邻族出具保结管束安插，永不许再行出洋，以杜其弊。

事见雍正朱批谕旨。当时与日本交通之禁严切如此。

## 五八　康熙中杭州消防制度

杭州自昔常苦火灾，毛奇龄尝为文以议之。康熙中，赵士麟为浙江巡抚，亦以杭城人居稠密、衢巷联络，檐舍如鳞次栉比，编竹为墙，每有祝融之厄，延烧以千万计，莅任即预约寮属曰："吾辈奉天子命，来守是邦，百务皆可徐理，当以救火为第一义。人止知以水救火，岂知一杯之水能救车薪之火乎？其道在首立救火之人，次严抢火之禁，而要务在于拆房。于左右两标，选定救火兵二百名，参游统之。行藩司于各役内选定三十人，臬司二十人，杭府厅四十人，仁、钱二县各三十人，以各首领官统之，制给白布号褂一件，上书衙门姓名，以示别也。某某执长柄铁铙钩，某某执巨缆绳索，某某执榔斧。平居逢朔望，各衙门点验。一旦火发，公飞骑而前，文武各官星驰并到，令各着号衣。本标督兵先进升屋救护。于四旁隙处拆之，钩以钩之，缆绳拴柱以拉之，榔以敲之，斧以断之，顷刻而空，则火自熄。余兵令统领官按驻于前后左右之半里许，相机调度，庶火场不至壅塞，而火家得以搬移。”事见徐文驹所撰行状（《碑传集》十九），此为昔时最完美之消防制度。

## 五九　乾隆中钱铺投机

定州王檠华字达亭，乾嘉间人，寿逾九十，曾著《局外散人消闲戏墨》，中有一事可征乾嘉中金融情况。且定州人著述无多，亦可珍也。其书略云：

> 乾隆末年，白金价高，腾踊日甚，郡城内天宝钱铺郭某、兴隆钱铺李某，各赍千金赴白沟河买粮。到彼投某粮店解装，尚未议及粮价若何，郭见窗间置邸报，取来翻阅。有某御史一折，言银钱通壅轩轾不行，请发帑银以平时价云云。郭心动，私语李曰："买粮胜负尚未可知，若帑银一出，银价必致暴缩，何不乘人未觉，将此买粮之银暂且易钱，十天半月可

获倍息，再来买粮未迟。”李亦然之。乃问粮店某粮某价，聊议低昂，即云不合式（适），束装急奔省垣。定更时仅能进城，投金泰钱铺，将二千银随行合钱批帖过账。酒饭毕，请客安寝。盖钱行生意人最机警，金泰号疑此二人来之有因，命将客房加锁，夜间客若呼唤，切莫应声，即着人载四千银星夜出城，赴定州探行情。二人睡至半夜，李唤郭曰：“郭五哥！你我作此生意，铺中不知邸报之来，先省后郡，倘有与我同心者，亦到定州如此办法，铺中被诬，我等此宗生意岂不枉作？”郭曰：“是也。必须连夜回铺，以防此虞。”即披衣拔关启门，而门外倒锁，乃大呼开门，呼叫多时，如在无人之境，毫无声息。及天明日出，始有人来开锁放二人出。问何故加锁，答云：“铺中犬恶，客如夜出被噬奈何。”二人不疑，惟急命驾。金泰号再三款留，皇遽辞出，脱驰而回。到铺，金泰号之人尚未行，两家各买二千金，对月钱多加二数，业已成交，无可挽回。此风一播，银价骤减，一二日内两家赔钱四五百缗，帑银未出，钱价已平，后亦卒未闻发帑之事。二人弄巧成拙，愧叹而已。

## 六〇　孙文正佚事

寿州孙文正家鼐，光绪末年居宰辅，而老耄中庸，随时俯仰，颇以不能持正，为时所诮。然谦和有容，抑犹有古人风也。夏孙桐有书孙文正公事一篇云：

> 庚子冬，公被召赴行在。时和议未定，各国坚请惩办祸首，赵尚书舒翘议赐自尽。刘编修廷琛上书营救，乞公代奏，却之。喻以事不可挽，臣子报国当务大者远者。编修故憨直，曰："杀军机尚书尚得为小事乎？请问中堂应召赴行在几何日矣，所建白大者远者为何事？"公改容谢曰："某无状，衰年再出，不能报答国家，吾子见教，愧死愧死。"然卒不为代奏。逾数年，朝议保送御史免考试，责大臣慎择荐举，公惟荐编修一人。语人曰："刘君忠直，能面责我，必不负国。"

此记甚肖孙之为人，《清史稿》中即采之。

## 六一　孙渊如伉俪

孙渊如为乾嘉名宿，以贾许而兼徐庾。顾其读《说文》已在成室以后，其为夫人王氏事状云："偶得许氏《说文》。与余约日识数十字，久之，予遂通小学。"其他所记闺房琐事亦皆饶逸趣，云："既婚数日，夫人属余填词，并勺围棋。余皆未学，颇心愧之。后遂为小词酬夫人，而卒不能对奕。夫人终日持一编书在室，教其幼妹。时时临帖，好虞永兴楷法。或为余录诗，至今有存箧中者。尝言唐五代词率可倚声，被之箫管，春余夜静，辄取李后主‘帘外雨潺潺’词按笛吹之洛。余审听，至‘流水落花春去也，天上人间’，闻者欷嘘。其后写夫人遗影为《落花流水图》，以此。既归句容，时余大母在堂，两亲爱子息，无苛礼。定省之暇，不事针黹。夫人好洁除几席，余每陈书满案而出，比入室则夫人为整齐之。山斋有桐桂古柏，冬寒月皎对影萧瑟，或出户闲吟，或焚香开卷。”观其所述，令人想见伉俪之乐。

## 六二　汪梅村日记

近见邓之诚氏印汪梅村士铎所著《乙丙日记》（北平文艺阁书店出版），所记皆咸丰癸丑以后至丙辰江南兵乱中时事，极为可珍。此书本梅村手稿，为邓氏所得。随笔杂记，其所见闻及身家琐事，无条理，无次序，本非传世之作，假使在前清亦决不会发表的。

梅村并非不忠于清，但是他对于清室弊政、弊俗，抨击、讥贬不遗余力，而洪、杨方面可称之处，也不随声附和，一笔抹杀。像梅村这样耆儒，而有这种见解，实可惊叹。

他力言人多之患。他说：“治民须欲民富。而欲民富当首行溺女之赏，贫户不准生女。”这话实也骇人听闻。不过他主张课士禁用时文，而讲农田水利，商贾导之船海而至域外四洲，工人兼习泰西之法，妇人严禁文绣之技，军士分平原、山林、海外、江湖之四营，人才合德行、武技、政事、文学而乡举里选，禁赌博、洋烟、性理、鬼神、巫祝、星卜、盗贼、私斗、光棍、游荡、硝磺、邪教十二事。广施不生育之方药，严禁男子二十五岁以内、女子二十以内嫁娶，这些都与现代思想暗相符合。

他最反对当时翰林之外任道府，以致渐跻督抚，除小楷试帖、趋跄拜跪之外一无所知。他历举陆建瀛、何桂清、徐广缙、陈启迈诸人之误国以为证。他主张翰林限制员额，专研史学，其余官吏各为专门，徇级递进，至于裁冗员、增俸久任等说，尚是人人习闻之常谈也。

他指出当时之弊政，如捐至八折，推广指省指缺，钱至行钞大钱铁钱，民间至捐市屋租息，行旅每百二文，担负至每担百文，税至各县皆立卡房云云。且曰："此非变祖宗之法乎？何以求人才则不变祖宗之法？"其尤沉痛之语曰："敷衍则姑息，谓之明练事机；认真则生事，谓之办理不善。"

他被陷江宁城中，亲见洪、杨军制，深服其军容整肃，号令严明。他说："城内各街皆置更楼，全城内外在目如绘，一闻战则更楼吹角，各馆人持械疾赴韦昌晖处听指挥，少延则斩，然后知我军守城真儿戏也。"他又颇称其制度合于古者数事，但其幼稚处亦不为之讳。又他说金陵城破若干日后杨秀清始至，当时实无意中得之。这尤为一段珍闻。

梅村后来为胡林翼所延揽，修《读史兵略》名重一时，竟不再出，以隐士终。其人品之高，为其同时同辈所罕及也。

## 六三　女儿节

旧历节令中有寓亲亲之意者，如古代以冬至日令新妇献履袜于舅姑，盖欲使家庭之间藉此日动其敬爱之感，民德归厚，未尝不赖此焉。至于清明之上冢，更无论矣。端午节在北方有女儿节之称，亦有深意，与今世儿童节、劳动节、教师节命意亦相合，惜知者颇少。据《帝京岁时纪胜》云："五月朔，家家悬朱符，插蒲龙艾虎，窗牖贴纸，吉祥葫芦，幼女剪彩叠福，用软帛缉逢（缝）老健人、角黍、蒜头、五毒、老虎等式，抽作大红朱雄葫芦，小儿佩之宜夏避恶。家堂奉祀，蔬供米粽之外，果品则红樱桃、黑桑椹、文官果、八达杏。午前细切蒲根，伴以雄黄，曝而浸酒饮，余则涂抹儿童面颊、耳、鼻，并挥洒床帐间，以避虫毒。饰小女尽态极妍，已嫁之女亦各归宁，呼是日为女儿节。"至《日下旧闻考》引《宛署杂记》则云自一日至五日皆然。

又按《大戴礼》已有五月五日蓄兰为沐浴之语。《夏小正》亦云蓄彩（采）众药以蠲除毒气。盖古人以夏令将届，须预为消毒计，所以防疾病也，其来由已甚古矣。今若取其遗意，定此日为卫生节，于保存古俗与民同乐之中，兼寓提倡家庭卫生之意，不亦善乎？

# 六四　射柳

吾国岁时节令，固各有其用意，皆有保存价值。然偏于农事女功（工）者多，若提倡武德者殊少概见。惟北都沿辽、金旧俗，直至明代尚有存者，如射柳之节，盖即其类。此事正为五月五日之故实。大约当辽、金时，北俗已与中原民俗相参合，故南方于五日举行竞渡，而北方则举行射柳，各以其风土所宜者行之，其寓尚武之意则北俗似尤深厚。窃意长江流域民舟尚多，亟宜藉此保存一二，竞渡之俗必不可废。若黄河流域，则宜恢复射柳之风也。射柳之仪节可于《金史·礼仪志》中见之。详译其制，盖以射为名，而以击球为实。此与今日习惯尤为吻合。《志》云：

> 金因辽旧俗，重五日拜天礼毕，插柳□场为两行，当射者以尊卑序，各以帕识其枝，去地约数寸，削其皮而白之，先以一人驰马前导，后驰马以五羽横镞箭射之。既断柳，又以手接而驰去者为上，断而不能接去者次之，或断其青处，及中而不能断与不能中者为负。每射，必伐鼓以助其气。已而击球，各乘所常习马，持鞠杖。杖长数尺，其端如偃月，分其众为两队，共争击一球。先于□场南立双桓，置板，下开一孔为门，而加网为囊，能夺得鞠、击入网囊者为胜。球状如小拳，轻韧木枵其中而朱之，皆所以习跷

捷也。既毕，赐宴，岁以为常。（编者按：查中华书局一九七五年版《金史·礼仪志》，似无此记载，未知何据。）

又《析津志》云：

击球者今之故典，五月五日，九月九日，太子诸王于西华门内召集各衙门万户、千户能击球者，咸用上等骏马，系以雉尾缨络萦缀镜铃，装饰如画，一马前驰，掷大皮缝软球子于地，群马争骤，各以长藤柄球杖争击之，而球子忽绰在球棒上，随马走如电，终不坠地。力捷而熟娴者，以球子挑剔跳掷于虚空中而终不离球杖，然后打入球门，中者为胜。

此正今日马球之戏矣。

此俗至明代犹存，故《野获编》云：

京师及边镇最重午节，至今各边是日俱射柳较胜。士卒命中者，将帅次第赏赍。京师惟天坛游人最盛，连钱障泥，联镳飞鞚。豪门大估之外，则中官辈竞以骑射为娱，盖皆赐沐请假而出者。内廷自龙舟之外，则修射柳故事，其名曰“走骠骑”。盖沿金元俗，命御马监勇士驰马走解，不过御前一逞迅捷而已。惟阁部大老，及经宴日讲词臣，得拜川扇香药诸赐，视他令节独优。

## 六五　明代献倭俘礼

明万历中有献倭俘之举，虽属点缀升平，依样葫芦，然举行之地正在今旧京午门。城阙山河，依然如旧，相去三百三十余年，行人过此而思往事，其感慨为何如耶。

朱国祯《涌幢小品》记其事云：

> 神庙二十七年己亥四月二十四日，献倭俘礼成，大司寇萧岳峰大亨领左右侍郎出班奏事，长身伟貌，烨烨有威。时上御午楼，朝暾正耀，萧跪御道，两侍郎夹之，首仅及肘，致词先述官衔名姓及左右侍郎，并请犯人某某等磔斩，末云："合赴市曹行刑，请旨。"凡数百言，字字响亮舒徐。宣毕俯伏，上亲传"拿去"二字，廷臣尚未闻声，左右勋戚接者二，递为四，乃有声，又为八、为十六，渐震为三十二，最下则大汉将军三百六十人，齐声应如轰雷矣。此地境界可谓熙朝极盛事。是日天气清和，余以二十七日持节出国门封荣世子，躬逢其盛，良自不偶。次年庚子冬十二月，献播（倭）俘礼，亦如之，而寒甚，百官噤栗，馆友庄冲虚面最白，侵而成红。余面赭几变而黑，或嘲曰："云长作翼德脸也。"宣毕，囚大呼称枉，每囚一镣，肘外覆以朱衣朱巾，名曰罩甲。一官

押之，十人叉而扶且推之，出西长安门。夹道观者无虑百万，车拥毂枳，大司寇督至西市仅二十里，日晡方达。比行刑，近昏黑矣。

## 六六　故宫钟漏

沈初《西清笔记》云："内府一自鸣钟下一格有铜人，长四五寸许，屈一足跪，前承以沙盘，钟鸣时铜人手执管于盘中划沙，作'天下太平'字，钟响寂则书竟矣。昔在闽见一钟，上一格两扉常阖，至交初正时内有铜人两手启扉，转身于架上取槌击钟如数毕，置槌于架，两手合扉。又有铜人高数尺，如十三四丫头，面粉衣缯，前置洋琴，启铜人钥，则两手起执棰击琴，左右高下，其声抑扬顿挫合节，头容目光皆能运转助其姿致。鼓毕则置棰于琴，两手下垂矣。又制飞雀，呼噪逼真。"此钟尚在古物陈列所中，先不知用法，继得一老钟表匠，居然能修理复鸣。按诸沈氏所说，丝毫不谬。由此类推，昔人笔记，诚多可信之史料也。《西清笔记》又云："交泰殿大钟，宫中咸以为准，殿三间，东间设刻漏一座几满，须日运水贮斛，今久不用。西间钟一座，高大如之，蹑梯而上，启钥上弦，一月后再启之，积数十年无少差，声远直达乾清门外。"此钟亦尚在交泰殿中，以其庞大不能移，故竟无恙。

张问安《亥白集》："洋行有一钟，坐上铜人能画千手观音像，又能自画乌丝阑，作楷字，上有二铜雀，飞鸣如生。”

《庄谐选录》云：“运使图毕赫言前任惠潮道时，见夷商以洋器二种来售，每种索价五万两，一种为莲花一朵，每易一时则变一色，其变色也则戛然一声，数十瓣皆变，略不参差；其一种为二童子，每童子前置一小案，案上纸一方，一人蘸笔插其手中，一则能作楷书，一则能画山水花卉。”盖嘉、道间洋货初兴，外商百计揣摩华人心理而为之。即以时表而论，今尚见旧表上刻十二辰字样者。

《庄谐选录》云：“扬州有华人自制钟表者，其初虽为奇器，继则亦成日用必需之物，不觉其为外国输入者矣。”然近数十年来外国输入之货物殊不复揣摩华风，而中国人购洋货者亦务以彻底洋式为贵，并以真正来自西洋为贵，在外国出品家亦几可不劳更研究消费者之心理而坐获厚利矣。最近之趋势，吾国自制之仿西洋物品颇复盛行，若一变而能以华制品推销于外国，一如当日洋货之推销于吾国，则雪耻之一道也。

## 六七　杀夫

《艺文类聚》引《益部（都）耆旧传》曰，严遵为扬州刺史行部，闻道旁女子哭声不哀，问之。云夫遭烧死。遵敕吏舆尸到，令人守尸，曰当有物自往。吏白有蝇聚头所。遵令披视，得铁锥贯顶，考问，以淫杀夫。按：陶宗仪《辍耕录》载元姚忠肃公天福勘县令妻顶腮钉迹事，与此略同。今里俗小说又傅会以为包孝肃事。此类谋杀亲夫之案，社会传说累百盈千，反映婚姻制度之弱点甚深，自汉代已如此矣！

# 《杮庐笔谈》

瞿兑之　著

# 一　滥用公物

在政府没有禁止滥用机关信纸、信封以前，人们偶然谈起这事，都以为中国的公私不分，是历来习惯养成的，其实不然。在帝制时代，中央官吏绝对没有滥用官物的机会，部院长官虽贵至亲王，不能私使所属之官员、差役供私人服役，这是历来有例禁的。事实上也绝对没有听说用属官作自己的书记、庶务、会计者。至多只有一班好趋走逢迎的满司员时常出入于宅门而已，然而绝对不能以衙门里的会计、庶务作自己的会计、庶务也。至于汉司员，更不肯作趋走逢迎之事。长官能用衙门的车马么？不能。能用衙门的膳食么？不能。因为这些费用都已由国家给予固定的养廉饭银了，谁像现在的长官有汽车坐，甚而至于叫衙门的汽车供自己的妻儿用呢？谁像现在的长官有衙门预备的饭食，甚而至于请客全开公账呢？又谁像现在的长官有官邸可住，甚而至于拨公差作私家的仆役呢？又谁像现在的长官有秘书可以写私人应酬文字呢？这些都是在以前绝不容许，而现在绝不以为奇的。

从前的外官却似乎公私不分，外官可以住公家的衙署，可以指挥公役供私人奔走，一切公物都可以自由使用。不过这是因为外官办公经费是以人为主，而不是以官职为主的，所以他这一任的公物，等于国家支付一笔钱给他，听他自己支配而不问其赢绌。那么自然即使他滥用公物，也不使国家蒙受损害。

今也则不然，机关长官除了办公费之外，还可以利用公物。不但利用公物，还可以利用属员供使令。其为害□岂独信纸、信封而已？所以至今还保存着这种习惯——当长官更迭之际，便须将会计、庶务两科长更换，严公私之辨。这种观念恐怕现在还没有十分树立。先树立了种这观念，方才可以渐渐上法治的轨道。

## 二　官吏相见礼

官吏相见礼节，在帝制时代条文上的规定，最多不过三揖而已。后来因为满人习惯之侵入，方有磕头、请安等礼节，而京官因为士大夫出身的多，所以还存古礼。从前各部司员对于长官初见时，也只行揖礼。平常因公上堂说稿，长官必须起立。据说曾国荃署礼部尚书的时候，第一天到任，某司员上堂呈稿，曾未起立，某司员即叱茶房曰："你做这么久的茶房，见过的堂官不少了，那有司官呈稿堂官不站起来的？曾大人是第一次作京官，不知道规矩，你怎么不先回明？"曾闻言大惊，亟起作揖，再三谢过而后罢。这些都是士大夫自矜气骨的地方，在现在必以为迂腐而不愿听。然而长官不敢盛气凌人，属员不肯卑躬屈节，所以在千百人中还许可以养成一两个当官而行不畏强御的。那些营私误国的或者还有所忌惮，国家纲纪之尊严还有所维系，照现在的情形，究竟礼貌更要紧呢？还是气骨更要紧呢？

## 三　卢沟桥之沿革

卢沟者，即桑干河一段之别名。以其水色青黑，故曰“卢沟”，流俗沿讹，误作“芦”字。当金元盛时，均曾议开浚以通漕运，而水势太急，竟不能就。初只用浮舟以代桥，至今浑河上游尚用此法。金章宗以大定二十九年命建石桥，逾三年乃成，敕名广利，是为卢沟有桥之始。复由官建东西廊，令人居之。元代于此置巡检司，又造过街塔，则今不存矣。明代屡次浚河修桥，今桥盖康熙中所修。历次修葺，盖皆不过就原址补治，大体固金代之遗也。元客卿《马可·波罗游记》曾述及此桥，惊为绝世伟构。故西人名为“马可·波罗桥”。其桥栏上刻石狮一百八十余枚，无一同样者，诚为吾国有名建筑。

卢沟桥本无城，明崇祯三年以此为畿辅咽喉，宜设兵防守，又须筑城以卫兵。于是当桥之北，规里许为斗城。局势虽小，而崇墉百雉，俨若雄关。城名“拱北”，清代改名“拱极”。凡二门，南曰“永昌”，北曰“顺治”。其后，李自成称帝，年号即曰永昌。而清太祖亦用顺治年号，亦奇谶也。北平市成立后，以宛平县不能寄治城内，遂移于此。于是以蕞尔一城变为县治矣。

“卢沟晓月”为燕京八景之一。盖此地为出京第一邮亭，送行者往往于此握手言别。万柳丛中一弯残月，诵柳耆卿之词不能不使人黯然销魂也。今日车马虽非，而驿程未改。乘平汉路通车南下者，亦正于晓风残月中过此桥，遥望长虹一道，犹不能不令人慨想当年帝都文物声名之盛。不知几许名利中客，践踏桥上红尘也。

此次日军假演习挑衅，此城此桥遂遭厄运，赫赫名都，数百年史迹，迭蒙耻辱，可哀也哉！

## 四 北平建都千年纪念

美丽而且庄严的北平，只差两年要过一千岁的大庆了。因为九三八年辽太宗定幽州为南京，是北平正式建都之始，到一九三八正是一千年。可是差几年的工夫，竟把他的国都资格取消，并且变成边疆所在了。从明太祖定都南京，不过三十几年，仍是由南而北。又维持了六百年，到民国十七年，又由北而南。南京与北京，北京与南京，外患与内忧，内忧与外患，如此循环不已者数百年，到而今仍是这个问题。

北平究竟是适于建都之地么？本来是可以讨论的。从前北平是个全盛之局，一切有兴旺的气象。《马可·波罗游记》述大都的情形，虽然不免有些夸张，然而万□梯航，规模宏远，那是无疑的。到明代中叶以后，渐渐腐败衰老了。清代虽然振作了一下，也不久便颓废下来。这从水利一项可以看出。

幽州的水利，自古即为要政。燕国的生计，就靠督亢陂。宋元两朝何承矩、郭守敬竭毕生之力以治水，然后幽州无水患。而元朝各处商货所以能荟集于大都者，也就是因为有通惠河之故。明清两朝只知道坐食而不知道修浚，滹沱、桑干两河挟上游之泥沙，年年壅积，于是平常日子到处苦旱，尘沙飞扬，土地荒芜，甚至酿成疾疫。一到雨季不能宣泄，许多地方便受水灾之害。其结果便是人民生计艰难，不能改善生活。

王闿运的《圆明园词》自注中说："自安史以来，燕地利久废，民教不修，本非宅京之所。以明太宗先建藩国于此，又知江南之不可都，而惮于改作。故遂为帝都也。"这都是在同治年中发表的。及到庚子年，他又在《王志》上说：

> 宛平非可都之地，加以沟洫久废，沙秽荒芜。居民积惰，奸盗丛聚，乘衰弃旧，正可中兴。而李督要结疆臣，极言当还。且虑在西便成偏安，何言之谬也。孤寄狼虎之间，有何宅中之势？便令夷国据有燕城，于我形势亦无所损。今所虑者唯在漕运。国家新迁，正宜从俭，漕粟之给，秦汉敝政，自古未仰食他方。但就西所有以供行在，停止养兵，自无京饷，二千年积弊一旦去之，富强方自此耳。王者所至成都，凡言形势者，已非远识。周公营雒，无德易亡。及后东迁，竟不召兵，秦得百二，日有敌警，两汉论都，兴亡安在。况燕无阻固，秦有山河，以中为偏，诚为

迂论。瓜分之说，兀所未闻。李亦为俗所移，暗相引而不觉耳。

王氏这种迁都之论，发之最早。其抉发北平不宜建都之故，亦甚透辟，似非近人所及。不过有了敌国外患再迁都，就嫌晚了。宛平诚非建都之地，然而在今日情势之下，却不免又使人潸（潸）然欲涕耳。

## 五 舞弊

辜鸿铭曾说中国人常用“舞弊”一词练习文法，就是：“我舞弊，你舞弊，他舞弊，我们舞弊，你们舞弊，他们舞弊。”林语堂在他所著《中国与中国人》中，也极力阐发中国人舞弊之特性。舞弊诚然是中国目前一个大问题，虽然政治上有许多改革，似乎这个问题还不曾十分解决。

马伯援在他的《为宰十月记自序》（见民间半月刊三卷四期）说：枣阳县长张某为办教育，开办花包捐，其第一年分文未收，第二年应收八千元者，只以七元七角七分了事。他有几句沉痛的话道：

诸位先生对于国家的热忱与振兴民族的宏愿，吾侪小子是钦佩极了，可惜你们的助手——县长与区长——太不长进。有人只在都市上布置，公文上报

> 告，究其实不是那回事。例如某省报告由某会转饬属会，栽了若干万松树、柏树、洋槐云云，请派人查查活了几株。……

这话真透辟极了。我们讲廉洁吏治，而贪污总不能除尽，反而加甚。难道中国人的天性是如此卑劣不可救药的么？

我以为这是由于历来制度之未善。其中尤以官俸太低为最大原因。明清末叶，外吏习气腐败得不成话。民国以来许多习惯既未改革，而薪俸反而降低。普通县长正式收入每月只有二三百元，而其事务之繁、责任之重、功令之苛，更甚于昔。

从前州县官流品很杂，现在的流品诚然不能说不较整齐。然而事实上又何曾得有许多第一流的人来作县长？所以官俸与官制之铨叙、黜陟迁转，若无改弦更张之道，辜鸿铭的话还是确的。

## 六　玉环屯垦案

浙江玉环隔海洋数百里，本明方国珍所保据。李卫总督浙江时，或谓山中有田可垦十万亩，据以入告，檄温州知府芮复传往勘。复传乘舟抵山，从鸟道登峰顶。还言玉环山虽四面，中可垦田无多，况海盗所出没，良民孰肯往垦？以粮赍盗，脱肯往者亦盗丑也。即垦不过数万亩，计费无底，伤财增盗无益，不若罢之便。李怒，更檄他属吏往，授意指必垦之。大索山中田，仅二万亩，不足则取山麓潮退之地充之。又取近天台县田丈量，亩有所余，并以属之，又不足。更取乐清县民田岁输粮者，距城四十里外，尽隶玉环。玉环经费不敢辄支帑金，则令捐浙江省官俸半及关津一切杂税、增税，其半用给经费，时又檄弛温之禁山令渔者往来并税之，曰“涂税”。既而民之渔者不走山中度关纳税如故。吏乃重征渔者涂税，渔者来控，复传具文上辩曰：“入山渔者有涂税，出关渔者有渔税，今关税渔又税涂，是重税也。”凡七上，上官怒以为阻挠玉环垦田。时诸城刘文正奉使过温，谓复传曰：“闻君与李宫保两雄不相下，不移不屈，君之谓乎？”见朱竹君所撰《复传墓碣》。

## 七　雍正权术

世宗好用权术，遂不免涉于纤诡，甚至有不顾君臣体统者。其已发表各谕旨中，已不免蹈此弊。若《文献丛编》第九辑中所载：富宁安、朱轼、张廷玉寄信云：“河南巡抚田文镜被御史谢济世特疏纠参，朕秉公处理，降旨决断。田文镜见旨后，自应具本谢恩，尔等三人可密寄信去，令伊将谢本先从奏折内进呈朕览发回，伊再具本。此乃眷顾文镜，不欲令其稍授人以指摘之柄，至不惜为之代定奏稿也。”尤有奇者，文镜参知县亏空银耗折云：

……不谓中有不肖之员以为耗羡银两非正项钱粮可比，即有侵用科臣不敢题参，恣意亏空，如光山县参革知县傅之诚者竟将雍正元年并二三等年已征在官耗羡共银一千四百六十八两零亏空无存。臣查耗银虽非正项钱粮，但已经奏明征解充公，自应尽数起解，岂容经征之官擅自侵用。

朱批：“此事甚是，但不当以耗羡亏空参处。何不将正项作耗羡，银子有印记乎？但不知光山可有如许正项否？朕不知也。”此则为臣下代筹舞文之法，未免忘却其身为帝王矣。故原件尚有夹签称此折朱批内有密谕田文镜之旨，奉旨不录，盖亦知不可示人也。

## 八　项羽与刘裕

当楚汉相争的时候，项羽见关中宫室残破，加以思归心切，于是弃关中而不居，反都于彭城，韩生讥之。后来韩信与汉高祖讨论项羽之为人，亦以不居关中而都彭城为其失败主因。

刘裕灭姚泓，收复百年陷没之疆土，亦以思归之故，留一个小儿作关中留守。毕竟为人所逐，以致已复之地转眼又送与人。

明太祖也是这样。要不是他的儿子挽救得快，赶紧迁都北平，恐怕也要蹈此覆辙了。

# 九　儒侠

汉朝人喜慷慨死节而不受屈辱，这样死的人亦无不被人哀怜尊敬。元帝信宏（弘）恭、石显之言，诏萧望之就吏。望之欲自杀，其夫人止之，以为非天子意，望之以问门下生。朱云者是好节士，劝望之自裁。于是望之仰天叹曰："吾尝备位将相，年逾六十矣。老入牢狱，苟求生活，不亦鄙乎？"字谓云曰："游趣和药来，无久留我死。"此与盖宽饶下吏时引佩刀自刭北阙下，冯参以召诣廷尉而自杀，同为不肯受辱于狱吏。固然，汉时诏狱之黑暗，狱吏之欺人，从周勃、韩安国、路温舒诸传中可窥其一斑。凡是洁身自好的人，也宁愿一死，不愿活受这恶气。然而轻生命重名节之风，不能不说汉人所尤重也。

汉初得天下，惟恐君上之威不重，所以将相大臣动加挫辱，而不顾政体之失。萧何、周勃都曾受过牢狱之苦，狱吏之威反过于将相。这种驾驭臣下之法术，恐怕还是秦代的衣钵。后来文、景、宣诸帝都用这种政策。贾谊所以痛哭陈词阐明"刑不上大夫"之义与"白冠氂缨、盘水加剑"之礼，他的意思要人"顾行而忘利，守节而伏义"。

汉家本杂申、韩为治，申、韩重法术，故人不许有选择。故有利害而无好恶，有公众而无个人。儒家重礼义，故予个人以选择之途极宽。假使汉家只产生文、景、宣诸帝而无武、元诸帝之崇尚儒家，则中国人之思想必不是今日这个样子，或者早成一个西洋式的法治国家，殊未可知也。

儒法两家之争胜，在汉初是个大问题。像贾谊这种“刑不上大夫”的话，法家是听不进去的，他们觉得不应该有人可以逃于法律之外而自便。儒家则偏偏专以不服法律之威为高尚。积极的方法，是以文字鼓吹；消极的方法，是引决自裁，以避免法律之相加。汉朝人“儒以文弄法，侠以武犯禁”两句话，便是这种斗争最明白的解释。儒家不是本来迂缓不济事的么？然而贾生所谓“顾行忘利，守节伏义”的精神，自然而然引导成功侠的一种人，可以互相为用。儒家的理论非下层阶级所能解，而所谓“顾行忘利，守节伏义”的精神却最容易灌输到下层阶级去，于是达而在上则为儒，穷不得志则为侠。两种人互相支持，便成功这两千年来的社会中心思想。

然而在这两千年中，儒家而当国执政的，也未尝不想容纳法家思想在内，因为为立国计，终不能不以法术为先。但是怎样可以在法家制度之内，容纳儒家精神，并行不悖、相辅有成，是他们苦心焦思而不能解决，终致于失败的一个问题。诸葛亮、王安石、张居正、曾国藩他们都曾经致力于此的。

这个问题其实在现代西洋各国的政治也不能解决。怎样在效能最高的独裁政治国家而又能培养高尚的自由精神，还须等待试验。

## 一〇 县长出路

九月六日《大公报》星期论文萧公权君的《县政建设运动》一篇，提到县长的铨叙。他的意思，主张县长应该有迁擢及内调的机会。这个意思，很有讨论的价值。

我国古代的县令，大半是佐治官升充的，所以他们熟悉地方情形。县令的升途也非常之宽，大半可以到中央任要职，所以他们能将中央与地方打成一片。就拿唐宋来说，那时虽然以科举取人，然而进士释褐总是从簿尉做起。若是升到畿县令，那就不到几转便可以有宰相的希望。直至明朝，州县行取内升的还很多。乾隆年间把行政的制度废了，这才将州县的出路弄成很窄。到了晚清，几乎做州县的人始终是做州县的人，另成一种派头，一种风气。在各种官吏之中，州县变成最能发财的，也就变成最为人所看不起的了。民国以来，这种观念似乎还没有能打破。

向来对于县令还有一种谬误的看法，急应矫正。就是对于县令太求全责备了。须知县令不过是地方行政首长，他只能督率他的属下，分任各种职务，断不能将所有的事都叫他一个人干。既要他上马杀贼，又要叫他催科听讼，又要叫他伺候长官、供应差遣，如果要这样求全责备，那当然只有前清那种老奸巨滑的巧宦方才应付得来。这只能使吏风愈趋愈下了。

提高县长待遇，固然极好。但是一时既办不到，则不如提高县长的身分。怎样提高身分呢？要将县长变成一种清高的官，只要叫作县长的人懂得治县的道理的方法，而不一定要他自己亲身去干这样、干那样，庶几乎有第一流的人才肯去作县长，而县政庶乎可以就理。

在目下的情形下，不必拘定县长必须久于其任，尽管时常调升中央官吏或省政府的厅长，并将中央及地方高级官吏时常放出作县长，这样或者可以慢慢打破传统习惯。

## 一一　文武兼资

近日报载山西省任用县长以射击技术为标准，这当然是非常时期的现象。县长是地方行政长官，不是军官，他的职务虽以除暴安良为重，然而也不在乎自己能射击。如果以射击技术为标准，难免不回复从前以军人为亲民官之危险。

不过文官应有军事智识，这是颠扑不破的道理。从前已经是这样，今后更要如此。在《明史》上可以找到嘉靖以后进士出身，而以勇力著名，能亲身杀贼的有刘纶、谭纶、梅之焕、孙元化、刘宇亮、卢象昇、熊廷弼、沈迅、张家玉诸人，文人不是不能习武的。

## 一二　上海社会经济史料

《阅世编》者，上海叶梦珠所撰。梦珠，清初人，著籍娄县。其书大而郡国政要、世风升降；小而门祚兴替、里巷琐闻；旁及水旱天灾、物价低昂。六十余年间阅历所及，所无不书。昔修府志及华亭、上海、南汇等县志无不取裁。向无刻本，近始由上海通社印行。其中如记建筑格式之变迁者云：

> 予初见缙绅家大门外墙门或六扇、或四扇、或二扇，皆以木为骨，而削竹如箸者竖编上下，中间以横板，而刻花于其上，皆墨质而或红、或绿其花。其后下则用板，而上仍编竹，或用细花篾簟，以鋈锡钉钉之，可谓华美矣。年来则以实板厚三寸许者为门，而截竹筒阔寸许、长尺许，如人字样密排，而各以鋈锡泡钉钉之，皆始于世家，后及于士类。

又记第宅园林之易主者云：

> 世春堂后楼悉以楠木为之，楼上皆施砖砌，登楼与平地无异。涂金染采，丹垩雕刻，极工作之巧。启祯之间，潘氏始衰，售于范比部香令。崇祯十一年，遭苍头之变，母子被弑，嗣君不能守。后楼先毁，旋为西洋教长潘用宾国光居之，改其堂曰“敬一”。鼎革之际，官家邸第大半残毁于兵，独西洋一脉有汤若望主持于内，专征文武，往往反为之护持旅馆。不惟无恙，而规制视昔有。

不意教堂之保护财产，在清初已然矣。至其《食货》一编，不独崇祯以至康熙间，布帛、菽粟之价逐年俱有记载，即罕用之物如燕窝、肉桂、眼镜、磁器、心红、纸张、香料亦皆著其变迁，真可贵之社会经济史料也。

## 一三　旧都双十杂忆

因双十节而想起十几年来北都的种种闻见，拉杂述之。

中海的怀仁堂，现在有时为国立北平研究院开会展览之用，原是西苑的一所正殿。民国初年，袁世凯因为国庆招待外宾，没有适当的地方，于是在这广阔的殿庭上盖上一个铁皮天棚，铺上地板，使其与四周的房屋连接。骤然看去，颇成一个与中国建筑色彩协调的大跳舞厅。其实是非常牵强的。在北方的十月，已经草木黄落，白露为霜，甚至于飘飘微雪了。所以装有汽炉。而天棚之中装有两盏极大的玻璃挂灯，四面又挂有一色的红穗宫灯不下几百盏，再加上慈禧太后时代的扁（匾）额、对联，朱碧辉煌，煞是可看。当时的气象诚足回忆也。

梅兰芳奉公府之召，在这里唱戏当不止一次。今年听说宋哲元也在这里招待外宾，也约他唱戏。前后二十年间，我想唱戏的人与听戏的人都不能无深深的感慨罢！

怀仁堂的后面是德昌殿，德昌殿后面是延庆楼。人们很少记得民国十三年至十五年国民军将曹锟关在此楼的故事了。曹锟是冯玉祥班师入京囚禁的，却是十五年鹿钟麟自动请他出来的。他的总统是根据吴景濂一班人的宪法产生的。这次的宪法便是十二年双十节在天安门前用电灯牌楼公布的。接二连三的想起这些事，更使人生今昔之感。

北都的双十节以民国二年袁世凯就任临时总统为最热闹，当时文武官吏都穿着新式的礼服，真有文武衣冠异昔时之感。真正的民众对于双十节有真正的观感还在此时。

北都双十节有阅兵之例，但是往往因事不能举行。民国十一年黎元洪复职，却勉强举行过一次。我记得他住在东厂胡同，正是现在东方文化事业委员会的房屋。是日十时许，他带着副官长坐一辆敞篷汽车，副官长手里举着一捍（杆）总统的绣旗，他自己穿的是陆军礼服，冠缨是真鹭丝毛制的，迎风飘拂，非常好看。他检阅的时候，骑着骏马，驰骋而过，倒的确不愧一位军人总统。自此以后，北都之盛会便绝迹不见了。

北政府除军礼服、外交礼服之外，还有一种蒙古王公礼服，同外交礼服一样，而花纹则易嘉禾为宝相，冠缨则易白为黄。在民国十六年张作霖未作大元帅以前，顾维钧摄行总统职权，还举行过一次宴会，是沿袭前清的保和殿筵宴的最后一次。那些蒙古王公还是穿这种礼服来的，这虽不是双十节的事，而也有些关系。

张作霖作大元帅，就从未与中外群僚正式集会。只有一次他忽然高兴，传齐各机关科长以上人员到怀仁堂训话，说的什么不甚听得出。而堂阶之上有些女仆抱着小孩玩耍，在这种庄严的地方，发现这种情形，识者早有以知其不终矣。

往年国庆的点缀，以天安门为最辉煌。牌楼用红黄二色扎成“普天同庆”四字。沿着甬道临时立着无数木杆，杆上挂嘉禾盾形国徽。这个盾形不是用的外国盾形，而是用的中国古代干戚羽旄的干形。干即盾也，不过干是方的，较之近来喜欢用外国盾形的比较有点民族文化的根据。此虽小事，恐怕知道的人也就少了。国徽之上，交覆三面国旗。其他公务机关都有电灯的点缀，而城内各大街全有临时竖立的各色纸灯。这些都是十七年以前的陈迹。

## 一四　古解剖学

王莽捕杀翟义之党公孙庆，将其死尸割开，用竹筳探其脉络以助治病。这是中国利用解剖学到应用医学的大功臣。而《汉书》记载此事颇有轻蔑的口气。后来《郡斋读书志》说：崇宁间泗州刑贼于市，郡守李夷行遣医家并画工往，亲决膜摘膏肓曲折图之。杨介校以古书，无少异者。据此则中国的解剖学到宋朝还有实验的进步。王莽在政治上虽然失败，而他在学术上的贡献始终是不能否认的。

## 一五　满清对蒙政策之真相

清朝之于蒙古，本来有如一家。太宗之两后孝端、孝庄及世祖之孝惠皇后皆出科尔沁部，后来蒙人尚公主者更多。乾隆中，曾有谕旨指定满洲女子应出嫁蒙古。所以《蒙古游牧记》说：世祖冲龄践阼，中外帖然，实蒙古外戚扆戴之力，非偶然也。乾、嘉中，蒙古人应科第以文学列于著作之林者，亦不乏其人。世人谓清代对蒙古用愚民政策，亦非尽真相。嘉、道年中始禁演戏，禁用汉人字义命名；咸丰中又禁延请内地书吏教读，禁习汉字；光绪中并禁呈词用汉文。盖后来当国者无远识，不解长驾远驭之略矣。

## 一六　丰台之故事

二十四年六月，北平便衣队暴动于丰台，急召冯治安师自察哈尔入关，开抵西苑，北平人心始安。是为二十九军入北平之始。二十五年九月，又有二十九军与日本驻军冲突之事。忍辱让步，勉强解决。然而这北平近郊最重要之交通枢纽，遂落日本驻军掌握之中。丰台之关系华北局面是如此。

大家都知道这丰宜是北宁、平汉、平绥三路交轨的地方，恐怕少有人知道以前的历史。原来金朝的京城，南面一门叫作丰宜门，金城的位置，较之现在北平城远在迤南，所以丰宜门正当丰台地带，而丰台即是后人称此门旧址之名。

在已往七百年中，蔓草荒烟早已埋没了这名都城阙。明清两朝便成了种花的所在。城中富贵人家所赏玩的风枝露叶，便出产在这个地方。尤其以芍药为最出名。晚清士大夫讲究风雅的，每当花时，招集吟朋，携了酒菜，就在漠漠花田中间，飞花坐月。每一次要出十两银子，并不是为的租地方，因为那地方毫无亭台楼榭之胜，只是为的赔偿花农，叫他们这一天不要剪花上城去卖而已。一天十两，而且一天不止一局，这代价也很可观了。所以王闿运《湘绮楼集》中有一首诗咏这事，其中有两句是："断香邀价重，回首惜春多。"清初毛奇龄有两位如夫人，一个叫田田，一个叫钱钱，都是丰台种花者的女儿。丰台的韵事是如此。

## 一七　盐船

十二圩的盐运，向来是用帆船溯江而上，供给几省的民食，还可以附带作些别的买卖。近年轮运日趋发达，这些船户非常恐慌，始而还以轮帆兼运的章程勉强调剂，最近听说仍是不能免于淘汰，于是几百只的盐船顿成废物。据说上等的盐船每只价值几万元，竟与飞机的购价相等。这却应该想想办法，使不致绝无用处才好。

从前江湖行旅无不以盐、粮两船为护符。因为他们船既坚好，赀粮用具又充足，势力又大，每遇盗贼风波，都倚为救星。自从漕运停止，运河淤塞，粮船及其附属的种种制度一概消灭。如今盐船又到末日了。此后交通工具恐怕全趋重于陆路，水道必致无人过问。但是货运究竟以水路为宜，而从全盘的国民经济看来，似乎也不能不加以合理的计划。

关于盐船的描写，汪容甫有一篇《哀盐船文》是非常动人而可读的。又汪辉祖有一篇《舟见录》，从第一号沙飞至小划船共七十余种详记名目制度，可惜这书不传了。他曾在《病榻梦痕录》上述及此事。

## 一八　报仇

施剑翘报父仇刺杀孙传芳一案，已经政府特赦。报仇一事，是否可以容许，在我国古书中已不少争论。归结起来，总是同情于报父母之仇者较多。但是因报仇而破坏法律，冤冤相报，永无了日，也深为有识者所虑。东汉时，苏不韦之事即是一例。不韦父谦因公事办了李暠的罪，后来李暠作司隶校尉，谦又因小过为暠所得，滥刑致死。不韦痛父受祸，乃变姓名结客，穿地道直至暠之卧室，不料暠适因如厕获免，止杀其妾及小儿。不韦犹以为未足，又到李氏坟墓，掘取暠父之尸，割其头以祭父。暠闻此信亦愤怒吐血而死。当时舆论已多议论不韦报仇之太过，只有郭林宗与何休赞成他。谁知李暠的朋友段颎后来又作了司隶校尉，毕竟又将不韦一家六十余人尽行杀死。

清雍、乾中，名臣孙嘉淦微时，其兄桢淦为同邑赵氏子所杀，其人既论抵系狱矣，夤缘且脱。时公之父痛子非命死，而仇人顾安然得无恙，愤结几不欲生。公时年十八，不忍痛伤其父，乘间入狱刃赵氏子死。跳身出，与其仲兄鸿淦一昼夜步行三百余里，至会城，门启而入，遭货瓿甋者仆焉，尽碎其器，于是相与至县庭。令某素知公，拒移逮者，谓殺人者实非公，事遂解。事见公行状，报仇而至于入狱杀人，法律保障全破坏矣。此等事断不可为法也。

## 一九　是非无定评

《曾文正日记》不载褒贬议论之语，其真胸怀无由得见。晚年常记每日与幕府长谈，必是其胸中所欲吐之语，而不能宣之笔墨者。惟《吴汝纶日记》中尚记其一段，可见其平日喜负责而恶空谈之概。

> 相国来久谈，因论天下无真是非，名士不理事。时贤如苏赓堂、刘霞仙皆坐此病，往时林文忠亦然，但闭户作手札，工诽语，以取悦士大夫而已。余问林公不能治事，于何征之。相国为言，咸丰初元，阴山番子一案，当时士论皆欲杀琦善，某在刑部，尤欲深相穷治，惟穷治琦善必须重倚林公，及详览林奏，实

不足以服琦侯，因而中止。后某出京师，卒谪琦善戍边，实冤狱也。此案琦善剿杀番子千余，林文忠主和，恶琦善者，必左袒文忠。乃文忠先上两疏，皆言番子当剿，第三疏乃言当和，第四疏则敷陈善后诸策。琦善至，一意主剿。番人诉冤，琦善遂得罪，及推问辄不服。邵位西发十九难问之，琦侯条对不屈，且骂问官曰："番子所为不法，何得不剿？"诸人推服林某。林固首疏请剿番者也，公等推问多未究通狱词，惟邵君差知源委耳。林公于此事既已反覆于前，又复虚饰于后，何足服人。然至今有识林公为非者，天下必从而唾骂矣。又广东烧鸦片烟一事，林公亦不得无过。其后耆英和夷，偿烟值一千二百万，海内皆愤耆英为小人，未尝一咎林公也。咸丰九年，夷人来换约，僧忠亲王诱而击沉其船，天下称快。十年夷人复至，僧邸不守北塘，意欲引夷人陆战，一鼓歼之。及夷人上岸开花炮一击，我军人马自相践蹦，溃败不可收拾，遂至圆明园被焚，车驾北狩。某谓僧邸义当杀身以谢天下矣，然至今亦未闻有以九年诱击夷人为非者也。当夷人十年复至时，文宗下十七诏敕僧邸不听，及事败，谓不守北塘系为端华肃顺所制。岂有敢抗天子诏书而不敢违二三佞人意旨者哉？某此议出，人必骇为谬妄，以是知是非之无定评也。陈荔秋曰："广东烧烟，文忠诒以必归其值，及烧后忽改前议，谓传命者失实，竟不偿也。"

此乃同治七年三月二十四日所记，查《文正日记》，是日果曾至幕府详谈也。

## 二〇　清初之中日贸易

清初叶梦珠所辑《阅世编》（见《上海掌故丛书》）中有一则，述清初中日贸易情形，甚为珍异：

> 上海之有榷关，始于康熙二十四年。关使者初至松，驻扎漴阙，后因公廨窄陋，移驻邑城。往来海舶俱入黄浦编号。海外百货俱集，然皆运至吴门发贩，海邑之民殊无甚利。惟邑商有愿行货海外者，较远人颇便，大概商于闽浙及日本者居多。据归商述日本有长耆（崎）岛者，去其国都尚二千余里，诸番国货舶俱在此贸易，不得入其都。岛上居民华夷杂处，格物者多，利比中国不能倍价，凡奇技淫巧市俱有禁，惟必需之物方收，若细帛、书籍尤易售。严禁西洋货及画像，携入者必置重典。向来交易俱用纹银，今日滥恶只八九分，直有三成者，客商扣算资斧及官税外，余利无几矣。其人物士俗颇有华风，初尚直朴，今渐狡猾，恐任其往来，奸民或纠合倭之黠者，如明嘉靖中故事，又为地方酿祸耳。

《阅世编》向只有写本，故不免传讹处。

## 二一　明代之炮弹

《左文襄集·癸酉复总理衙门书》云：见在凤翔府城楼尚存开花炮子二百余枚，平凉府西城见有大洋炮，上镌“万历”及“总制胡”等字，余剥蚀。然则利器之入中国三百余年矣，使当时有人留心及此，何至岛族纵横海上数十年，挟此傲我。索一解人不得也。

## 二二　教育的实际

近时看到两三篇讨论现行大学制度的文字，没有看见的当然不算。

天津《益世报》的社论（去年十一月三日）说得最直率：

> 日前把四十六个文法两科的大学生的功课作了一次调查……调查的结果……每人所修的课程除体育不计外，平均每人为七种……每人每周上课平均每人为十九小时……上课的时间已然太多，分配的又不合理……我们可以提出一个细嚼烂咽的方案来代替这种填鸭子式的教育。

这里所说的还不过是一些技术问题。朱光潜在《国闻周报》所论的（见第十三卷四十三期《论大学授课方式的机械化》）又更深刻沉痛了。

他说机械化授课方式有许多毛病。第一，师生之间不能发生亲切的关系；第二，教育上“因材施教”一个基本原则不能应用；第三，自由研究的风气不能盛行。

他最沉痛的话是：“本人近几年在大学教书，年年看到一批又一批的毕业生出去，想到这一批又一批的人们，在知识方面仅有一知半解，在为人处世方面则毫无正确的训练，如何能担当未来中国的艰难责任?”

办教育的诸公，以至身受教育的青年们，能否认他这话的真实性么?试看每年高中毕业生没有出路，不得不谋升学；大学毕业生又是没有出路，以致不能不失业。那些能得着职业的，倒决不是靠着学校里得来的知识，而必是自己有特殊长技的素养，或者是临时补充的训练。然而就起业来，还未必胜任愉快，非至积有若干时之经验后，很难博得社会的称誉。追究起责任来，根本上高中就不曾给与他应得的知识与应受的技能训练。在高中的一个阶段，已经预备“大批制造”（Mass production）不问贤愚合一炉而冶的教育。所以高中毕业生几乎不但就业没有准备，便连升学的准备也未见得充分。为什么呢?办中学教育的方针不是为一个一个不同的人而打算，乃是为整千整百机械造成的而打算，宜乎任何方面也得不到什么了。

惟其高中的现象是如此，所以大学也不由得不降格相从。现在的大学一年级恐怕有许多功课是为预备工具而设的，例如国文、英文、国史之类。据我所知道的大多数的学生缺乏这种准备，以致学校不得不为之补充，而其结果还是未必足用。至于其他专门科学的初步原理，也是决不能在一年内修习完毕的。一个普通大学生即是肯用功的话，也总要到三年级方才有机会涉入他要所学的那一种学问的籓篱，而后能自己决定将来的运命。如其不能自己努力，则一直到毕业还不知道所读的书是怎么一回事者，更比比皆然。请问一两年的工夫能够认真作点什么学问？何况大学的功课不免徒鹜虚名、五花八门，不一定有妥切的联络。这是现在大学文法科的普遍现象呀！

所以有志的学生要想得到点真正学问，必须在大学毕业以后重入研究院，选定自己的方向，将应读的重新认真读起来，再有二三年，方才有踏入学问之门的气象。在今日这种大学制度之下，成德达材，真不容易呀。国家需要他们如此之急迫，而他们的宝贵光阴滥费在官样文章之中学、大学课程里面，少说些也有四五年。这又是何等的可惜？

老实讲来，朱君所谓“因材施教”，所谓“自由研究”，在研究院里倒还可以实行。至于高中呢，既不能充分予学生以普通公民之生活技能与常识，又不能作深造的准备，而在校之学生还感觉课程繁重的压迫，为什么不急急筹改良的方法呢？改良的根本方法，无疑是要从高中作起的。

第一，高中的二三年级应分别以下各种类：一、作为升入大学文法科的准备。二、作为升入大学理工科或专门学校的准备。三、各种职业的训练。每个高中应酌量专办一二种，不必定笼统的章制。

第二，尤其重要的是重新编配高中课程。应废除许多肤泛、不切实际的门面科目，而每一科目里应包含充实的材料。例如国文应与本国史地及公民合编；英文教材应充分运用外国史地。勿使学生有一分一刻光阴虚耗在不必要的上面。更应增设各种社会科学的科目，一面授以浅近原理，一面以最近时事印证之。勿使其所学与现实社会不生关系。

至于大学教育之改良，首先应打破学系的畛域和学分的计算。更应设法改变上课的形式，以学生自己读书为主，以教授与学生之讨论为辅。如是方能促进学生的自动研究，而大学的程度自可因而提高。

朱光潜君在他的文章内提到旧时私塾制与书院制，而本刊第四十三期东莼君的文章更阐明书院制的两种精神——独立自由的研究与人格教育的实施。鉴于现行教育制度之种种缺点，大家不期然而然的想到这条路上去，恐怕谁也不能不承认，这其中大有理由。

不过，这问题头绪很纷繁，其关键则还在改订高中课程与改良教材。愿研究教育者急起而图之。

## 二三　六十年前之出使报告

中国第一任出使英法之郭嵩焘，以光绪二年十二月八日行抵伦敦，至今恰满六十年。嵩焘是道光末年翰林，咸丰中随僧格林沁办天津大沽军务，后来又署广东巡抚，所以颇留心于国际之事。在粤抚任内，因与总督瑞麟不合，去官。光绪初年，起为侍郎出使。他从上海就道，便将所闻所见著为一书，名《使西纪程》。大致据实纪述西方政教风俗之优点，而力诋当时国人不明外情，以夷狄目西洋人之非。此书即是驻外使节第一次对政府之报告，其时总理各国事务衙门曾为之刊行，意在使国人周知也，不料一时士大夫群起而痛毁之。他书中有一段话道：

> 以夷狄为大忌，以和为大辱，实自南宋始。西洋立国二千年，政教修明，具有本末，与辽金崛起一时倏盛倏衰，情形绝异。其至中国，惟务通商而已。而窟穴已深，逼处凭陵，智力兼胜，所以应付之方，并不得以和论。无故悬一和字以为劫持朝廷之资，哆口张目以自快其议论，至有谓宁可覆国亡家不可言和者，京师已屡闻此言。诚不意宋明诸儒议论流传为害之烈一至斯也。

嵩焘此言，在当时不能为国人所原谅。编修何金寿奏劾之，后来竟奉旨毁版。嵩焘在故乡受人唾骂尤不堪言状。平心而论，是非是一事，感情又是一事。在群情激张的时候，言论便不容易有自由。要能以感情纳于理性之中，才是上策。古今中外都有这样的困难。

## 二四　华县与赤水之史迹

现在的华县，是后魏时代所置的华州，以少华山得名，与华山本身并不相干。直到唐朝，这个地方才成为重镇。为什么呢？唐以前的所谓关中，不一定与现在的陕西省界一致。沿黄河及潼关一带，在东、西魏及周、齐的时代还是彼此争夺，而不一定属于那一方面。安史战后，方才感觉到潼关是不能让人的。至德以后，便有潼关防御使的官，而升华州为镇国军。在五代时，是一个重要的节镇。从关中的形势来说，没有华州则长安等于重门洞开，非搬家不可。

长安以华州为门户，而华州又以华阴为门户。华阴是春秋战国时代的临晋，本来属于晋与魏，后来割让与秦，而魏遂亡。这是秦与关西分界的地方，所以古时有一道长城在此。所有要紧处所，如潼关，如风陵渡，皆在县境以内。渡黄河可以入山西，溯渭水可以达长安。唐代置渭口仓于此，不仅为军事上之重地，亦是商业交通上的大都会也。

离华县西三十里，便是赤水。其名见于《水经注》，是渭水的一个支流。唐昭宗时代，为宦官韩全诲等所劫持，那时朱全忠倒是一片赤诚要勤王，他的兵是先取得山西的西南部，渡黄河自同州再渡渭水，取赤水而攻凤翔。其结果，宦官的保护者李茂贞，也不得不屈服，杀了韩全诲而求和。赤水之关系西征军事之重要无如此役。

## 二五　朝报

宋朝的“朝报”就是现在的新闻纸，是私人办的。其投机造谣之技俩，也与后来不相上下。靖康年中金人围汴之时，尤其是好机会。《靖康要录》中载两事云：“太宰徐处仁札子，臣伏睹街市印卖文字，有太学正吴若所上书，言臣尝以十事留蔡京”云云。此投机也。又“金人逼立张邦昌时，百官集秘书省，莫知议何事。清晨有卖‘朝报’者，并所在各有大榜揭于通衢，云：‘金人许推择赵氏贤者’，其实奸伪之徒，假此以结百官使毕集也”。

## 二六　陈平奇计

汉高祖在平城（今山西大同县），为匈奴所围，七日不得食，史称为“平城之围”是也。后来高祖怎样脱离了这重围而安然回去？历史竟不告诉我们。于是成为千古疑案之一。据汉朝人的推测，说是陈平叫人画美女送与匈奴单于夫人（阏氏），说汉有美女如此，现在皇帝被围，打算将她送于单于以求和。阏氏听了这些话，怕夺了她自己的宠眷，于是出来作好人，说汉皇帝亦有神灵，得其土地亦不能有。于是单于开围一角，放高祖出去。这话出于桓谭《新论》，而应劭引来注《汉书》。《汉书》虽然不载此事，却也说用陈平奇计使单于阏氏解，围得以开。高帝既出，其计秘，世莫得闻（《汉书·陈平传》）。然则此事经过之所以不能宣布者，必是因为其中有不甚冠冕的事，关系高祖君臣个人的人格及国家的尊严，所以虽有传说而《汉书》不敢登载。如今以情理推测起来，画近于幼稚，匈奴人虽然简单直率，也未见得如此容易受骗。不过大约高祖走了单于夫人的内线，这是确不可移，虽史家亦不能为讳的。至于如何走的内线呢？这其中必尚有许多引线的人，外交间谍、政客名流之类，可惜史文太简无法踪迹了。

这件事是陈平六出奇计之一。所谓“六奇计”者，据钱大昭说：间疏楚君臣，一奇计也；夜出女子二千人荥阳东门，二奇计也；蹑汉王定立韩信为齐王，三奇计也；伪游云梦传信，四奇计也；解平城围，五奇计也；其六当在从击臧荼、陈豨、黥布时，史传无文。就五奇计而论，的确都很玲珑而险恶，不愧为一个善于阴谋的政客。他自己也说：“我多阴谋，道家之所禁，吾世即废，亦已矣。终不能复起，以吾多阴祸也。”“阴谋”二字便是从陈平这话出现的。

陈平的奇计，虽然救了高祖一命，然而从此以后，只有听匈奴之横行而莫可如何。吕后受了单于一个绝大侮辱，也只好俯首，自认吃亏。所以这事决定汉对匈奴和战的关键，实非浅鲜。而其中秘密竟永不能揭穿，殊可惜也。

# 二七　乾隆中英商讼案

前清外交之失败，论者多归咎于不识外情、措置失当，此是固然。然在全盛之时，庙堂谟略，亦未尝深悉驭外之方，且预烛后来之患。所惜者，奉行之人不能推广其意，以致临机张皇，失其所守耳。即以通商一事而论，据《东华录》载，乾隆四十一年，广东有倪宏文赊欠英吉利商人货银万余两无还一案，粤抚拟以杖责，刑部奏驳，改拟杖流勒追。并明发谕旨，如该犯限满不完，即令该省督抚司道及承办此案之府州县于养廉内照数摊出，交该夷商收领归国。谕中并云："此等夷商估舶，冒越重洋，本因觅利而至，自应与之公平交易，方得中华大体。若遇内地奸民设局赊骗，致令货本两亏，尤当如法讯究。乃李质颖仅将该犯拟以薄惩，而欠项则听其自行清结，所谓有断无追，竟令外洋孤客负屈无申，岂封疆大臣惩恶绥远之道？幸而刑部奏驳，朕始得知其详，为之更正。若部臣亦依样葫芦照覆，其错谬尚可问乎？中国抚驭远人，全在秉公持正，令其感而生畏，方合政经。若平日视之如草芥，任听地棍欺凌，而有事鸣官，又复袒护人民，不为清理，彼既不能控诉，徒令蓄怨于心，归而传语岛夷，岂不轻视督抚，鄙而笑之。且朕此番处置，非止为此事，盖有深虑。汉唐宋明之末季，多昧于柔远之经，当其弱而不振，则藐忽而虐侮之；及其强而有事，则又畏惧而调停之，姑息因循，卒至酿成大衅而不可救。宋之败，明之亡，皆坐此病，更不可不引为殷鉴也。方今国家全盛，诸属国震慑威凌，是不敢稍生异志。然思患预防，不可不早杜其渐。英吉利夷商一事，该督抚皆以为钱财细，故轻心掉之，而不知其所关甚大。”

观乾隆帝此谕意义极为正大，于外人来华之初意及华官膜视外商之习气，洞瞩无遗。如果以此悬为外交方针，上下实力奉行，则鸦片战争之祸可以不作，而国际殖民地之竞争可以减少，即今日世界危机亦不至如此之险恶矣。谕中云：“当其弱而不振，则藐忽而虐侮之；及其强而有事，则又畏惧而调停之，姑息因循，卒至酿成大衅而不可救。”数语不啻预烛后来之事，乾隆亦可谓人杰矣。惜此谕空令各将军督抚一体遵照，并入于交代。令各后任永远遵行，并另录一分交上书房。及道光中，办理鸦片案竟不将此谕查考一遍，嗣后亦竟未闻朝野上下再引此谕者。彼固不料不过六十年，而所谓大衅者已酿成而不可收拾至于此极也。

## 二八　大餐

考汉人有貊炙之法，大概即外国饮食方式。据《释名》云：“貊炙全体炙之，各自以刀割出于胡貊之为。”揣其情状，极似今日西洋风俗。盖中国之食用杯箸，西方之食用刀匕，其不同在此。至于现在之所谓大餐，其名由广东之洋行而起。嘉庆中，张问安《亥白集》中有诗云：

"饱啖大餐齐脱帽，烟波回首十三行。"而昆明赵文恪光在其年谱中记道光四年游粤情形云："是时粤省殷富甲天下，洋盐巨商及茶贾丝商，资本丰厚。外国通商者十余处，洋行十三家，夷楼海舶，云集城外。由清波门至十八铺，街市繁华，十倍苏杭……终日宴集往来，加以吟咏赠答，古刹名园，游览几遍。商云昆仲又偕予登夷馆楼阁，设席大餐，酒地花天，洵南海一大都会也。"据此则一百一十余年前，广州已有租界气象，官场应酬已以大餐为时尚矣。

## 二九　故都文物消息

北平这个地方，至少代表五六百年进化的历史，依然排列着，未尝移动，只是人们不去注意观察而已。尤其是故宫这片地方，蕴蓄着无穷的奥秘，始终未曾澈（彻）底与世人共见。故宫虽于民国十三年后业经一律开放，但是里面还有点查未到的角落。而且故宫的前部在民国初年已先行开放，其中尚有些地方的管理权是介乎民国政府与清室内务之间的。至于清室附属的许多机关，散在禁城以外、皇城以内的，更在半明半昧之中，因无正式管理之人，以致于惝恍迷离而不可究诘。这其中有如祭器、乐器、铺陈、舆辇、仪仗、经典、册籍之类，可以窥见明以来典章文物者，一概无存矣。就以乐器一项而论，古乐固然重要，而四夷乐中包括蒙古、回部、廓尔喀、缅甸各国之乐舞，所赖以联结民族感情者，惟在于此，今后断然不易恢复。

现在故宫这个范围分为三部分。其名虽同谓之故宫博物院，其实管理权并不属于一处，其大内及景山由民国十三年移宫而得者，属于国立故宫博物院；其外朝三殿及文华、武英二殿，民国三年已开放者，则属于内政部管之古物陈列所；而午门、文武二楼则又属于从前教育部管之历史博物馆。历史博物馆最简单，故宫博物院范围最大，清理亦最难，古物陈列所则所陈列的都是热河避暑山庄所运来的物品，这是大家所知道的。

不过古物陈列所有些附属的房屋，在从前是作库房用的，里边的东西，有的已经移去，有的却只是封存而并未清查。其已移去的，是实录库的《实录》及内阁大库中的书籍档案；其未经清查者，尚有灯笼库、武备库、木库、颜料库、纸库、缎库、药库等，这些并没有什么十分珍奇的物品。当日总因为不是内廷所常用，而此地又与内务府的造办处相近，所以有些供奉必需的材料就积存在这些库房。若按明朝的制度，这些东西都应在皇城西北角的西十库中。前清内府各库也散在皇城各处，此地之库房实不能谓储有大宗物品。

自民国以来，这些库房就没有人进去过。前天承该所招待，进去看一看，从武英殿南面进去，有一道高墙，墙上辟一个圆门，内中便是一排高大的敞房，正对着禁城的城根，蔓草侵阶、蛛丝络户，顿然觉得阴森寂寞，如在古墟墓之中。库房的窗，但有槛而无纸，所以里面尘土几乎有一尺厚。每间房中都有高至房顶的大木架密密排列。灯笼库中尽是摆的彩画牛角灯，从花纹上观察可以知道是同治、光绪两朝大婚与万寿所用的。有的是挂在殿廊而加上五彩流苏，有的加上木柄而用以为御驾的导从，有的糊上纸绢而装于栏槛以为点缀。在灰尘的角落里，还看见一大堆彩球，这也不定是同治还是光绪大婚用来结在宫门的，颜色已经变成赭黄，而质地已经朽碎了。武备库中有长及肩的漆鞘大刀，其长既不能跨（挎）在腰间，其重亦不能举以只手。考明朝的记载，殿庭朝会时，有所谓大汉将军者，都是高大异常的壮士，这种大刀必是他们捉着站班的。其余虎枪及腰刀都有数百件。腰刀之中，方柄的是明朝所制，圆柄的是清朝所制，看其所镶之木腐朽的程度，都可以断定。又有铁锁子甲数百领，分两（量）颇轻，所缘的布已经烂去，有的且锈成一堆，都是一箱一箱的装着，看程度最近也是乾隆以来未曾动过。还有许多火枪，有一件写着是伊大利亚进呈的，就是意大利也。最奇怪的是一双冰鞋，鞋的钢刃与现代式样一般，只是前面翘起而已。以上所说的，锋刃都还十分锋利，可见当时官工制造并不苟简。库的中间有一个麋的标本，是被擒杀后以草填实的，蹄角都尚完全，背上且有鞍韂一副，想当日必有一种传说与仪式拿他作为镇库之宝，惜现在无人得知了。马鞍、鞊屉、鞭策也有数百具，可是都坏了。

武备库中又有许多画角，楠木制、竹制、角制、漆制，奇形诡状，无疑的是军营所用的乐器。然而何以只有角而无钲鼓之类呢?

听说别的库里还有许多可用的材料，我们希望该所澈(彻)底加以清理，不要含糊。清理之后，应陈列的自然要陈列。如果同样的物品而数量太多，则不妨分赠其他公共博物馆，不必聚于一处。至于未成物件的材料，除留一部分作纪念而外，尽可标价出售。

这里还有可附带一记之事，近日有程枕霞者，用蜡像制成唐、明、清(四)代妇女衣装模型，在怀仁堂公开展览。据他所述，唐代一像也曾参考唐代的陶俑及日本所存实物仿制而成。至于清代两像，一是嘉庆，一是道光，都是用的当时通行的衣裙钗铒，所以尤其可靠而无可非议。程君这种企图，极为勇敢。不过他应该注意唐人的面目、风度、身材、姿态，离现在相差太远，若不注意这一点，则塑出来只是现代人而不是唐人。至衣饰的细问题，还须多用考证功夫，偶然引一两部书是不够的。如果这事成功，却是学术上一大贡献。

## 三〇　大刀王五

近日戏剧家多喜排演赛金花事。按：赛金花一生事迹颇于国体有损。其脱离洪氏，重张妓业，虐待养女致死，以犯刑章，殊非美事。庚子之役，都下无识之人，以为其曾居德国，盛饰之以媚德将，出于庸劣无耻之心理。故吾谓与其纪念赛金花，不如纪念大刀王五。此人之风义实可代表所谓燕赵悲歌慷慨之士：好义勇为，崇尚气节，不苟取与，敬爱读书人，而富爱国精神，兼有旧时代与新时代之美德。且其事迹亦非十分奇诡，恰如此辈身份大可表章（彰）之以风末俗也。辑录当时各纪载如左：

《公余日录》：安侍御（维峻）光绪中叶以上书谏慈禧太后，（按：维峻上疏讥太后虽归政而犹牵制，又诋李鸿章主和误国，词甚激切，非谏太后也。）问戍新疆，得罪后宾客来慰问者，皆谢绝不见。濒行之夕，严装已戒，有客坚求一面，仆人持帖进，则素不识姓名者，方欲再辞。而客已翩然径入，述途中事甚悉，临行谓安曰："君豪杰士，此行已足千古。敝主人不获走送，使某来一致悃忱，沿途旅店已饬妥为照料，区区饮食费更勿烦君发付也。"安骇问："君主人为谁？"则笑曰："他日自知，今尚不欲以姓名示人。"匆匆辞去。安送客返，视座上遗一纸裹，启视则银票一千两在焉。亟使仆追之，已不知所向。安由京师至新疆，途中万余里，所过之处，前一日旅舍即知之，待遇甚优，给以钱则坚不肯受。问何见爱之深，则曰："慕先生高谊耳！"或谓客即大刀王五所使云。按：大刀王五者，燕赵间一镖客也，以任侠著名公卿间。庚子之变，旅京士大夫赖以保全者不知凡几，乱平，以事伏法。

《驴背集》：王五字子宾，慷慨负气，好任侠，朱家、郭解之流也。养死士数十人，往来山东、河南两道，盗贼慑其名，皆相戒不敢犯。安维峻以直谏谪新疆，贫甚不能就道，子宾解千金赠之。黄思永下狱，倾资极力营救，得无死。拳匪初起，都人避乱南归者，多赖其保护，世皆称其好义。子宾既为世所重，有故人献策攻交民巷，附子宾名，留其稿于家，为敌兵所得，遂击杀之。

《春冰室野乘》：大刀王五者，光绪时京师大侠也，业为人保镳。河北、山东群盗咸奉为祭酒，王五因为制法律约束之。其所劫必赃吏猾胥，非不义之财无取也。己卯、庚辰间，三辅劫案数十起，吏逐捕不一得，皆心疑王五，以属刑部。于是刑部总司谳事兼提军者，为溧水濮青士太守文暹，奉堂记命檄五城御史以吏卒往捕。王所居在宣武门外，御史得檄，发卒数百人围其宅。王以廿余人持械俟门内，数百人者皆弗敢入，第詉呼示威势而已。会日暮尚不得要领，吏卒悉散归。既散，始知王五不知何时亦着城卒号衣杂稠人中，而官吏不之知也。翌日，王五忽访刑部自首，询之则曰："曩以兵取我，我故不肯从命。今兵既散，故自归也。"诘以数月来劫案，则孰为其徒党所为，孰为他路贼所为，侃侃言，无少遁饰。太守固廉知其材勇义烈，欲全之。乃谬曰："否（吾）固知诸劫案于汝无与，然汝一介匹夫而广交游，酗酒纵博，此决非善类。吾逮汝者，将以小惩而大戒也。"笞之二十，逐之出。岁癸未，太守出为河南南阳知府，将之官，资斧不继，称贷无所得，忧闷甚。一日，王五忽来求见，门者却之，固以请，乃命召入。入则顿首曰："小人蒙公再生恩，无可为报，今闻公出守南阳，此去皆暴客所充斥，非小人为卫必不免。且闻公资斧无所出，今携二百金来请以为赆。”太守力辞之，且曰：“吾今已得金矣。”五笑曰：“公何欺小人为？公今晨尚往某西商处贷百金，议不谐，安所得金乎？无已，公盍券付小人，俟到任相偿何如？至于执羁鞠从左右，公即不许小人，亦决从行矣。”太守不得已，如其言，署券与之。遂同行。至卫辉，大雨连旬，黄河盛涨不得度，所携金又垂尽，乃谋之王五曰：“资又竭矣，河不得度，奈何？”五笑曰：“是戋戋者，胡足难？”王五言毕，乃匹马佩刀绝尘驰去，从者哗曰：“王五往行劫矣。”太守大骇，旁皇终日不能食。薄暮，五始归，解腰缠五百金掷几上。太守正色曰：“吾虽渴，决不饮盗泉一滴。速将去，勿污我！”五哑然大笑曰：“公疑我行劫乎？王五虽微，区区五百金何至无所称贷无出？此固假之某商者，公不信试为折简召之。”即书片纸令从者持之去。次日，某商果来，以五所署券呈太守，信然。太守始谢而受之。五送太守至南阳，仍返京师理故业。安晓峰侍御之戍军台也，五实护之往，车驮资皆其所赠。五故与谭复生善，戊戌之变，五访谭君所，劝之出奔，愿以身护其行。谭君固不可，乃已。谭君既死，五潜结壮士数百人欲有所建立，所志未遂而拳乱作，五罹其祸。

## 三一　六十年前之四川民变

距今六十年前，光绪三年，四川东乡县已革白役袁廷蛟，以知县孙定扬议派捐输，浮收钱文为由，号召乡民，聚众滋事。乃定扬将藉口缘由匿不申报，遽请嘉定府知府派兵弹压，乃弹压之弁兵人数不及乡民聚集之多。定扬又以县城危在旦夕等语通禀请兵，其时川督吴棠即派统带虎威营提督李有恒前往攻剿，而焚劫奸掳洗杀之祸成矣。是役也，无辜死者数百人。廷蛟于是潜赴京师，称因该县官绅苛敛难堪，率众赴局算账。该县遂以民变禀请剿办，声请雪冤，台民及四川京官亦纷起交弹。适吴棠卒于任，交后任李瀚章查办。瀚章未几移督湖广，丁宝桢继任，乃讯处廷蛟死罪，定扬遣戍，而有恒卒仅以革职定议。

据当时官牍而观，此案情形亦纯是民间对于苛捐杂税之一种抗议，绝未丝毫逾越法轨。乃官厅一味维持威信而不顾是非，致酿成此种惨案。当时清议亦哗然不平，言官交章论列，张之洞以曾任四川学政，知川中情形，所论尤为透辟。其言曰（见《张文襄奏稿》卷一）：

> 伏思此案之查办，由于滥杀，滥杀由于诬叛请剿，诬叛请剿由于聚众闹粮，聚众闹粮由于违例苛敛。各禀各疏中所谓署东乡县知县孙定扬议派捐输每正银一两多加钱五百文是也。查四川之捐输与他省异，咸丰中叶，军饷无出，计臣议于四川钱粮之外加收津贴。津贴者，按粮摊派，正赋一两则津贴亦一两矣。咸丰末年，更议于津贴之外加收捐输。捐输者，亦按粮摊派，川省一百六十州县，除最瘠数十州县

> 外，余皆派及，或一年一派，或两年三派。由藩司临时斟酌，大约每县地丁五六千金者捐输派至万金上下，而钱粮最少之户不派正赋一两则捐输并不止一两矣。此皆报部充饷之正款也，而耗羡解费不与焉。不特此也，川省杂派最多，若夫马局，若三费局，有者十之八九。此外地方公事，各局名目不一，皆取之于民，皆派之于粮，局绅议之，官吏敛之，大率每地丁一两合之津捐摊派大县完多，将近十两，中县完少，亦须五六两。粮民交纳者先完杂费，继完津捐，然后许完正赋。杂引导不完，串票不可得，无串票则官得治以抗粮之罪。

据《庄谐选录》所载，此事本由总督札令李有恒带兵剿办。及事发，乃令田秀实诬李有恒匿其原札而易以“相机剿办”字样，有恒遂无以自明。若然则官场之黑暗尤可叹矣。

## 三二　岁首

我国以建寅月为正月，相承数千年。秦始皇改制度虽以十月为岁首，而正月之字不改，仅避其名“政”改读若“征”而已。今正月读平声，乃是秦始皇余威也。自民国改用阳历，始不用正月而称一月。一月于古亦有之，武则天时以建子月为正月，以建丑月为腊月，而旧正月（则）

为一月，自载初元年至圣历三年凡十一年，恰与今相似。惟彼以旧正月为一月，今则旧正月仍为正月耳。或以一月为元月，殊无根据。

## 三三　马车

乾隆中，英使来华所赍礼品中，有马车冬夏用二种各一辆，见故宫档案。然从未闻提及此事者，盖以无人解驾驶，遂不敢进御，以致废弃而不存欤。庚子之役，联军入北京，统帅瓦德西曾携此物同来，见其所著笔记。庚子以后，马车逐渐流行，其初仅少数王公权贵用之，多为驾双马之轿式车。当时尚有御使弹奏，以御者所坐高于主人为有妨体统，事见《汪穰卿笔记》。然流行渐广，在民国初年为极盛时期，及十七年以后又渐归淘汰矣。

## 三四　大年

近日马相伯老人以九八高年，称觞京邸，诚为非常盛事。按古来名位年齿兼臻极顶者，本少概见。清代惟长洲沈文悫德潜年至九十七，而漳浦蔡文端年九十三亚之。二公文章、道德，皆足与其年相称也。求之于古，则惟北魏高允。允年至九十八。据其传中自云，应享寿百年。临终前约一旬，微有不适，犹不寝卧。太医李脩视之，谓其荣卫有异，恐其不久。及卒，初无患苦，中夜而逝，家人莫知。古今福寿之全，殆无逾此者。考其一生足纪者数事，少为沙门，一生信佛设斋止杀，一也。四十余岁方出仕（沈德潜亦六十余岁方通籍），二也。不营生产，清贫自守，三也。少通经史，精天文术数，及高年犹尽夜执书讽咏，四也。此四者殆皆其克致遐龄之由，而今之马公亦颇似之，谁谓古今人不相及也。

## 三五　银锭桥

今北平后门外鸦儿胡同一带，地近十（什）刹海，人烟稀旷。仅有残余之世家第宅点缀其间，过此者鲜复有人记忆前清宣统间此地之热闹矣。盖此处为摄政王府所在，每日趋朝，往来车马甚盛也。汪公精卫以宣统元年假守真照相馆为秘密机关，馆在玻璃厂火神庙夹道。与同志制造炸药，初拟刺庆王，继拟刺洵贝勒，皆未成。最后乃于宣武门外鸿太永铁铺铸大罐，以盛炸药。侦知摄政王车骑每日必经银锭桥，以二年二月二十一日夜半，埋药桥下，埋之甫毕，为附近居民所窥见，事遂发。警厅从铸罐之厂家侦得线索，汪公卒被缧绁。当时全案送交法部。张君篁溪官法曹，曾录其谳词，今事隔三十年，取而布列成书，因思银锭桥边，烟波柳色，依然如昔，孤城黯黯，岂复有人念此公案耶？宜于此处勒石以纪此壮举也。

## 三六　水车

道中洒水以止尘土，乃中国古法也。旧京未有电车、汽车以前，皆用二人担水桶持杓洒之，见者莫不笑其拙。然终胜于不洒也。《太平御览》引华峤《后汉书》，作翻车渴乌施于桥西，洒南北郊路以省百姓洒道之费。则古人已有制为机械者，惜其法不传。

宋时有私人洒水之制，盖汴京近北常苦风尘也。《清波杂志》云："凡贵游出令一二十人持镀金水罐子前导，旋洒路过车，都人名曰'水路'。"江南街衢皆砌以砖，初无蓬勃，非北地比。

又《坚瓠集》云："汴梁为宋东京，人士官游者少得清暇以遂宴赏之乐。当时有'卖花担上观桃李，拍酒楼头听管弦'之句。黄体方续之云：'雨后淤泥填紫陌，风前尘上障青天。'盖行道无沟渠，又不用砖石甃砌，雨过则行潦纵横，而地迫黄河，风起则尘沙蔽日，不可开目。"当时路政之不修如此。

## 三七　西北之古园林

甘肃兰州旧督署花园甚宏雅，其中所植牡丹尤繁茂，多异种。盖黄河所过，土质丰腴，陇上名都，固应有此。其事曾见《越缦堂日记》矣。兰州以外甘州亦为西北胜地。甘州即汉张掖郡也。宁乡廖树蘅所撰《联语摭余》

云："地饶水草，黑水支流穿城入，潴为湖荡，遍生菰芦，凉气袭人，若无风沙时起，风景不减江湖。提标占地甚宽，乾隆时提督法灵阿圈余地为园。园中有湖，周围约三十亩，近夏绿波沄沄，秋深即冻，来年冰泮，始可胜船。沿湖亭馆十数。道光时，果勇侯杨芳官此，署曰'一园'。光绪初年，宁乡周达武署提督，招余至，即下榻园中之肖虹亭。园土粘胶，作坯坚如石，先是主人用坯甃桥池心，周可廿丈，出水高三丈，下为三瓮，便艇子穿过。桥上作屋五间，中为广亭，直阑横槛，觚稜四映，亭外可望城外天山晴雪，真奇观也。主人导游各处，所至请书扁（匾）联，其桥亭一首曰：'燕支在北，祁连在南，四郡咽喉归揽结；旅宿非舟，陆居非屋，三小楼阁浸虚无。'"又云："园西旷地甚多，尽为菜畦。提标故有湘勇一旗，名'毅武营'，按日更番灌营。五凉高寒，未秋先肃，菜茹尤难久留。或阙地作壶形，深一二丈，由畦移置壶内，壶口覆以麦草，或作土炕，长数丈，用木横排，炕上敷沃土厚尺许，布种时其灌溉，炕口蕴微火烘之，上仍支木作篵，糊以油素，令有日无风也。"今甘州为通新疆要道，六十年来，不知风景变否？人定可以胜天，以当日湘军之艰苦，尚能开辟胜境若此，则今人岂可不勉哉。

## 三八　西湖避暑

杭州园墅湖山之胜，天下艳称。然以其地低下蒸湿，于夏季最不相宜，故避暑者不甚趋之。其实人定未尝不可以胜天，当南宋定都之日，都人士女所以避暑之法亦甚工巧也。《乾淳岁时记》载：“禁中避暑多御复古、选德等殿，及翠寒堂纳凉。长松修竹，浓翠蔽日，层峦奇岫，静窈萦深，寒瀑飞空，下注大池可十亩。池中红白菡萏万柄，盖园丁以瓦盎别种，分列水底，时易新者，庶几美观。又置茉莉、素馨、建兰、麝香、藤朱、槿玉、桂红、蕉阁婆、檐葡等南花数百盆于广庭，鼓以风轮，清芬满殿，御座两旁各设金浆数架，积雪如山，纱厨后先皆悬挂伽兰木、真蜡、龙涎等香珠百余，蔗浆金盌，珍果玉壶，初不知人间有尘暑也。闻洪景卢学士尝赐对于翠寒堂，当三伏中身体战栗不可久立，上问故，笑遣中贵人以北绫半臂赐之，则境界可想见矣。又记《都人避暑》一则云：“六月六日，显应观崔府君诞辰，自东都时庙食已盛，是日都人士女骈集炷香，已而灯舟泛湖，为避暑之游。时物则新荔枝、军庭李二物产闽，奉化、项里之杨梅，聚锦园之秀莲、新藕、蜜筒、甜瓜、椒核、枇杷、紫菱、碧芡、来禽、金桃、蜜渍、元昌梅、木瓜、豆儿、水荔枝膏、金橘、水团、麻饮、芥辣，白醪凉水，冰雪爽口之物。关扑香、画扇、涎花、珠珮，而茉莉为最盛。初出之时，其价甚昂，妇女簇带多至七种，所直数十券，不过供一饷之娱耳。盖入夏，则游船不复入里湖，多占蒲深柳密宽凉之地，披襟钓水，月上始还。或好事者则敞大舫，设蕲簟高枕取凉，栉发快浴，惟取适意，或留宿湖心，竟夕而归。”

## 三九 文人习武

明季中叶以后，科甲出身之人，颇有习武事者。《明史》所载，不一而足。如光州刘绘好击剑，力挽六石弓，登嘉靖四年进士。宜黄谭纶，嘉靖廿三年进士，积首功二万一千五百，尝战酣刃血渍腕，累沃乃脱。麻城梅之涣，万历三十二年进士，与材官角射，九发九中。嘉定孙元化，天启举人，善西洋炮法。绵竹刘宇亮，万历四十七年进士，善击剑。莱阳沈迅，崇祯四年进士，短小精悍，马上舞百斤铁椎。而熊廷弼、卢象昇二人尤以善射多力称。盖彼时科场陋习虽甚，究不致以小楷大卷桎梏其身，且从事学术之人亦究居少数。故得有余闲锻炼膂力也。

清初尚略存此风，如宋荦年十四以大臣子入宿卫，世祖渡桑干，水阔数丈，荦跃马以过，赐雕翎箭。见《碑传集》。戴衢亨在阿济格突围场时，逸出一鹿，即执之以献。又于敏中于木兰行帐中获一鹿。均见乾隆御制诗。又康熙十八年，学士孙在丰扈从南苑授御用弓矢使射麋获之。见康熙御制诗。盖自嘉、道以后，士大夫之高者讲求精微之汉学，卑者汨没于庸滥之场屋文字，风气始日趋柔靡矣。此论世者所不可不知也。

## 四〇 西药与西医

《故宫文献丛编》第三十三册中有康熙时苏州织造李

煦奏折，略谓江宁织造曹寅患疟疾，自云医生用药不能见效，必得主子圣药救我。奉朱批：“今欲赐治疟疾的药，恐迟延，所以赐驿马星夜赶去。某药（此字系写满洲文）专治疟疾，用二钱末酒调服；若轻了些，再吃一服，必要住的。住后或一钱或八分，连吃二服可以除根。”旋有李煦覆奏之折，折中言明此药即“金鸡拿”，亦即今日所谓“金鸡纳霜”也。观此则西药在康熙中已甚普遍，圣祖于西药之知识亦甚丰富，盖得之于西洋传教士也。又《国朝先正事略》载：蓝理于台湾之战中炮破腹，由红毛医治愈。盖不独清初早有西药，且早有西医矣。

## 四一　汉字之简单美

近来中国学术界渐渐谈起一个新问题，就是假定汉字是不能废的，我们应该采那一种的字体来供应用。这个问题许多人为多年的传统习惯所沉迷束缚了，没有感觉注意之必要。然而一经提出，一经考察，就知道现在一般公认为正统的楷书字体，在汉字中的根据最薄弱而有不能存在的趋势。

我们先从应用方面来说，近代文字的应用在公告方面为多。新闻、广告、标语、布告等等是日常公众生活所不可少的。文字活动的范围在这一种领土中最为广博。楷书在这一种的应用上适宜不适宜呢？

要答覆这个问题，不消找什么别的佐证，只须想一想我们坐火车的光景便得了。我们在火车中不是常要注意看道旁的站名牌么？牌上的中西文所占的地位虽有横直的不同，而面积大小却是一样的。然而我们注意的结果，西文总是首先看见而中文却要十分费力，还许毕竟看不清楚，只觉得一片黑而已。不但此也，上海租界的街名牌，字体是很小的。然而西文虽小，总可辨认，而中文则非走到近处看不见，这种经验大概一般人都曾有过。

究竟中文的不易辨认原因何在呢？这就是用楷书字体之咎了。楷书结体不能整齐，用笔轻重又不能一致。一行之中有长、瘦、扁、横不同的字。一字之中，又有繁、简、疏、密、轻、重、斜、正不同的笔。所以只能在美感上发生参差错落的风致，而在实用上便失了整齐均一的效率。

姑且拿“字”“體”两个字来说，“字”字只有六七画，而“體”字却有二十三画之多。两字并列起来，以著者的经验，第一字在距离三尺的地方可以看见，第二字则必须五尺。换句话说，就是：预备人家可以看见“體”字的时候则“字”字所占的地位不免虚费；但预备人家可以看见“字”的时候，则“體”字又失其效力。

这个问题在现代工商业集中的都市中，感觉尤其急迫。因为商业广告的作用，全在利用最经济的地位博得最大的吸引力。假如一幅广告之内，要使人费几次不同的注意力方能看明白他的文字，这还能充分发挥广告的作用么？

在草隶的变为楷书的时候，结构本来是很整齐，而笔画本来是很匀称的。隋、唐碑版不少这种实例。自从咸、同以后，社会盛行所谓“赵肌欧骨”的馆阁体，楷书始愈失质朴谨严之意。近年字渐渐解放，各种恶劣的形式层出不穷，古人横平竖直之用笔原则既不讲求，分行布的结体方法亦全然不计。于是一笔之内，轻重不齐；一字之内，疏密悬绝。再加以波磔萦带，不择地而施，所以写出来的字，多半肥肿拥塞，重复错乱，绝无罗罗清疏之致。至于市井俗手所书，那就更不用说。纵使他做成金碧辉煌的招牌，而远望起来不是弯弯曲曲，便是重重叠叠，叫人家眼花不辨，试问这里头有没有改良之余地呢?

要解决这个问题，其实很容易。第一，废除波磔（波磔就是勾挑之类），恢复篆隶原体，以平直方整为主。第二，根据六书原则，废除俗制之字，因为俗字往往是滥加笔画的，例如燃烧之“燃”，在火之外又加火字；水菓之“菓”，在木之外又加草头。这些字都可不用。第三，根据草书原则，采用省笔。例如四点改作一横之类。注意这三种方法，可以渐进的使汉字简单化，可以节省很多书写的工夫、阅读的工夫，同时复返古朴美观的境界。

# 附录：《故都闻见录》选辑

## 一　古物

北平精华全在历代递传之文物，文人讲学，于此食古钩沉；士女娱游，以之骋怀娱目。今年春间，榆关告警，政府执意捆载故宫古物南移宁、沪，为箱箧至数万，为车至数百，工价运费以及意外之损失，盖不可以数计。故都人士心知此事若行，北平必为长安、洛阳之续，几有攀辕卧辙之请，而政府之意不可回也。自是以后，各大学，各研究院，各图书馆，各学社，纷纷以其图书、仪具南运，凡为文化学术而来者，无不汲汲皇皇有亡无日矣之惧，哀哉！溯自燕京建都以来，讫今九百九十六年，而运尽矣。

论者徒知古物之可以捆载南迁，而不知古物之真价值全在其所附丽、所孕育之环境、历史关系。例如洪承畴遗像之可贵，为其与洪承畴故宅同时发现，遗像可迁，而故宅不可迁，迁遗像不迁故宅，而遗像之价值亦减。又如菜市口西鹤年堂之扁（匾）为严嵩所书，其所以贵，不独以其为严嵩所书，乃以其为西鹤年堂之物；不独以其为西鹤年堂之物，乃以其在菜市口。严书可迁，然不在菜市口，其价值亦减矣。

不惟此也，故都数百年来名工之所由长养，巨阀之所由蝉嫣，其中有无限之史迹正待爬梳。最近一二年，如样子雷文献之发现，如李文忠、洪承畴遗物之发现，皆有赖于文物未全破坏。不然，谁复过而问之者。

平心而论，北平为中国唯一之文化区，无可否认。其所以构成，亦决非数年、数十年人力所能致，只有竭力维护之、发展之，更无依式在他处重造一新北平之理。今故宫古物已迁者，固未必可以复还，然政府宜择其有文化上之价值而无物质上之价值者，如图书、档案及有关历史之遗物，仍予送回，依旧陈列保存。至如书画之珍、金玉之玩，置之市场可以衡价者，则以之开馆南中，甚至遨游海外，但使不入私囊，似皆未为不可。

当十七年北伐告成之际，国都南移，喧寂顿异，论者皆有北平将鞠为茂草之虑。曾几何时，卜居者既络绎而回，而学术团体复如雨后春笋之怒发，园林益辟、台观益美，就表面观之，固不下于北庭鼎盛时。斯知一城之盛衰固不以政治上之冷热为断也。

要而言之，北平之古物可迁，而北平不可重造！国人宜爱护此古城，为吾国文化留一线命脉，勿听其自生自灭也！

## 二　房纤

昔日凭居南城，薄有花树，备具庖厩燕宾之所，月不过十余金，李氏《越缦堂日记》中颇言之矣。民国以来，以每间月租二三元为率，久居者较贱，新租者不易得适宜之价也。大抵中人之家，能出价三四十元，亦不过矮檐小院，号称四合，高才隐人，宽难旋马，室内常须裱糊以取洁，庭中又必搭棚以取荫，而新式卫生设备尚不能具焉。居于是者，尚须踌躇于距市之远近。其距市远者，则出入之费又不可不计焉。初自南来，习于尘嚣湫隘，骤闻此价，居然独有天地，往往欣然以为得所；久居之后，必仍有以为不适者。盖北都居室，惟内城满人巨宅最为适体，其室宇能兼奥旷，其院落能容风日，土木之整洁，花树之点缀，抑又其次，故能冬燠夏凉，心旷神怡。凡此巨家，类多凋落，出售招租，人皆患其太大，不易得主。假如联合数家，各分其一院，则价既非昂，居亦最适也。

北平以介绍房屋为业者曰拉房纤，撮合既成，可于中取利。此辈以茶馆为聚会之所，欲觅房者，但一传言，而辈即蜂拥而至。但此辈所能觅者，惟中等以下之宅，必不能得廉而美者耳。

又近来有房产者，多以军人占住为戒，故不敢高张局帖，非知之有素，不易物色也。

## 三　打鼓

北式房舍散漫，中等人家亦有一二院落；加以檐墙卑低，攀援易入，每当风漆月黑，易启偷儿之觊觎。北都警察制度严密，夙有声闻。然贫民太多，防范难周，亦居民之苦也。故卜居莫要于择邻。邻曲巷杂院最易藏奸宄，若前抵大街而中等以上之住户环其三面，斯为最善。

大家深院，婢仆闲杂，典藏者亦易为奸。有所谓打鼓者，持鼓为号，巡回街巷，以交易损铜炉铁为生，往往于其中可得珍奇之物。彼打鼓者无眼力，但利于速售，往往入骨董之肆，可值数百金，而得之打鼓者手中，或不过数百钱也。试诘所从来，则不外故家大宅之婢仆，窃其主人所有，杂秽土中，以出而售之于打鼓者也。

黑市亦然，乃偷儿销赃之地也。昔有以数百钱得珍裘者，亦有掷巨金而得赝鼎者。盖黎明以前，灯笼就而审视，不能确切之故。近今崇文门外尚有黑市，特罕遇佳物矣。

## 四　望恩桥

东华门与东安门之间，旧有石桥曰望恩。跨御河之上，穹隆如橐驼之背，明代遗制也。明人戏谓阉宫一过此桥即忘恩负义，故有忘恩桥之称。盖官（宫）庭与廛市最接近者莫如此处，天上人间，即以此桥为鸿沟矣。

壬（庚）子之变，东安门楼毁，其后仅存穴（丹）垣之门三。民国十九年，兴修马路，改穹桥为平桥，今年又拆去东安门之丹垣，于是东华门外驰道如砥，了无挂阂，然而二十年前之旧观，更无余剩。过故都而凭吊此，最足使人感不去怀！

## 五　松竹梅

北平人之于手工艺，盖不无特长。不观夫东安市场之玩具乎？制以泥者，以木者，以铅皮者，以纸板者，以麻线者，以毛者，以发者；其贱如泥沙，其细如丝发；或寓以机括，或傅以金漆；不独可以娱儿童之耳目，且可以荡成人之心志，而所费往往不过铜元数枚。且其意匠层出不穷，日新月异，使人虽屡过而几于每过必有所获焉。其浚发巧思有足多者！使在有机械技术者领导之下，必尤可观。近日市场有号松竹梅者，专售精雅之玩具，每岁圣诞节，辄利市三倍。

## 六　海棠

海棠古盛于蜀，而今盛于燕。燕京罕见蜡梅、芙蓉、紫薇、紫荆、辛夷、朱槿，而独富海棠之垂丝者。对植庭院上，出屋檐，方春风日清佳；蜂蝶狎至，香韵秾丽，甚似游女衣鬓之馥。其燥湿都宜，大小可育，过于桃杏；而古格高雅，又胜于石榴之属，人家不可无，园林尤不可无也。往年西直门外极乐寺最以此花名，李慈铭尝为作赋，今稀复存者。其色有深红、淡白之殊，《尔雅》所谓“杜甘棠，赤者棠”。深红者以花胜，淡白者兼可取其实以为蜜煎，若依西法，可制果酱也。

北都果实植于人家者，杏、榴、桑、枣，几皆不用一钱买。枣尤易生，四五月作细白花，六七月结实可食。蕃硕甘润，具四美德。一树可十数斤，亦贫家御东之资也。

## 七　礼让

帝王之居，其人习于礼顺，满族尤甚。翁姑对客，子妇侍立终日，不得一坐也。应对进退，童而习之，长而安之，不待学而能，久亦成自然矣。有为谐语者曰：旗妇相遇于途，彼此屈膝者再，然后相问讯。初及其父母，次及其兄弟，又次及其伯叔父母，又次其子侄，又次及其甥舅诸亲，最后及其猫狗，无一见遗，似至相亲昵者矣。顾问其姓，不之忆也；其居何所，亦不之忆也。礼文繁缛，则沦于虚伪，事有必至者。然其动容周旋，蔼然无忤，颇近于欧西之风，亦其善焉。

推而至于婢仆，无与主人并坐起者，无不请命而径入室者。虽所以剥削主人者无不至，若面主人，则恭谨若出于至诚。

入肆购物，则甫步入门，店伙之坐者皆起，喧者皆肃，行者皆让，以笑靥迎致寒暄，一若有胶漆之交者，实则无一面之缘也。既入其门，受此殷勤款接之礼，亦必不肯空入宝山；即使选择悉不当意，肆中亦殊无愠色。此诚礼让之风仅存于今日者，他日急功近利之风盛，恐将渐就式微矣！

## 八 市容

民国二十年间，北平市容胜于昔者二事。

其一为景山至大高殿之马路。先是，神武门与北上门之间，沿金水河仅有逼仄之道可通，北上门以内，则景山所在，禁绝通行。于是凡由东城至西城者，拥塞于途。仰望景山，松柏凡凡，亭观绮丽，竟有可望而不可即之概（慨）。“故宫”既新神武门之丹雘，复辟门前之广场以停车马，更开北上门内东西大道，无复限隔。从景山门隙近瞻山颠（巅），苍翠接目。西过鸳鸯桥，即见大高殿前牌坊高树。严嵩所书“孔绥皇祚弘佑天民”之额如新。更西过三座门，则为北海；更西过金鳌、玉练桥，左右顾望，榆柳蔽堤，芙蓉覆沼，金碧参错，云霞卷舒；更西则北平图书馆，弥望无非映丽之景物，不独省交通之绕越而已也。

其二则新华门之改建。袁氏居南海时，就宝月楼为新华门，复于门旁建半西式之平房，左右翼然，以为传达守卫之用，前筑短垣，建铁门，状至俗陋，去年始撤而去之，复还旧观，巍然焕然矣。惟公园以能驱车径入为宜，以楼为门，终不可久，宜在楼旁穿垣，俾通车马，则尤善也。

## 九　李福寿

同、光之间，京朝士夫渐尚赵肌欧骨之字体，而嘉、道以前之古意尽失。琉璃厂售笔墨者，笔则紫毫，墨则松烟。紫毫大卷之笔，每管值银至二两以上。学士登瀛，人当费笔墨至百数十金，其毕生事业所系，不得不重视之也。科举废后，字体虽解放，而市井无识，好以庸俗软媚之字为招榜，书法既更不如昔，而制笔之法益逊矣。民国以来，四方善书之士，苟有一长，咸集京师，虽市榜满目俗书，未能递革，而古人绝艺，如章草之类，竟得复兴，则亦昔之所无也。于是制笔之法，亦渐有起而讲求者。戴月轩得翁文恭之法，制狼毫，为书家所乐道，其价甚昂。罗君复堪则喜用昔年判稿之稿笔，且又极贱。要之，羊毫则几于无过问者也。近有李福寿者，以漆管制鹿狼豪，尤为刚柔适中，耐久不敝，价倍常制。

## 一〇　东富西贵

当日北京建都之规模，实本乎古之所谓前朝后市，禁城居中，而宫内诸官署府库则分布于禁城之东、西、北三面，部院、衙门则在皇城之南，吏、户、礼与兵、刑、工分列左右。今北平市公安局为礼部故址，局前之街称户部街，犹有遗迹可寻，所谓前朝也。至于百货屯列之处，则在地安门外鼓楼大街一带，为内城交易之所，所谓后市也。其百司、商贾、工艺分处四城。其就地名而可窥见者，如猪市、马市、驴市、灯市、鹁鸽市。弓箭院之在东城，缸瓦市、羊市、皮市、铁匠营之在西城是也。正阳门外以帝京附郭之故，自然人物殷阗，于是官家修盖廊坊，以招商租设店铺，今之廊坊胡同是也。洎明之季年，附郭民居已渐埒于城内，故有外城之建，无形中扩充京城几至一倍也。满洲入关，将城内划为八旗驻所，汉人悉屏诸外城，故庚子以前惟满人及汉大臣之赐第者得居内城，而京官选人皆居宣武门外，其时自署“宣南”者皆纪实也。庚子以后，街衢交通渐辟，此禁渐弛，汉人亦羡内城第宅之佳丽，鲜复居外城者。宣武门外店肆之佳者如广和居、便宜坊，向之蜚声京邑者，亦几无人过问矣，惟正阳门外市肆繁茂，尚未减耳。

旧制：不许内城开设戏园。《越缦堂日记》云：“同治九年八月十日上谕，御史秀文德‘请严禁内城卖戏’一摺：‘京师内城地面向不准设立戏园。近日东四牌楼竟有太华茶轩、隆福寺胡同竟有景泰茶园登台演戏，并于斋戒忌辰日期公然演唱，实属有干例禁，着步军统领严行禁止。’盖当时深虑闲人混入内城，寓意甚远，然犹不能免‘林清之变’也。”

《京广杂录》云："前门外戏园多在中城，故巡城口号有'中城珠玉锦绣'之语。"又云："东城市帛菽粟，西城牛马紫炭，南城禽鱼花鸟，北城衣冠盗贼。"今大家第宅多在北城，而东城商业转繁，购物以便，故至今独存其仿佛。又俗谚有云"东贵西富"，盖谓仕宦之家多住东城。自东交民巷辟为使馆界以后，外人势力逐渐扩充，侨民多居东单牌楼一代（带），遇有变乱，甚至遣派使馆卫兵巡查至四牌楼南史家胡同。于是媚外之流有号史家胡同以南至崇文门为保卫界者，相率喜卜居焉。故东城住户益较整齐清洁，虽中等人家，往往有朱户纱棂者。西富之说虽不尽然，而东贵则诚近似矣。

明代官妓集居于东四牌楼以南，今本司胡同、演乐胡同、勾栏胡同（今为内务部街）一带是其遗迹。庚子以后，娼妓居西城花枝胡同一带，近所谓八大胡同者，当时相公下处为多。嘉庆年中，日本所刻《唐土名胜图绘》有东西青楼之图，妓女皆服长袍盛妆，弹筝琶侑酒，绣帘红烛，迥非今世八大胡同所见也。

## 一一　消寒图

每年冬至日，书九画之字九枚而虚其中，每日填一画，九九八十一日而字填毕，则寒亦销尽，恰到将撤火炉时。此亦故都阀阅、闺阃中消闲雅话也。据王拯《龙壁山房集》云："图为道光初年御制，'亭前垂柳珍重待春风’九字，饬懋勤殿双钩成幅，悬诸屏风，题曰‘管城春满’。南斋翰林按日填廓于每一画中，悉注阴晴风雨，岁为故事。”

北方风雪凌厉，一至寒季，出门辄有割肤堕指之苦，久居南方者闻之，未有不惊心动魄。然其居室构造适宜，窗隙糊以高丽纸，则不透风，燃一煤炉，满室盎然，居室中只需一棉袍，惟出外必加外氅，不似南方板屋多风，又不爇火，反不能不御狐狢之裘也。

## 一二　太庙

太庙之制略如大内宫殿，亦有前殿、中殿、后殿。前殿十有一间，重檐脊四下，沉香柱，阶四成，缭以石阑。每岁大祫，则移神位于前殿，故前殿有龙椅而无神位。中殿为神御殿，黄龙衾褥，与生人之服御无殊。后殿则以奉神庙者也，庚子以后重修，故规模尚完好。民国十三年以后，收入故宫博物院，原有看守太监王德寿管庙四十年，誓死不肯去，乃听其看守如故。王监不领工赀，而仍为岁时上香，亦行谊之可风者也。

太庙中所余香灰，积存石香盒中，每年九月二十四日送往北海御河桥洞倾弃，不知何所取义，殆相沿成例耳。又中殿偏西石基上有花纹，隐约如裸女，亦相传甚久，皆王监所说。

太庙产灰鹳，为他处所不见；又宫鸦甚众，每晨出暮还，结阵如云，昔时民家学塾以为散学之候。盖地静人稀，树木浓密，宜为羽族所栖托，非有他也。

## 一三　东安市场

东安市场当王府大街之中段，距东交民巷甚近，庚子以后所辟。其法长街列肆，租以营业，百货无不备具，旁及球场、饭店、茶馆、饮食、游戏之所，乃至命相、奇门，堪舆、奏技之流，皆可按图以索。街之中复列浮摊，以售零星食物、花果、书籍、文玩者为最多，以其排比稠密，人烟糅杂，屡屡失慎重修，最后一次迄今亦逾十年矣。其包罗宏富，位置适宜，有似港、沪之大百货商店，而能供日用价廉之物，则又过之，居旧都者莫不称便。浮薄少年涉足其中，可以留连竟日，因为猎艳之游，目挑心招，辄复遇之。

浮摊售骨董旧书，往往能得佳物。余尝失去一小名章，久忘怀矣。友人偶于摊上见之，复购以归余，其来源则不可问矣。

近年售学校课本、讲义及新文学作品者，风起云涌。其后陈列，大致雷同，足见故都学校之多而且滥。以此投学生所嗜，足博厚利也。

城南有劝业场、青云阁，繁富不下于东安市场，而宏大不逮。余若西四、东四二商场，皆窳败不堪，中上级人鲜涉足者。

## 一四　庙会

旧京庙会之说，乃每月定期借大寺院之广场陈售百货以便城郊居民。乡民于是日挟其所制来此求售，便购所需以归。城中妇女亦可不必远出而得其所需，兼有百技杂艺，足以娱耳目、遣景光。每至会期，少妇艳妆，粉香四溢，蜂迷蝶乱，连袂成云，亦奇观也。尝读宋人笔记，东京大相国寺亦有此景况，其来旧矣。北方乡村皆有赶集之说，其大规模者，则每年止一二度，惟旧京东城有隆福寺，西城有护国寺，每旬皆有焉。隆福以九、十两日，而护国以七、八两日为期。二寺皆元明巨刹，年久颓废，其广场犹足容数万人。自北伐告成，严禁阴历，居民狃于旧习，骤不能改。虽迫于功令，改从阳历，而乡民不能周知，来者参差，大为营业之累。于是请于官厅，展为四日，民间乃稍稍称便。

其余每年定期者，则有如东便门外之蟠桃宫，以三月三日；西便门外之白云观，以正月十九日，不独资游览、利交易，庙祝亦乘时收香火资焉。若琉璃厂之火神庙，则每年新正辟为书籍、文玩商场，尤为大观。

## 一五　前三门风水之说

庚子以后，京奉路穿东便门以入城，火车直达正阳门下，使馆界为谋出入便利，又于崇文、正阳二门之间辟一便门，署曰水关，以其正当御河出城处也。未几，京汉路成，亦穿西便门以入，说者谓都城之防已失，而尤以水关之辟为有妨都城风水。民国以后，交通繁冗，议者多欲于正阳、宣武二门之间增辟一门，以杀拥塞之势。故老辄言此门果开，则王气必尽。当局怵于其言，莫敢经行。直至民国十二年，冯派主持京师警察厅事，始毅然为之，号曰和平门。及张作霖称大元帅，改其名曰兴中。张既败亡，门额复故。于是论者为语曰：水关开而崇文之运尽，是以科举废；和平门开而宣武之运亦尽，是以北洋军阀败。两运皆尽而北京亡矣。语虽无稽，固巧不可阶也。昔人谓北京前三门曰正阳、曰崇文、曰宣武，元亡于至正，明亡于崇祯，清亡于宣统，天下事固有巧合不可思议至如此者。余谓北京自辽会同定鼎以来，九百九十余年，享祚最长，亦宜有代兴者。今年春、夏之间，故宫古物捆载南移，市民几于卧辙攀辕而不获请，各文化教育机关亦相率为南渡之计，自此而北平之元气，恐将澌灭无余矣。

## 一六　大森里

旧京本无东南商埠之风，有之自香厂之开辟始。香厂者本一片荒秽，在正阳门以南，先农坛以北，原有明沟，以通街市积水。夏日暑气熏蒸，行者掩鼻而过。清末即将此沟填平。其西一带由永安桥以北直至虎坊桥以南，均兴修马路，香厂遂为香厂路，万明寺为万明路，牛血胡同为留学路。复于其隙地筑大森里、平康里以张艳帜。先是，三仙洞、塔儿店、王家大院、双五道庙、莲花河、四神庙等处，本为土妓丛居之所，二里既成，则所谓一等乐户，亦迁入其中，高楼窄院，明灯彩榜，俨然沪、汉之风矣。又有新世界，仿沪式为之。然人力为之，终不能久，新世界不久闭歇。民国十三年以后，大森、平康二里之粉黛，亦渐逐彩云而散。盖北都繁荣市面之法与商埠不同，此亦经营市政者之失算也。

## 一七　白塔

北海中有岛矗立于太液之上，是即金代之琼华岛，其中奇石，皆由汴京辇致艮岳之遗。观其楼台花树，缥渺如仙，白云沧波，朱甍碧槛，洵足代表吾国最高美之建筑艺术。其必为唐宋以来直接相承之文化系统，亦无疑义。元代改名万寿山，亦曰万岁山。今旧宇渐废，惟白塔耸然如新。白塔者，仿藏式为之，丰肩而削腹，顶戴铜盘，垂缨络（珞），其色正白。据雍正重修碑文，为喇嘛诺木汗驻锡之所，盖与都城风鉴之说或亦有关。且其地在大风之右侧，俯视全城，了然在目，是以定制，于此置信号旗杆，昼则悬旗，夜则悬灯，以便（辨）方位，而便于赴救者。其制见于官书。庚子以后，无形弛废矣。

## 一八　开臭沟

北京城内沟渠之制，在初筑城时必有极伟大宏整之计画，惜无载籍明文可考。今目所见者，如西城之大明濠，必为当时枝干之一，顺北高南下之地势，疏北城之水以注宣武门外者。此濠于民国十三年后填平，改修马路矣。

北京初修马路时，两旁为砖砌明沟，其式极为简陋，盖主其事干没巨金，以此塞责。近来翻修之路，则皆已改为暗沟矣。

按：《清会典》：“顺治元年定令街道厅管理京城内外沟渠，以疏浚滨。若旗民淤塞沟道，送刑部治罪。”盖其时已感觉沟制之不良。康熙初年，曾大刨沟一次，内城照官工例，外城则令居民自行刨挖。未几即定每年春间开沟之例，由是以至清季，未尝变也。若遇狭窄巷道，车马拥塞，翻掘污泥，堆积地面，小之则污损衣物，甚则触秽致病，都人恒以为苦。李越缦尝戏以“张香涛”对“开臭沟”，亦即景生情也。行人遇此，则佩大黄、苍术等药以辟之。

## 一九　胡同

北人称巷曰胡同，人多不得其解。《说文》“行部”：“衖，通街也。”《广韵》《玉节》并同。《广韵》引《仓颉篇》作衖，云巷道。今南方呼巷曰衖，北方呼巷曰衚衖。衚衕合音为衖，亦即巷之音转。衖见《尔雅》，衕见《说文》，皆古训也。明谢肇淛《五杂俎》引元《经世大典》谓之火衖，衚衕亦火衖之转。元人有以衚衕字入诗者，其来已久。今直书作胡同，亦合古意。

北都胡同之名，有极不雅者，如臭皮胡同之类。士大夫居其地，辄耻恶之，故多以音近之字易之，而臭皮遂改为受璧。久之，凡稍涉鄙俚之字亦必易之，于是驴市胡同遂为礼士胡同、鸡鸭市改为集雅士。又其甚者，事涉前朝故实，以其不合现代潮流，亦随意取而易之。如奶子府本为明代宫中养乳媪之处，今书作乃兹府；灵济宫为明代演礼之处，今书作灵境；内宫监为明代宫官之一，讹为内宫监，今书作内恭俭。于是年湮代远，愈失其真，注意掌故者，莫不为之慨叹。盖旧日胡同之名，皆不过口耳相传，民国以后始有路牌，当时警厅中人，不涉学问，任意书写，致有此失，迄今沿而未改，亦市政之一缺陋也。

街名有旧无而今有者，如北海前一带，以国立北平图书馆藏有文津阁《四库全书》之故，立新名曰文津街，最为典雅。又有旧名屡改而不一改者，如教育部街之为市党部街是。

## 二〇　城垣

北京城垣之大，视南京有逊色，而坚厚过之。据《马可波罗游记》称城垣以土为之，墙基宽十尺，渐渐向上峻削，至墙顶仅宽三丈，描写可称逼肖。元代城尚系土筑，至明初始傅以砖，然亦仅外面。至正统间始以瓴甓加城之内面，至今完整如故。惟经庚子之乱，外面尚多弹痕，而城根为细民所刨掘，有露趾者。然者气象巍然，终不因而稍损也。

大城四隅有角楼，庚子之乱，其西北角楼被炮毁，遂缺其一，其他楼橹除正阳门外，并就倾圮狼藉，亦史迹之可忧者也。

北京九门闉阇之制，细辨无一相同者。即以皇城而论，东华门之门洞包以木垣，而西华门则否。盖微细处亦皆风鉴之说为之也。

皇城为乾隆中所建，以糯米汁和灰砌巨砖而成，外傅丹粉，尤为壮丽坚实。民国十年张志潭为内务总长，假便利交通为名，逐渐拆毁。今惟存南面，其城址则夷为民居，侵占官道，毫无计画，乃市政之最失策者。

## 二一　官道

据《清会典》，乾隆十九年谕旨："京师为万方辐凑（辏）之地，街衢庐舍，理应整齐周密，以肃观瞻。乃近来京城内外多有拆售房舍者，行户等亦藉以居奇射利，此陋习也。着工部、步军统领、顺天府尹、五城御史出示严禁。"阅此可见，建国之始，街衢庐舍，必皆官力经营，整齐画一，一成之后，不容复改，拆卖房屋，著于禁令。

虽似不近人情，然以国家权力定久远规模，于势亦不得不尔。今东、西四牌楼等处市房，似尚约略可见当时整齐画一之制。惟年代既久，小贩浮摊每于府邸墙隙、官道两旁侵占营业，渐易瓦房，无人过问，遂成参差之象。试从正阳门楼南望，凡与牌楼线相直者，皆后来侵占之市房也，惜经营市政者无此魄力复其旧观耳。

## 二二 书肆

王渔洋《香祖笔记》云：

> 燕中书肆多在大明门之右及礼部门、拱宸门西，花朝后三日则移于灯市，每朔望并下浣五日则徙于城隍庙中。灯市岁三日，庙市三日。今京师书肆皆在正阳门外西河沿，逅惟琉璃窑厂间有之，而不多见。灯市初在灵佑宫稍列书摊，自移于正阳门大街之南，则无书矣。及下浣五日面货集慈仁寺书摊，只五六往，间有秘本，二十年来绝无之。

此一段记燕京书肆历史，可谓赅简。今日存留之旧书肆散市于琉璃厂、隆福寺及东安市场三处。步入其中，则插架者多石印小本、小说杂说，其名贵之书，皆别存一处，非往来已熟，亦不易得佳本也。